POLICE

POLICE AND CRIMINAL EVIDENCE ACT

英国警察与刑事证据法规精要

彭勃★编译

厦门大学出版社
XIAMEN UNIVERSITY PRESS
国家一级出版社
全国百佳图书出版单位

序 言

1984 年英国《警察与刑事证据法》(*Police And Criminal Evidence*)是在侦查阶段规制警察权力、保障嫌疑人、被告人人权的基础性法律，也是体现权力与权利平衡的重要成果。这部法律不仅为合理配置警察权力提供了思路，同时也拉开了英国刑事司法改革的序幕，从而在欧洲及国际刑事法、人权法领域获得了很高的评价。在笔者看来，可以从以下三个维度对 1984 年英国《警察与刑事证据法》的立法及实践作出解读。

一、判例法的性格，成文法的规格

1984 年《警察与刑事证据法》是英国历史上第一部关于警察权力的成文法。在此之前，英国对于警察权力的法律规定分散在普通法的判例之中，缺乏必要的梳理和筛选，从而给执法实践带来了许多困扰。1984 年英国《警察与刑事证据法》的最大贡献就是将原本分散的、零星的、不确定的普通法、国会立法以及地方附属性立法，整合为相对集中、统一和明确的法律规定，为刑事侦查活动中警察行使权力划定了基本的范畴，结束了以往判例、规则和执法习惯并用的混乱局面。这种变化有利于警察正确行使权力，亦在整体上提升了英国警察的执法水平。

1984 年英国《警察与刑事证据法》及其实施规程的主要内容包括：

(一)截停、盘查权

截停、盘查是警察日常工作的一种重要手段。虽然该手段较之逮捕、搜查对公民权利的影响较轻，但因截停、盘问的地点多发生于街头、广场等公共场所，如果适用不当，容易引发群体性事件和公众的反感。1981 年发生于伦敦布莱克斯通地区的严重骚乱事件就是由于警察进行大规模不当盘查而引起的。1984 年《警察与刑事证据法》对警察的截停、盘查活动作出了详细而具体的规定。该法第 1 条规定："警察可以在公共场合下，为了查找失窃物品或者违禁物品而搜查有关人员及其车辆。"但是，适用的前提条件是"警察必须有合理的理由认为他们有可能找到失窃物品或者违禁物品”(第 3 条)。《警察与刑事证据法规程 A》(*Police And Criminal Evidence Code of Practice* A)中又进一步规定:“警察行使盘查权时必须做到公平、负责,尊重被盘查人,不得以非法目的滥用此权力。”同时,按照 2000 年修订的《种族关系法》(*The Race Relations Act* 2000)的规定,如果警察的盘查带有民族、种族、宗教信仰、国籍等方面的歧视,将会导致盘问结果及证据不会被法官采信。

《警察与刑事证据法规程》对所谓“合理理由”所作的解释是:“如果没有可靠的情报信息或者某些特定行为,不得仅凭警察个人的判断来决定实施截停、盘查。”例如,一个人的种族、年龄、外貌或者犯罪前科等因素都不能作为盘问检查的理由;同样,对于某一特定群体具有某种犯罪倾向的习惯性判断也不能作为盘查的理由。

在实施盘查之前,警察应当首先向被盘查人告知身份和所属的警察单位,说明进行盘查的理由。如果是便衣警察,应当出示其身份证件。警察可以使用合理的强制力,但是不能要求被盘问检查人在公众场合脱去外衣(外套、夹克和手套除外),警察必须要问清楚被盘问检查人的姓名、住址和种族。失窃物品和违禁物品一经发现,应当立即扣押。警察应当在盘查现场制作笔录,笔录中应当写明盘查的原因和结果,被盘查人有权要求获得盘查记录的副本,条件完全不允许的情况除外。

(二)逮捕权

在英国,法官和警察有权决定是否实施逮捕。其中,1980 年《地方法院法》规定法官可行使逮捕权。1984 年《警察与刑事证据法》除了认可法官的逮捕权之外,还扩充了普通法上的警察的逮捕权,规定在下列四种情况下,警察可以不经法官批准而直接实施逮捕:

1. 有合理理由怀疑实施了可捕罪的,可以不经批准而实行逮捕。所谓可逮捕犯罪,是指该法第 24 条规定的:(1)法律规定了固定刑罚的犯罪行为(如谋杀罪判处终身监禁);(2)法律规定的最低刑为 5 年以上监禁的犯罪行为;(3)法律确定的其他种类的犯罪(如驾车沿路寻妓、袭击正在执行公务的警察)。

2. 符合“一般逮捕条件”(general arrest conditions)。该法第 25 条规定,在下列两种情况下,对于具有已经犯罪或者曾经试图犯罪嫌疑的,正在犯罪或者有试图犯罪嫌疑的,以及由于环境原因不适合或者不可能以传票方式使其到庭的，可以实行逮捕：(1) 嫌疑人拒绝提供真实姓名、住址，或者警察有合理理由怀疑其所提供的姓名、住址不真实，或者按照其提供的地址无法送达传票的；(2) 为了防止嫌疑人对他人人身的伤害或者对财产的损害、防止在高速公路上制造行车障碍、保护儿童或者其他弱者免受嫌疑人的伤害，或者防止嫌疑人自伤或者受到其他身体伤害。

3. 符合“其他法律规定的条件”(other statutory powers of arrest)。例如，1986 年《公共秩序法》第 5 条规定：如果某人有违反公共秩序的行为，经过警察制止而不听从，警察可以实施逮捕；1994 年《刑事司法与公共秩序法》规定：执行公务的制服巡警对于有证据表明试图或者准备在公共场所中喧哗的人可以实行逮捕。

4. “扰乱社会安定”(arrest for breach of the peace)。该法第 26 条保留了普通法中警察以“扰乱社会安定”实施逮捕的权力。实践中，警察不仅有权对“扰乱社会安定”的行为人实施逮捕，而且有权对可能“扰乱社会安定”的人员实施逮捕，以避免危害结果的发生。不过，法官对警察行使这项权力有严格的限制，即只能在“扰乱安定”的危险性十分严重而且紧急的情况下才能实行逮捕。

(三)拘留权

除恐怖犯罪之外，在 1984 年以前，英格兰和威尔士警察没有权力为了调查的需要而拘留当事人，也不能以讯问为由而拘留当事人。1981 年皇家刑事司法程序委员会建议允许警察因讯问的需要而实行拘留，这一建议被 1984 年《警察与刑事证据法》所采纳。根据规定，警察在不起诉的情况下可以对犯罪嫌疑人拘留最长达到 4 天时间。具体法律规定是：警察可以在嫌疑人到达警察局后对其拘留 36 个小时(2003 年《刑事司法法》)。如果嫌疑人犯有“严重的可逮捕的罪行”(包括谋杀、过失杀人、强奸、绑架、运输毒品、扣押人质以及部分性犯罪等)，为了获取或者保存证据，警察可以自行决定延长羁押 12 小时。如果案件侦查活动确实需要，在经过地方法院批准后，可以延长羁押至 96 个小时。96 个小时之后，必须起诉或者释放当事人。

(四)讯问权

1984 年《警察与刑事证据法》在规定警察有权出于侦查犯罪需要而对

嫌疑人进行讯问的同时，也用了大量篇幅规定警察讯问的程序规则，为嫌疑人提供了充分的法律保护。

(五)逮捕后的人身搜查权

第 32 条规定，如果有合理的理由怀疑当事人身上藏有与案件相关的证据、有助于其逃跑的任何物品或者具有危险性的任何物品，警察可以在逮捕后对相关场所进行搜查。警察有权对于已经被逮捕的人在其到达警察局之后立即进行搜查，对于搜查中发现的任何物品，只要警察有理由认为犯罪嫌疑人可能用其伤害他人、逃跑，或者该物品本身就是犯罪证据，可以予以扣押。

(六)身体检查和提取标本

第 55 条规定，警察有权对于嫌疑人实行人身检查，包括所有体腔器官。这种检查必须征得警察负责人的同意，必须有合理的理由且由具有注册医师资格的专家进行。

第 61 条规定，警察有权对于犯罪嫌疑人提取指纹。此外，该法第 62 条和第 63 条规定，经过犯罪嫌疑人的书面同意，警察还可以提取包括血液、唾液或者精液在内的人体标本，但是，经警察向其负责人及以上职衔的警官批准，可以在不征求犯罪嫌疑人同意的情况下提取其头发、指甲等样本，上述批准必须是书面的并且要记录在案。

2001 年《刑事司法与公共秩序法》进一步扩大了警察提取身体样本的权力。根据该法规定，政府可以提取和保存所有监狱在押人员的 DNA（脱氧核糖核酸）样本，这些 DNA 信息将被存放在国家 DNA 数据库中。

(七)住宅搜查权

第 8 条至第 18 条规定了警察根据法律授权进入和搜查住宅的权力。在未经住宅主人同意的情况下，警察必须严格遵守这些规定，否则，任何侵入公民住宅的行为都是违法的。

1. 经过批准的搜查

根据 1984 年《警察与刑事证据法》的规定，警察应当向地方法院法官申请搜查令，法官在批准之前应当确信警察具有合理的理由认定发生了可捕行为，而且提请搜查的住宅里藏有与犯罪相关的证据或者对于调查工作至关重要的物品。此外，该搜查还必须是出于下列原因进行的搜查：(1)无法直接与当事人取得联系；(2)没有法官批准将会被拒绝进入住宅；(3)如果到达现场后不能立即进入并搜查，将无法达到搜查目的。

2. 不经批准的搜查

第 18 条规定：警察在下列情况下可以不经法官批准而直接进入并搜查公民住宅：(1)执行法官的逮捕决定；(2)不经法院批准而实行逮捕；(3)抓捕非法在逃者；(4)为了保护他人免受伤害和避免重大财产损失。

《警察与刑事证据法规程 B》(*Police and criminal Evidence Act Code of Practice* B)中规定了搜查住宅的注意事项。例如搜查应当在合理的时间内进行，可以使用合理的强制力但应周到和文明地处理公民的财产和隐私。

二、以人权保障为经纬、以利益平衡为主轴

追求警察权力与犯罪嫌疑人权利之间的平衡是 1984 年《警察与刑事证据法》最明显的特征。从这个意义上说，1984 年《警察与刑事证据法》既是一部确认和规范警察权力的规制文本，同时也是一部保障犯罪嫌疑人的权利规章。

为了在警察权力与公民权利之间达成平衡，1984 年《警察与刑事证据法》规定警察在行使权力时必须对公民权利给予关怀和照顾。这些举措包括：犯罪嫌疑人保持沉默的权利，接受律师帮助的权利，告知家人的权利，查看相关法律规定的权利，以及享有足够的休息、饮食、良好的囚室环境等权利。为了确保这些规定能够在警察执法活动中得到贯彻执行，英国内政部制定了专门的“权利告知书”，并翻译成法、德、意、中、日、韩、印等各种文字，由警察送达每一名受到羁押的当事人，只有当事人在“权利告知书”上签字确认之后，方可认为其知晓了法律所提供的各项权利。除此之外，1984 年《警察与刑事证据法》还特别规定在警察局内设立专职“羁押警官”(custody officer)和“审核警官”(review officer)，以监督警察对上述法律规定的执行情况，维护犯罪嫌疑人的合法权益。以下是 1984 年《警察与刑事证据法》中关于犯罪嫌疑人权利的基本规定，以及后来相关法律的发展变化。

(一)沉默权

英国是沉默权制度的发源地。1568 年，一名名叫托马斯·雷的当事

人在王室特别法庭中拒绝按照法庭的要求履行纠问式宣誓程序，普通法上诉法院首席大法官戴尔为他签发了人身保护令。此案标志着普通法法院反对王室特别法院纠问式审判程序的开端，此后，普通法通过法官的司法实践，逐渐确立了判例法形式的沉默权制度。1984年《警察与刑事证据法》不仅明确规定了犯罪嫌疑人的沉默权，而且为嫌疑人行使沉默权提供了法律保障。详言之，《警察与刑事证据法规程C》(*Police and criminal Evidence Act Code of Practice* C)(以下简称《规程C》)规定，警察在实行逮捕时必须向当事人告知权利，在讯问之前应再次告知。权利告知的基本内容是，对于警察的提问，嫌疑人可以不做任何回答，控方也不能以此为由向法庭指控其有罪。

不过，1987年《刑事司法法》对严重欺诈案件中被告人的沉默权作出了限制，该法第2条规定，在严重欺诈案件中，嫌疑人如果没有合理的理由而拒绝回答调查人员的提问或者说谎，其行为构成犯罪，并可能被判处短期监禁刑。1994年《刑事审判与公共秩序法》对沉默权作出了重大修正，规定在以下四种情况下，如果犯罪嫌疑人保持沉默，法庭有权根据其沉默作出有罪推论，即(1)告知权利后，如当事人保持沉默，而后在辩护中却说明了事实情况的(第34条)；(2)没有任何正当理由，在审判过程中保持沉默，不出示证据，也不回答问题的(第35条)；(3)被逮捕之后，拒绝解释涉案物体、物品和衣服上的痕迹的(第36条)；(4)被逮捕之后，拒绝说明他们出现在某一处所原因的(第37条)。

但是，上述规定并不意味着沉默权被废除，事实上，沉默权仍然是犯罪嫌疑人的一项基本权利。警察与刑事证据法允许当事人行使沉默权，但应承担因沉默而遭法官不利推定的后果。

(二)讯问过程的同步录音

《警察与刑事证据法》第60条规定：讯问的过程必须录音。这一规定的目的是防止在讯问过程中警察对嫌疑人施加压力或者威胁，以及防止篡改或伪造口供。

(三)获得律师帮助的权利

《警察与刑事证据法》第58条规定，犯罪嫌疑人在被逮捕或拘留之后，有权获得律师的咨询和援助。《规程C》则规定，警察应当在犯罪嫌疑人受到逮捕或拘留后，明确告知其具有获得律师帮助的权利，并且应当为那些无力聘请律师的人提供免费的律师。

(四)知情权

《警察与刑事证据法》第5条规定：当嫌疑人因逮捕或拘留而押送到警察局之后，有权要求警察局通知其指定的人员(例如亲属、朋友)告知其羁押的情况，警察履行通知义务时不得延迟。

(五)合适成年人制度

《规程C》规定：未成年人、精神病人及心神耗弱者接受警察讯问时，应有具有适当身份的成年人在场，这个人可以是父母，也可以是一名社会工作者，法律另有规定的除外。

(六)羁押期间的待遇

《规程C》详细规定了犯罪嫌疑人在警察局羁押期间的处遇，例如每24小时内应当有连续8小时的休息时间。如果可能，休息时间应安排在夜间。在被讯问者的休息时间中，警察须保证其不被打扰；讯问室必须保证具有采光、通风和保暖设施。在讯问过程中，嫌疑人应当有权利坐着；还要保证其按时就餐等。

(七)讯问笔录

《警察与刑事证据法》规定，警察对犯罪嫌疑人进行讯问的过程中，应当同步制作讯问笔录并存档备查。《规程C》要求警察制作的讯问笔录必须是对双方所说的话一字不差地记载，如果确实无法做到一字不差时，至少也应当是对讯问过程进行准确而且充分的概括性叙述。该法同时也禁止事后补录。

(八)专职的羁押官和审查官

1984年《警察与刑事证据法》设置了羁押官和审查官，以确保犯罪嫌疑人在警察局羁押期间能够获得法律所规定的各项权利。该法规定，警察在对某人实施逮捕并将其带到警察局以后，应当将其移交给羁押官，由羁押官决定是否可以对其实行拘留。羁押官负责制作羁押记录，该记录应当包括羁押的全过程。此外，羁押官还负责检查《警察与刑事证据法》的执行情况。法律这样规定的目的显然是保护犯罪嫌疑人不受非法羁押和羁押中的非法侵害，由此可以认为，《警察与刑事证据法》赋予了羁押官类似司法官员的职能，他们应当不受案件调查取证活动的影响，而要首先考虑犯罪嫌疑人的权利。

在犯罪嫌疑人被羁押而未受到起诉的情况下，应当由审查官在最初6小时之后进行审查以判断是否有继续羁押的必要。之后，这种审查每隔9小时进行一次。审查可以通过电话的方式进行。

（九）证据排除规则

证据排除规则是《警察与刑事证据法》中对于犯罪嫌疑人最重要的保护性规定，根据《警察与刑事证据法》的规定，法庭可以拒绝采信通过不正当程序获得的证据。采信证据必须具备以下两个方面的条件：(1) 第76条规定，该供述是自愿作出的（第76条第8款对于“强迫”的定义是“折磨、非人道的或者不尊重地对待或者使用暴力威胁等”）或并非来自令人存疑的供述环境；(2) 第78条规定，可能导致公平诉讼受到贬损的，法院有权拒绝采用任何一项证据。

这些规定充分反映出当代英国法关于利益平衡的基本价值追求，以及法律在公正和效率二者之间的协调，而1984年《警察与刑事证据法》则堪称是这种协调与平衡的一个立法典范。它不仅向人们诠释了文明社会中刑事司法活动的理性追求，同时也提供了一种利益平衡的新型法律模式。正确认识和理解这部法律的基本内容及其价值追求，对于中国警察权力的规范发展具有重要的借鉴意义。

三、综合法为旋律，专门法为和弦

1984年《警察与刑事证据法》是现代英国警察权力的奠基之作，是一部关于警察权力的“大宪章”。这部法律不仅为英国警察权力配置提供了基本的法律框架，同时也拉开了刑事司法改革的序幕。自该法实施以后，英国便没有停止过刑事司法改革的步伐，先后颁布了《刑事司法与公共秩序法》（1994年）、《刑事司法法》（2003年）、《严重有组织犯罪和警察法》（2005年）以及《反恐怖法》（2006年）等重要法律。但是，这些改革都没有脱离1984年《警察与刑事证据法》所奠定的法制基础，尽管一些具体法律规定已经随着社会的发展而发生了变化，但是，该法所建立起来的关于英国警察权力的基本框架没有改变，该法所追求的尽可能实现警察权力与公民权利之间的平衡的基本目标没有变。迄今为止，1984年《警察与刑事证据法》仍然是指导英国警察工作的一部最重要的法律。

此外，警察与刑事证据法的实施规程，一直保持着与时俱进的特点。几乎每年都会对其中的内容作出修订或解释，目前该规程的条文已近十数万言，成为一部名副其实的侦查规则的操作全书。

此外，本书第二部分译出的《关于警察羁押的要求》，是英国狱政监察局和警务监察局对警察羁押工作的指导意见。其内容是对《警察与刑事证据法》、《实施规程》等综合性法规的补充和完善。二者相辅相成，形成了比较合理的侦查行为和羁押标准的规范体系。

四、他山之石，可以攻玉

众所周知，我国刑事诉讼法已于2012年完成了再次修改的工作。刑诉法修改一个最突出的亮点，就是将“尊重和保障人权”写进刑事诉讼法总则，并在多项具体规定和制度完善中加以贯彻和体现。这些规定不仅有宣示性、指导性意义，还意味着在惩罚犯罪的同时，要尊重和保障人权。

新《刑事诉讼法》第50条增加了不得强迫任何人证实自己有罪的规定。同时第54条规定，采用刑讯逼供等非法方法收集的犯罪嫌疑人、被告人供述和采用暴力、威胁等非法方法收集的证人证言、被害人陈述，应当予以排除。收集物证、书证不符合法定程序，可能严重影响司法公正的，应当予以补正或者作出合理解释；不能补正或者作出合理解释的，对该证据应当予以排除。这一规定，从制度上防止和遏制刑讯逼供及其他非法收集证据的行为，为维护司法公正和刑事诉讼参与人的合法权利提供了保障。而将不得自证其罪原则确定下来，更是刑事司法文明的一大进步。

新《刑事诉讼法》第73条规定，指定居所监视居住的，除无法通知的以外，应当在执行监视居住后24小时以内，通知被监视居住人的家属。第83条规定，除无法通知或者涉嫌危害国家安全犯罪、恐怖活动犯罪，通知可能有碍侦查的情形以外，应当在拘留后24小时以内，通知被拘留人的家属。有碍侦查的情形消失以后，应当立即通知被拘留人的家属。第91条规定,逮捕后,应当立即将被逮捕人送看守所羁押。除无法通知的以外,应当在逮捕后24小时以内,通知被逮捕人的家属。

新刑诉法把律师介入诉讼的时间提前到侦查阶段,正式确立了律师在侦查阶段的"辩护人"地位。也就是说,从公安司法机关对犯罪嫌疑人、被告人采取强制措施之日起,或公安司法机关对犯罪嫌疑人、被告人进行第一次讯问后,犯罪嫌疑人、被告人就可以请律师为其进行辩护了。另外,还对律师的"会见权"一项,做了修改:犯罪嫌疑人被侦查机关第一次讯问或者采取强制措施之日起,受委托的律师凭律师执业证书、律师事务所证明和委托书或者法律援助公函,有权会见犯罪嫌疑人、被告人。看守所应当及时安排会见,至迟不得超过48小时。同时规定,辩护律师会见在押犯罪嫌疑人、被告人时,不得被监听,并取消了"律师会见时,侦查人员必须在场"的规定。如果看守所没有在48小时内安排律师会见当事人,或是在律师会见当事人时安排了监听等,律师有权进行控告和申诉,讯问过程录音录像。

新刑诉法规定:侦查人员在讯问犯罪嫌疑人的时候,可以对讯问过程进行录音或者录像;对于可能判处无期徒刑、死刑的案件或者其他重大犯罪案件,应当对讯问过程进行录音或者录像。录音或者录像应当全程进行,保持完整性。这个规定在很大程度上扼制了刑讯逼供或变相刑讯逼供的产生,依法保障了犯罪嫌疑人的人身权利。

然而,我国刑事诉讼的司法实践尚未能完全跟上立法的脚步,尤其在侦查阶段,对于公安机关、检察机关的职权缺乏充分的规制和监督机制,嫌疑人的人权保障的力度仍然不强。因此,本书中所介绍的英国对侦查机关的权利规制和监督,对我国刑事诉讼法的进一步完善有着很好的借鉴价值。

在编译内容的选择上,笔者主要遵循以下标准:(1)该法律为英国在规制警察权力与保障人权领域具有代表性的法律文本;(2)该法律代表了英国立法机关在该问题上的最新成果;(3)该法律、规则或标准对我国刑事诉讼法的改革及实践提供了具体的参照对象。因此,通过这些法律、规则和标准,基本上可以对英国刑事侦查制度有一个相对全面的了解。本书中收录的《英国警察与刑事证据法规程》及《关于警察羁押的要求》均为英国最新立法版本。同时,编译的法律条文属于英国政府公布的官方版权许可(Open Government Licence)的范畴。

本书另行收录了三位英国专家(戴维·麦克尼尔、艾伦·马洛、马兰娜)

对英国警察与刑事证据法的评述文章，在此对三位作者的支持表示感谢。

为了便于读者查找、搜索相关文献资料，在翻译时，我们特意保留了原法律文本中的所有引注，并对常用的术语都标注了英文原文。同时，对于英国警察与刑事证据法修改后删除的条文，也做了注明，尽量接近于英文版的原貌。笔者希望通过编译工作，能够为读者提供原汁原味的食材，至于借助这些食材，愿意或能够烹制出何样的美食，则完全应该由读者自己来决定。当然，囿于能力和时间所限，书中仍有不少不妥之处，欢迎读者批评指正。

本书的出版得到了英国瑞慈机构的支持，特此致谢。在本书的编译过程中，武汉大学法学院张万洪副教授，武汉大学公益与发展法律研究中心丁鹏研究员，英国瑞慈机构马兰娜女士、Tim Millar 先生，深圳大学廖布泽先生、熊昌先生等许多专家和朋友不吝赐教，热忱帮助，也一并致谢。此外，笔者希望特别感谢厦门大学出版社的蒋东明社长和邓臻编辑，没有他们一丝不苟的工作和诚挚的努力，本书是无法与读者们见面的。

彭　勃

2014 年清明于深圳

目　录

规则与职权

规程 A　警察依法行使的拦截与搜查行为，警察与警务人员的有条件盘查行为的工作规程

规程 B　警察搜查场所及扣押当事人随身或场所内财物的工作规程

规程C 警察拘留、处置及讯问嫌疑人的工作规程

规程 D　警察辨认嫌疑人的工作规程

规程 E　警察讯问嫌疑人录音工作规程

规程 F　对警察讯问嫌疑人进行录像的工作规程

关于警察羁押的要求

经验与评述

Police And Criminal Evidence Act

规则与职权

规程 A

警察依法行使的拦截与搜查行为，警察与警务人员的有条件盘查行为的工作规程

Code of Practice A

Police And Criminal Evidence Act

总则

所有警察局都必须置备本规程文本，以便警察、警辅人员、嫌疑人及公众随时查询。

注释部分不构成本规程的条款，而是用于指导警察与其他人员理解和适用，以及解释本规程的内容。附件内容属于本规程的组成部分。

本规程涉及警察在未逮捕嫌疑人的情况下，依法行使搜查人身和车辆的权力。本规程所指的主要拦截与搜查行为于附件 A 中列出，但适用范围并非仅限该表。① 此外，本规程也适用于警察与警辅人员法定权力之外的有条件盘查行为。本规程不适用于下列情况：

A. 根据下列法律实施的拦截与搜查：

(1)1982 年《航空安全法》第 27 条第 2 款；

(2)1984 年《警察与刑事证据法》第 6 条第 1 款(特别针对执法机构雇用警员对执法机构的场所实施的搜查)。

B. 2000 年《反恐法》第 7 条因检查目的实施的搜查及同法第 14 条第 6 款要求的工作规程。

一、拦截与搜查的基本原则

1.1 拦截与搜查权力的行使应当公平、负责，尊重嫌疑人、不得非法歧视。2010 年《平等法》指出警察行使权力时因当事人“受保护的个性”——年龄、残疾、变性、种族、宗教信仰、性别与性取向、婚姻与民事伴侣关系、怀孕或分娩——而歧视、骚扰或欺骗当事人的行为视为违法。警察在行使权力时还应避免其他非法歧视、骚扰或欺骗行为，鼓励与嫌疑人良性互动。

---

① 本规程并不影响警察在履行一般职责的过程中，在不拘留和不采取任何强制手段的情况下同某人交谈或提出询问。本规程的目的不是要禁止警察跟社区之间的交往以及与有关社区居民之间的合作，本规程也不影响所有公民都有责任协助警察阻止犯罪和查找罪犯这一原则。这是作为公民的责任，而非法律义务。但是，根据《规程 C》的要求，当一名警察试图发现是否发生了犯罪、罪行由何人所为时，他或她有权询问任何可能提供有用信息的人。该权力不受当事人是否愿意回答问题所左右。但如果警察没有逮捕权、拘留权或搜查权，则当事人可以自由离开且警察不得强迫其留下。

1.2 因拦截与搜查而对嫌疑人的权益造成的侵害应是暂时的；以搜查目的而羁押嫌疑人的地点应处于或接近拦截地点。

1.3 如果上述基本原则未得到遵守，则拦截与搜查行为可能存在问题。权力不能以适当方式加以行使会导致法律效果的贬损。拦截与搜查对于打击与预防犯罪起到了重要作用，权力的允当运用将加强这种作用。

1.4 拦截与搜查权力的首要目的是保证警察可以在不实施逮捕的情况下确认或消除犯罪的嫌疑。无论单独或共同实施，警官必须知道有可能被要求向上级警官或法庭陈述批准或执行这项权力的正当理由；如果滥用这种权力，可能对警察的工作造成长远的损害，导致失去社区的信任。面对公众的查询，警察也应对其行为作出解释。错误地行使上述权力将受到纪律处罚。

1.5 在未获批准的情况下，即使获得嫌疑人同意，警察也不得实施搜查行为。即使嫌疑人已准备接受搜查，在获得必要的司法授权之前，该搜查也不得启动。搜查行为必须与相关权力的行使对应，并与本规程的规定保持一致。作为例外，警察无须获得特殊授权，即可在获得嫌疑人同意的情况下，对于进入体育场所或其他特定场所的人员进行检查。

二、拦截与搜查权力的含义

2.1 本规程适用于依据下述权力执行的拦截和搜查行动：

A. 有合理根据怀疑某人携带非法获取或非法拥有的物品时可以行使的权力；

B. 有理由相信警区内之任何场所可能发生严重暴力事件或有人正携带危险器具或凶器时，依据 1994 年《刑事司法与公共秩序法》第 60 条之规定（经 1997 年《刀具法》第 8 条的修改）批准执行的侦查活动①；

C. 根据 2000 年《反恐法》第 44 条第 1 款的规定，有必要行使上述权力以预防恐怖活动的发生；②以及

D. 在有权开展场所搜查时，对于未被逮捕的相对人实施身体搜查。③

---

① 参见附件 A。

② 参见《规程 B》2.18A。

③ 参见《规程 B》2.4。

以合理怀疑为前提行使搜查权

2.2 是否存在合理的怀疑取决于每个案件的具体情况，但根据可能与案件有关联的事实、信息和/或情报可以形成客观依据，或者属于 2000 年《反恐法》第 43 条所规定的某人为恐怖犯罪嫌疑人的情况。形成合理怀疑不能单凭个人因素，而必须有其他情报或信息证实嫌疑人参与了犯罪。例如，除非警察掌握了嫌疑人的外貌描述，否则某人的体征①或某人的犯罪前科不得被单独使用、共用或与混用为搜查的理由。合理怀疑不能基于对某类人或某群体更容易犯罪的概念化或类型的印象。

2.3 在没有可靠的信息、情报或根据嫌疑人的行为，无法构成合理的怀疑。例如，警察在夜间道路盘查中发现某人明显有所隐藏时，(结合其他相关情况)警察可据此推断此类行为往往意味着其实施了偷窃或携带了违禁物品。与之相似，根据 2000 年《反恐法》第 43 条的规定，某人处于或接近被视为恐怖袭击目标的场所，即有理由怀疑其为恐怖分子。

2.4 合理的怀疑应来自准确的、现实的情报和信息。例如，接到有关携带非法物品或某个嫌疑人的情况举报，或发现某人在盗窃发生地点随身携带有特定的物品等。要求搜查基于准确的、现实的情报和信息使执法实践更加高效。对于特定的场所进行有针对性的犯罪搜查既提高了警方的效率，也将对社会上守法公民带来的不便降低到最低程度。同时，此举也有助于嫌疑人和公众审视搜查行为。当然，这些要求并不对在其他场所依法并具有合理怀疑进行的拦截与搜查行为构成阻碍。

2.5 基于事实作出合理的怀疑，使得搜查更高效、合法且赢得公众的信任。将最新的、准确的信息和情报告知警察并使其了解当地的犯罪类型，易于在整体上提升行使权力的有效性。

2.6 如果有可靠信息或情报，说明犯罪组织或帮派的成员或其同伙经常性地携带非法刀具、武器或管制药品，且其穿着特殊的服装或其他已知可用以鉴别某特定团伙或帮派身份的特征，这些特殊的服装或其他特征构成合理的怀疑。②

2.7 警察有合理依据，怀疑某人在不涉案情况下持有被盗物品或违禁品或其他警察有权搜查的物品，则警察虽然有权进行拦截和搜查，但无权对其实施逮捕。而且，警察在采取强制力之前，必须尽一切可能争取该未涉案人的配合，让其主动交出相关物品。

---

① 包括 2010 年《平等法》所规定的"受保护的个人特征"，参见第一部分 1.1。

② 其他辨认身份的途径可能包括珠宝、徽章、文身或其他已知可用以鉴别某特定团伙或帮派身份的特征。

2.8 根据 2000 年《反恐法》第 43 条第 1 款的规定，巡警可以对警察官有合理怀疑的嫌疑人进行拦截或搜查，检查其随身物品，发现证据以确认其是否为恐怖分子。此项搜查只能由与嫌疑人相同性别的警察进行。① 根据同法第 44 条第 1 款的授权，身穿制服的巡警可以因车辆或车上物品涉嫌恐怖活动而拦截并搜查任何车辆、司机和乘客。②

2.9 警察根据合理的怀疑，可以拘留嫌疑人以便进行搜查。在执行搜查之前，警察可以就当事人招致警察怀疑的行为或在特定场所出现的原因对当事人提出询问。出于搜查目的而对被拘留的当事人询问之后，最初的合理怀疑可能得到确认。如果当事人可以作出令人满意的解释，其则不存在拘留的合理性，没有必要对其进行搜查。③ 这种询问也可能获得其他合理根据，用以指认当事人持有不同于最初怀疑的另一种非法物品。但是，这种合理怀疑的根据不能是通过拘留后的讯问来获得，或者因为相对人拒绝回答任何询问而对其实施拘留。

2.10 如根据对被拘留者的询问或由于其他引起警察注意的情形，对携带某些物品产生的合理怀疑已经消失，则不得实施搜查。④ 警察没有任何合法拘留权力的，必须告知嫌疑人，并允许其自由离开。

2.11 警察无权以寻找搜查的合理怀疑为名拦截或拘留某人。警察盘查的对象许多不愿意违背其意志而受到拘留。如果发现犯罪嫌疑的合理依据属于紧急情况，即使在盘查开始有合理的怀疑，也可以对嫌疑人实施搜查。如果警察决定对某人实施拘留，应当及时告知该人。

1994 年《刑事司法与公共秩序法》第 60 条授权的搜查行为

2.12 根据 1994 年《刑事司法与公共秩序法》第 60 条的规定，如果有理由相信出现以下情形，穿着制服的巡警可以实施拦截和搜查：

A. 本辖区内可能发生严重暴力事件，急需适用拦截与搜查的权力加以制止的；

B. 有理由相信在辖区内某处，有人无正当理由而随身携带危险器具

---

① 参见附件 F。

② 参见《规程 A》2.18A。

③ 在有些情况下，预备性讯问可能是必要的。但一般说来，先进行简单的对话和交流是可取的。这不仅可以避免嫌疑人不让搜查，而且可以解释拦截和搜查的理由，争取嫌疑人的合作，减轻因拦截和搜查而可能形成的紧张气氛。如果嫌疑人因搜查目的被合法拘留，最后又没有被搜查，拘留行为不应因此而被视为非法。

④ 如果嫌疑人因搜查目的被合法拘留，最后又没有被搜查，拘留行为不应因此而被视为非法。

或凶器的;或

C. 辖区内已发生严重暴力事件,区内某处有人无正当理由而随身携带危险器具或凶器,急需适用上述权力来发现危险器具或凶器的。

2.13 根据第60条的规定,拦截和搜查的权力只能经由警督或以上级别的警官以书面形式批准。出现本法2.12条C款规定的无法书面授权的情况时,也可以口头批准。授权(无论书面或口头方式)必须说明其理由、可行使权力的地点以及执行该权力的有效时间。批准行使该授权的有效时间,不得超出阻止或预防严重暴力事件或处理携带危险器具或凶器事件的合理需要,而且最长不得超过24小时。出现本法2.12条C款规定的情况并口头批准的,该授权必须在条件具备时尽快形成书面记录。①

2.14 当警督批准行使权力后,应当在情况允许时尽快报告警监(Superintendent)或更高级别的官员。如果暴力事件或携带危险器具或凶器的事件已发生或怀疑已经发生,并认为有必要继续使用该授权来防止或处理继续发生此类事件,则警监或更高级别警官可以指示将该授权执行期限

① 根据第60条实施的强制措施可分为常规的拦截和搜查与需要有合理怀疑嫌疑人携带攻击性武器(或其他物品)的拦截与搜查。二者共通的目的是防止严重暴力活动以及因携带武器造成他人伤害的潜在犯罪活动或为发现其他权力无法完成的,在犯罪中使用的武器。因此,这些手段不能用于常规的犯罪调查。以个案为例,如果警察获得授权在一个体育赛事中,防止对方球队的支持者制造严重暴力活动或携带攻击性武器,则仅凭某个单独的球迷相貌和年龄与可能犯罪的情况相符,不足以构成授权强制措施的合理怀疑。(见2.6)第60条要求批准权力行使的人员形成合理的确信。这必须有一个客观的基础,例如:有确凿的情报或相关信息证明某些特定的团伙之间有对抗和实施暴力的经历;以前的暴力事件与特定的事件或地点有关;在一个限定区域内持刀抢劫案件显著增加;据报告有人在一个特定的地点经常携带武器;有情报显示在犯罪中使用的武器的地点,或之前发生过第60AA条规定的蒙面犯罪的案件。由批准授权的警官确定上文第2.1条B款、C款所述授权的有效期限。警官必须把有效期限确定为他认为处理暴力事件、携带刀具和凶器以及恐怖活动危险的最短时间。依据上文第2.1条B款的规定,指示延长授权期限的做法只能有一次。此后要继续行使该项授权就需要重新获得批准。本规程没有规定第2.1条C款所述授权可以延期,因而超期行使该项权力都要求重新获得批准。由批准授权的警官确定执行该授权的有效区域范围。在确定有效范围时,他可能愿意考虑到下列因素:预计可能发生的事件的性质和发生地点、可能接近该事发地点的人员数量、通往附近区域的通道以及暴力事件的可能程度。授权警官不得设定超出第60AA条允许的为防止可能的暴力事件、携带刀具或凶器或恐怖活动所必需的区域范围。尤其重要的是,要确保执行授权的警察完全理解这项授权可以执行的范围在哪里。如果授权的执行范围小于本警察局的辖区,则批准授权的警官必须指明该范围的边界街道或边界线。如果该授权是为了应付跨辖区的威胁或事件,则需要有每个相关辖区的一名警官批准该授权。

延长 24 小时。该指示应采用书面形式,或在情况允许时尽快形成书面记录。①

2.14A 根据第 60 条,在选择截停的嫌疑人或车辆并进行拦截或实施搜查时,必须对涉嫌案件或武器的性质进行客观的评判。

2.14B 根据第 60 条受到拦截和搜查的车辆的司机或任何受到搜查的人,自车辆被拦截或被搜查之日起 12 个月内,有权申请获得一份书面证明。该证明为搜查情况的记录,即根据第 60 条拦截车辆或(视情况而定)对嫌疑人进行搜查时的状况。该证明既可以是搜查记录的一部分,也可以是一个单独的记录文本。

要求摘掉面罩的权力

2.15 1994 年《刑事司法和公共秩序法》第 60AA 条也赋予警察要求嫌疑人摘掉面罩的权力。行使权力的人员必须有合理理由相信嫌疑人佩戴某些饰物是完全出于或部分出于隐藏身份的目的。警察无权仅因某人身着奇装异服就对其进行拦截和搜查。如果执行搜查权的人员合理地相信某人佩戴或携带衣饰是为了隐瞒任何人的身份时,有权对该衣饰进行扣押。只有根据第 60 条或第 60AA 条才可以批准警察这样做,此为硬性的要求。②

2.16 根据第 60AA 条,如果拥有批准权的警官认为在警区内可能发生涉嫌犯罪的行为且有必要实施强制措施以防止或控制这些犯罪活动,可以授权执勤的警察(制服巡警)要求嫌疑人脱下伪装的衣物或对衣物予以扣押。

---

① 由批准授权的警官确定上文第 2.1 条 B 款、C 款所述授权的有效期限。警官必须把有效期限确定为他认为处理暴力事件、携带刀具和凶器以及恐怖活动危险的最短时间。依据上文第 2.1 条 B 款的规定指示延长授权期限的做法只能有一次。此后要继续行使该项授权就需要重新获得批准。本规程没有规定第 2.1 条 C 款所述授权可以延期,因而超期行使该项权力都要求重新获得批准。

② 很多人习惯于遮蔽面孔或出于宗教原因而佩戴面罩——例如,穆斯林的女性、锡克族的男性,锡克教或印度教的女性,或拉斯特法里教的男性或女性,警察不能要求其摘掉头部或脸部的遮蔽物,除非有理由相信该物品是全部或部分为了掩盖其身份。但警察无权仅因当事人戴着面罩而要求其摘除。凡是要求嫌疑人摘下面罩可能存在敏感的宗教问题的,则警察必须允许嫌疑人在非公共场合摘除面罩。在情况允许时,嫌疑人摘除面罩时须有同性警官在场,并离开任何异性人员的视线。另外,可参见附件 F。

2.17 根据第60AA条所作授权，只有得到警督级别或更高级别警官以书面形式批准，且授权书上必须列明授权的理由、权力行使的处所及有效期限。批准行使该授权的有效时间，不得超出阻止或预防严重暴力事件或处理携带危险器具或凶器事件的合理需要，而且最长不得超过24小时。①

2.18 当警督批准行使该授权后，应当在情况允许的最快时间内报告警司或以上级别官员。如果暴力事件或携带危险器具或凶器的事件已发生或被怀疑已经发生，并认为有必要继续使用该授权来防止或处理继续发生此类事件，则警监或以上级别警官可以指示将该授权期限再延长24小时。该指示应采用书面形式，或在条件具备时尽快形成书面记录。②

---

① 根据第60条实施的强制措施可分为常规的拦截和搜查与需要有合理怀疑嫌疑人携带攻击性武器（或其他物品）的拦截与搜查。二者共通的目的是防止严重暴力活动以及因携带武器造成他人伤害的潜在犯罪活动或为发现其他权力无法完成的，在犯罪中使用的武器。因此，这些手段不能用于常规的犯罪调查。以个案为例，如果警察获得授权在一个体育赛事中，防止对方球队的支持者制造严重暴力活动或携带攻击性武器，则仅凭某个单独的球迷相貌和年龄与可能犯罪的情况相符，不足以构成授权强制措施的合理怀疑。（见2.6）第60条要求批准权力行使的人员形成合理的确信。这必须有一个客观的基础，例如：有确凿的情报或相关信息证明某些特定的团伙之间有对抗和实施暴力的经历；以前的暴力事件与特定的事件或地点有关；在一个限定区域内持刀抢劫案件显著增加；据报告有人在一个特定的地点经常携带武器；有情报显示在犯罪中使用的武器的地点，或之前发生过第60AA条规定的蒙面犯罪的案件。由批准授权的警官确定上文第2.1条B款、C款所述授权的有效期限。警官必须把有效期限确定为他认为处理暴力事件、携带刀具和凶器以及恐怖活动危险的最短时间。依据上文第2.1条B款的规定，指示延长授权期限的做法只能有一次。此后要继续行使该项授权就需要重新获得批准。本规程没有规定第2.1条C款所述授权可以延期，因而超期行使该项权力都要求重新获得批准。由批准授权的警官确定执行该授权的有效区域范围。在确定有效范围时，他可能愿意考虑下列因素：预计可能发生的事件的性质和发生地点、可能接近该事发地点的人员数量、通往附近区域的通道以及暴力事件的可能程度。授权警官不得设定超出第60AA条允许的为防止可能的暴力事件、携带刀具或凶器或恐怖活动所必需的区域范围。尤其重要的是，要确保执行授权的警察完全理解这项授权可以执行的范围在哪里。如果授权的执行范围小于本警察局的辖区，则批准授权的警官必须指明该范围的边界街道或边界线。如果该授权是为了应付跨辖区的威胁或事件，则需要有每个相关辖区的一名警官批准该授权。

② 由批准授权的警官确定上文第2.1条B款、C款所述授权的有效期限。警官必须把有效期限确定为他认为处理暴力事件、携带刀具和凶器以及恐怖活动危险的最短时间。依据上文第2.1条B款的规定指示延长授权期限的做法只能有一次。此后要继续行使该项授权就需要重新获得批准。本规程没有规定第2.1条C款所述授权可以延期，因而超期行使该项权力都要求重新获得批准。

根据 2000 年《反恐法》第 44 条所进行的搜查

2.18A 欧洲人权法院裁定，根据 2000 年《反恐法》第 44 条至第 47 条之规定赋予拦截和搜查的权力，与《欧洲人权公约》第 8 条“保护私人生活的权利”的规定相抵触。无论是欧洲法院的裁决，还是本法的规定，均不能作为修改《反恐法》既有法条的依据。然而，内政大臣于 2010 年 7 月 8 日在下议院作出一项口头声明，宣布适用临时指导方针（以修改《反恐法》为前提）以确保警察不会因行使第 44 条规定的权力而造成侵害公约规定的权利。根据这些指导方针：

（1）基于第 44 条第 1 款的授权，应由内政大臣作出或予以确认，只有：搜查系针对车辆和车上物品，而非司机或乘客以及司机或乘客携带物品，且该搜查为预防恐怖活动的必要措施。①

（2）根据第 44 条第 1 款对车辆或车辆上的物品进行搜查，必须存在合理的怀疑，即该车或车上物品可能与恐怖活动有关。②

（3）不得根据第 44 条第 1 款或第 2 款，允许对行人、车辆司机和车上乘客或司机、乘客携带物品进行搜查；即使得到授权，该行为也不会被批准。对于此类搜查行为，警察必须根据第 43 条的要求，有合理的怀疑被搜查对象为恐怖分子，但不得授权在公共场合要求嫌疑人摘掉头饰或脱掉鞋子。

本规程的第 2.1 条、第 2.8 条、第 2.19 条至第 2.26 条、第 3.5 条，附件 A 第 15 条和第 16 条和附件 C 第 1 款现予修订，以体现上述指导方针。

2.19 警察长助理（Assistant Chief Constable）或同级或更高级别的警官可以批准执勤警察（制服巡警），根据 2000 年《反恐法》第 44 条第 1 款在警区的全域或任何部分区域内，行使拦截和搜查任何车辆和车上物品的权力。

2.20 如果先口头批准执行权力，须由口头批准的警官在条件具备时形成书面记录。

2.21 授权时，有关人员必须注明行使该授权的区域范围、时间和结束

---

① 第 44 条第 3 款规定，审批人员可以授权实施一些强制措施以作为预防恐怖活动的“权宜之计”，但实践证明，在所有情况下警察均认为存在授权的必要性。

② 当前的情况是，尽管第 45 条第 1 款 B 项有明文规定，但无论警察是否有理由怀疑存在这类器具，他们都有权执行拦截和搜查。

日期(从批准之时起最长不得超过 28 天)。①

2.22 警官依据《反恐法》第 44 条第 1 款批准该授权后,须在情况允许的合理时间内,尽快报告给内政大臣。但该项授权可以在内政尚未决定是否确认该项授权之前生效,但如在批准该项授权后 48 小时内尚未获得内政大臣的确认(以时间较早者为准),则该项授权的有效期自行中止。②

2.23 在接到已批准该授权的报告后,内政大臣可以:

(1)撤消该授权;撤消决定立即生效,或在大臣可确定的其他时间生效。

(2)确认对该授权的批准,但缩短原批准行使该授权的有效期限(最长不超过 28 天)。

(3)确认该授权的全部内容。

2.24 根据第 44 条第 1 条的授权,一个执勤警察(制服巡警)可以行使以下权力:

(1)有权为查找可能与恐怖活动有关的车辆或车上物品而拦截并搜查任何车辆③;且

(2)应有合理理由怀疑这些物品的存在。④

---

① 由批准授权的警官确定上文第 2.1 条 B 款、C 款所述授权的有效期限。警官必须把有效期限确定为他认为处理暴力事件、携带刀具和凶器以及恐怖活动危险的最短时间。依据上文第 2.1 条 B 款的规定,指示延长授权期限的做法只能有一次。此后要继续行使该项授权就需要重新获得批准。本规程没有规定第 2.1 条 C 款所述授权可以延期,因而超期行使该项权力都要求重新获得批准。由批准授权的警官确定执行该授权的有效区域范围。在确定有效范围时,他可能愿意考虑下列因素:预计可能发生的事件的性质和发生地点、可能接近该事发地点的人员数量、通往附近区域的通道以及暴力事件的可能程度。授权警官不得设定超出第 60AA 条允许的为防止可能的暴力事件、携带刀具或凶器或恐怖活动所必需的区域范围。尤其重要的是,要确保执行授权的警察完全理解这项授权可以执行的范围在哪里。如果授权的执行范围小于本警察局的辖区,则批准授权的警官必须指明该范围的边界街道或边界线。如果该授权是为了应付跨辖区的威胁或事件,则需要有每个相关辖区的一名警官批准该授权。

② 依据 2000 年《反恐法》第 44 条第 1 款规定批准授权的警官必须立即采取步骤,将批准文件复印后分送全国警务联合小组和首都警察特别分局,后者负责转呈内政大臣。应向内政大臣说明批准该授权的原因。全国警务联合小组将在该授权批准后 48 小时内通知相关警察局:大臣是确认、是撤消还是修改了该项授权。也可参见《规程 A》第 2.18 条 A 款。

③ 参见《规程 A》第 2.25 条。

④ 参见第 2.2 条至第 2.11 条中"搜索需要有合理理由怀疑"的规定。

2.24A 根据 2000 年《反恐法》第 44 条第 1 款，身着制服且在执勤中的社区服务警察经其上级主管授权行使权力时，必须遵守本规程的要求，包括有关录音的规定。

2.25 上文第 2.2 条至第 2.11 条中的搜查“需要合理的怀疑”的要件，在根据第 44 条第 1 款授权拦截和搜查车辆时同样适用。

2.26 2000 年《反恐法》第 43 条及第 44 条第 1 款，允许一名警员对可能被用于恐怖主义目的的物品进行搜查。然而，这并不妨碍根据其他授权所进行的搜查，在行使这些权力的过程中，有关人员应形成合理的怀疑。

对场所的搜查权

2.27 下列情况下，在有权开展场所搜查时，对于在现场发现的未被逮捕的嫌疑人也可实施搜查：

A. 1988 年《刑事司法法》第 139B 条规定，一名警员可进入学校并对场所及场所内的任何人进行搜查，以发现刀具、锐利的物品或攻击性武器；

B. 根据 1971 年《滥用药物法》第 23 条第 3 款，签发搜查令以寻找违禁药品或文件的，但只适用于该搜查令明确写明可搜查该处所人员的情况；

C. 根据 2000 年《反恐法》附件 5 第 1 款、第 3 款及第 11 款，签发搜查令，以搜查场所、场所内人员以及可能有重大价值的恐怖调查材料的。

2.28 根据 1988 年《刑事司法法》第 139B 条行使搜查权之前，警员必须有合理依据相信 1988 年《刑事司法法》第 139A 条所规定的“学校内有刀具或锐利物品或攻击性武器”的犯罪已经或正在实施。根据 1971 年《滥用药物法》第 23 条第 3 款签发搜查场所及场所内人员的搜查令的，必须有合理的怀疑该场所内人员私藏了管制药物或某些文件。

2.29 如果已经获得搜查的授权，则根据本规程第 2.27 条，警察可以在事前没有具体的怀疑时，对场所内可能私藏某些物品的人员进行搜查。然而，仍需确保搜查上的选择和处置，与对场所的搜查有着客观的联系，而非出于执法人员的个人偏见。

三、搜查行为

3.1 所有的拦截和搜查，必须礼貌地进行，考虑和尊重有关人士。这将显著影响公众对警察的信心。必须作出一切合理的努力，以减少被搜查的人可能会遇到的尴尬。①

3.2 凡执行搜查都必须争取搜查对象的合作，即使搜查对象一开始反对接受搜查。只有在确定嫌疑人不愿合作或作出反抗时，才能动用强制实施搜查。动用强制只能作为最后选择，但在有必要时进行搜查或者为了搜查而有必要拘留嫌疑人或车辆时，可以运用合理限度的强制。

3.3 扣留嫌疑人或车辆的时间取决于具体情况，但在任何情况下扣留时间都必须合理，不得超出搜查所执行的时间。如果行使搜查权要求以合理怀疑为条件，则搜查的程度和幅度必须取决于怀疑携带的物品是什么和携带者是谁。如果怀疑的目标是某件具体物品，并已发现该物品放进了某人的口袋里，那么，在没有其他怀疑根据，嫌疑人也没有机会将该物品移至另处，则搜查的范围遵循《规程 A》的规定。如果怀疑目标是容易隐藏的小体积物品，如毒品，并有可能被携带者隐匿在全身任何地方，则可能需要进行更大范围的搜查。如果是执行上文第 2.1 条 B 款、C 款、D 款和 E 款的搜查行动，没有要求警察的怀疑有合理的根据，则警察可以进行任何合理限度的搜查，以查找其有权搜查的物品。②

3.4 搜查必须是在嫌疑人或车辆被扣现场或附近进行。③

3.5 除非基于 1994 年《刑事司法和公共秩序法》第 60AA 条（该法条授权警察可以要求嫌疑人脱下身上穿戴的任何用于掩盖其真实身份的衣物），警察无权要求搜查对象在公开场合脱下除外套、夹克和手套之外的其

---

① 很多人习惯于遮蔽面孔或出于宗教原因而佩戴面罩——例如，穆斯林的女性、锡克族的男性、锡克教或印度教的女性，或拉斯特法里教的男性或女性，警察不能要求其摘掉头部或脸部的遮蔽物，除非有理由相信该物品是全部或部分为了掩盖其身份。但警察无权仅因当事人戴着面罩而要求其摘除。凡是要求嫌疑人摘下面罩可能存在敏感的宗教问题的，则警察必须允许嫌疑人在非公共场合摘除面罩。在情况允许时，嫌疑人摘除面罩时须有同性警官在场，并离开任何异性人员的视线（参见附件 F）。

② 在公共场合对当事人进行搜查应尽快完成。

③ 在行使拦截和搜查时，可将嫌疑人拘留在其被扣押处所以外的警察局或其他地方。这个地方应设在用任何交通方式（步行或乘车）均合理的距离内。这适用于所有的搜查和拦截活动，不论是否涉及脱掉衣物或检查身体隐秘部位（见上文第 3.6 条和第 3.7 条）或发生在非公众场所。这意味着，例如，凡根据 1971 年《滥用毒品法》第 23 条要求当事人脱下除外套、夹克、手套的衣物以外的其他穿戴的搜查活动，如果可行，应在当事人被拘留地附近且远离公众视线的场所。如果搜查涉及暴露当事人身体隐秘部位且附近没有警察局，则应当特别小心以保证搜查地点是符合《规程 C》附件 A 第 11 条所规定的适当地点。

他衣服。① 在公共场合对嫌疑人的穿戴进行检查时,必须仅限于外层的衣物。然而,这一规定并不禁止警察将他或她的手伸入嫌疑人的外衣口袋内,或摸索其衣领,袜子和鞋内,即在合理、必要的情况下寻找物品或为了移除、检查任何有理由怀疑为搜索对象的物品。基于同样理由,为摘掉嫌疑人的头饰,可以在公众场合中对某人的头发进行检查。②

3.6 如有合理根据认为有必要进行更为彻底的搜查(如要求某人脱下T恤衫),则必须在避开公众视线的场合进行,如在警车(第 3.7 条规定的情况除外)或附近的警察局内。③凡搜查行动要求当事人脱下除外套、夹克、手套、帽子、袜子或其他掩盖身份的衣物以外的其他穿戴,则只能由与当事人同一性别的警察来执行搜查,而且不得有异性在场,除非当事人本

---

① 很多人习惯于遮蔽面孔或出于宗教原因而佩戴面罩——例如,穆斯林的女性、锡克族的男性、锡克教或印度教的女性,或拉斯特法里教的男性或女性,警察不能要求其摘掉头部或脸部的遮蔽物,除非有理由相信该物品是全部或部分为了掩盖其身份。但警察无权仅因当事人戴着面罩而要求其摘除。凡是要求嫌疑人摘下面罩可能存在敏感的宗教问题的,则警察必须允许嫌疑人在非公共场合摘除面罩。在情况允许时,嫌疑人摘除面罩时须有同性警官在场,并离开任何异性人员的视线。在行使拦截和搜查时可将嫌疑人拘留在其被扣押处所以外的警察局或其他地方。这个地方应设在用任何交通方式(步行或乘车)均合理的距离内。这适用于所有的搜查和拦截活动,不论是否涉及脱掉衣物或检查身体隐秘部位(见上文第 3.6 条和第 3.7 条)或发生在非公众场所。这意味着,例如,凡根据 1971 年《滥用毒品法》第 23 条要求当事人脱下除外套、夹克、手套的衣物以外的其他穿戴的搜查活动,如果可行,应在当事人被拘留地附近且远离公众视线的场所。如果搜查涉及暴露当事人身体隐秘部位且附近没有警察局,则应当特别小心以保证搜查地点是符合《规程 C》附件 A 第 11 条所规定的适当地点。也可参见附件 F。

② 参见《规程 A》第 3.1 条和第 3.3 条。

③ 在行使拦截和搜查时,可将嫌疑人拘留在其被扣押处所以外的警察局或其他地方。这个地方应设在用任何交通方式(步行或乘车)均合理的距离内。这适用于所有的搜查和拦截活动,不论是否涉及脱掉衣物或检查身体隐秘部位(见上文第 3.6 条和第 3.7 条)或发生在非公众场所。这意味着,例如,凡根据 1971 年《滥用毒品法》第 23 条要求当事人脱下除外套、夹克、手套的衣物以外的其他穿戴的搜查活动,如果可行,应在当事人被拘留地附近且远离公众视线的场所。如果搜查涉及暴露当事人身体隐秘部位且附近没有警察局,则应当特别小心以保证搜查地点是符合《规程 C》附件 A 第 11 条所规定的适当地点。

人提出具体要求。①

3.7 不能因初步搜查不能有所发现，就将盘查范围扩大到包括当事人身体的隐秘部位在内的身体全部。凡涉及身体隐私的检查，只能在附近的警察局或避开公众视线的其他场所内进行（在警车内亦不得进行）。此类搜查必须遵循《规程 C》附件 A 第 11 条的规定，除非拦截和搜查的权限不包括《规程 C》附件 A 第 11 条 F 项规定的对身体隐私部位的检查。《规程 C》的其他规定均不适用于根据拦截和搜查权并出于搜查目的而被扣留在警察局内的相对人。②

搜查之前应采取的措施

3.8 在对任何被拘留者或扣押车辆进行搜查前，警察应采取一系列合理的措施。如果警察未穿制服，③应向被搜查的人或车辆的管理人出示搜查证；无论是否穿着制服，警察都应向嫌疑人说明以下信息：

A. 他们现因搜查的目的正被扣留；

B. 警察的姓名（除非讯问内容与恐怖活动案调查有关，或警员合理地认为如果说出他或她的名字，可能使其陷入危险之中的。这时，也应告知其工作授权书或其他身份号码）以及所属警察局的名称；

C. 正在行使法定的搜查权力；且

D. 明确的解释：

(1)搜查目的物或有权搜查的物品；且

---

① 很多人习惯于遮蔽面孔或出于宗教原因而佩戴面罩——例如，穆斯林的女性、锡克族的男性、锡克教或印度教的女性，或拉斯特法里教的男性或女性，警察不能要求其摘掉头部或脸部的遮蔽物，除非有理由相信该物品是全部或部分为了掩盖其身份。但警察无权仅因当事人戴着面罩而要求其摘除。凡是要求嫌疑人摘下面罩可能存在敏感的宗教问题的，则警察必须允许嫌疑人在非公共场合摘除面罩。在情况允许时，嫌疑人摘除面罩时须有同性警官在场，并离开任何异性人员的视线。在大街上执行搜查本身即构成上文第 3.6 条和第 3.7 条所规定的“在公共场合进行的搜查”，即使在执行搜查时大街上可能空无一人。尽管警察无权强制要求嫌疑人在公共场合脱下除外套、夹克、手套以外的其他衣物，但并没有规定禁止警察可以请求当事人自愿脱下其他衣物。另外，可参见附件 F。

② 在大街上执行搜查本身即构成上文第 3.6 条和第 3.7 条所规定的“在公共场合进行的搜查”，即使在执行搜查时大街上可能空无一人。尽管警察无权强制要求嫌疑人在公共场合脱下除外套、夹克、手套以外的其他衣物，但并没有规定禁止警察可以请求当事人自愿脱下其他衣物。

③ 参见《规程 A》第 3.9 条。

(2)案件属于下列情况：

根据 1994 年《刑事司法及公共秩序法》第 60 条行使权力，[①]权力的性质、授权及已获批准；根据 2000 年《反恐法》第 44 条行使权力，权力的性质、授权、已获批准的以及嫌疑的理由；[②]对所有其他需要合理怀疑才可启动的权力[③]而言的怀疑理由。

E. 如果制作了搜查笔录，自搜查之日起 3 个月内，嫌疑人有权申请获得搜查记录的副本[④]；且

(1)根据搜查的结果，如果无须对嫌疑人实施逮捕并带往警察局，且当场制作了搜查记录，则搜查结束后，如嫌疑人提出申请，可立即得到：记录副本，或一份收据，告知嫌疑人如何获得完整记录的副本或记录的电子副本，或

(2)根据搜查的结果，如果嫌疑人被逮捕并带到警察局，该记录将被保管在警局内并作为羁押记录的一部分。如果嫌疑人提出申请，应考虑，包括搜查记录在内的羁押记录的副本将尽快于其在警局期间交付。[⑤]

3.9 根据第 2.1 条 B 款和 C 款所实施的拦截和搜查，只能由一个身穿制服的警员进行。

3.10 在这种情况下的人，也应告知嫌疑人有关警察截停和搜查的权力以及个人权利方面的信息。

3.11 如果搜查对象或被搜查车辆的车主看上去没有听懂告知的内容，或者其英语听力让人怀疑，则警察必须采取合理措施让其了解相关权利及本规程的内容。如果搜查对象或车主是聋哑人，或不懂英语但另有他人随行，则警察必须弄清可否由随行者提供翻译，或采取其他方法帮助其理解必要的信息。

---

① 参见《规程 A》第 2.1 条 B 款。

② 参见《规程 A》第 2.1 条 C 款、第 2.18 条 A 款。

③ 参见《规程 A》第 2.1 条 A 款。

④ 参见《规程 A》第 4(录音要求)条。

⑤ 根据搜查结果需要逮捕嫌疑人或车辆负责人的，关于搜查记录应作为羁押记录一部分，并提供给逮捕后当场获得保释(Street Bail)的人员(参见《警察与刑事证据法》的第 30A 条)或羁押的人员。被逮捕人员要求获得作为羁押记录一部分的搜查记录的权利，不影响其要求获得全部羁押记录或任何《警察与刑事证据法》的《规程 C》第 2 条(羁押记录)所规定文本的权利。

四、录音要求

(一)根据搜查结果无须实施逮捕的

4.1 警察根据本规程实施搜查且搜查结果不会导致被搜查的人或车辆的负责人被逮捕并带往警察局的,完成搜查后应当以书面或电子方式制作记录,除非实际情况不允许做记录(例如出现骚乱或记录人员急需在其他地方制作记录的)。如果可行,负责搜查的警员必须当场记录,并在搜查完成后尽快制作正式记录。①

4.2 如果当场制作记录,必须向被搜查者或被查车辆的负责人询问其是否需要记录的副本。如果他们需要,则应立即交付:一份记录的副本,或一份回执,告知嫌疑人如何获得完整记录的副本或记录的电子副本。

4.2A 如果警员需要优先处理案件,他们无须立即提供完整的记录或回执。②

(二)根据搜查结果需要实施逮捕的

4.2B 警察根据本规程实施搜查且搜查结果需要对某人实施逮捕并带往警察局,负责搜查的警官应确保将搜查记录制作为羁押记录的一部分。负责羁押的警官应确保相对人知悉其有权获得记录的副本。如果相对人要求获得记录副本,应在可能的情况下尽快交付。③

① 根据搜查结果需要逮捕嫌疑人或车辆负责人的,关于搜查记录应作为羁押记录一部分,并提供给逮捕后当场获得保释(Street Bail)的人员(参见《警察与刑事证据法》的第30A条)或羁押的人员。被逮捕人员要求获得作为羁押记录一部分的搜查记录的权利,不影响其要求获得全部羁押记录或任何《警察与刑事证据法》的《规程 C》第 2 条(羁押记录)所规定文本的权利。

② 如果无法在现场提供书面记录或可直接访问的电子记录或搜查回执(参见以上第4.2条 A 款的规定),警察应考虑告知当事人他们前往哪个警局复印该记录的副本。回执的形式可以相当于简单的商业名片,其中记载着足够的信息以帮助当事人找到可以复制记录的地点,例如,搜查的时间、地点,执行搜查的警察的姓名或识别番号(适用第 4.4 条的除外)。

③ 根据搜查结果需要逮捕嫌疑人或车辆负责人的,关于搜查记录应作为羁押记录一部分,并提供给逮捕后当场获得保释(Street Bail)的人员(参见《警察与刑事证据法》第 30A 条)或羁押的人员。被逮捕人员要求获得作为羁押记录一部分的搜查记录的权利,不影响其要求获得全部羁押记录或任何《警察与刑事证据法》的《规程 C》第 2 条(羁押记录)所规定文本的权利。

(三)搜查记录

4.3 搜查记录必须包含以下信息：

A. 搜查对象自己承认的种族；如果有出入，则为负责搜查的人员认为搜查的相对人或车辆负责人所属的种族(视情况而定)；①

B. 搜查人员或车辆的日期，时间和地点；②

C. 搜查的对象物或有权搜查的物品；

D. 以下情况：

根据 1994 年《刑事司法及公共秩序法》第 60 条行使权力③，权力的性质、授权及已获批准；④根据 2000 年《反恐法》第 44 条行使权力，权力的性质、授权、已获批准以及确认犯罪嫌疑的理由；⑤其他需要合理怀疑才可实施搜查的，应说明合理怀疑的内容。⑥

---

① 警察应当根据附件 B 所列的 2001 年人口普查时的人口类别对每个被拦截人员自述的种族进行记录。警察应当要求当事人在 5 个主要人口类别中选择其所属的一个，并询问其更具体的文化背景。出于记录目的，应当根据附件 B 的编码系统对各种族设置编码。表格中有"不在此列"一栏，但不得用于种族特征明确的嫌疑人。尤其在受公众关注之时，警察必须明白地向市民作出解释，采集上述信息是反映拦截和搜查的真实情况，有助于对种族问题进行监管，以解决歧视性执法，促进有效地适用权力。如果当事人可能提供了"不实"的答案(例如一个人来自白人国家但是黑色人种)，警察应记录其回答并根据种族分类系统(PNC)说明警察本身对当事人种族背景的看法。如果因此写入"不在此列"一栏，则应在记录中予以注明原因。

② 在行使拦截和搜查时，可将嫌疑人拘留在其被扣押处所以外的警察局或其他地方。这个地方应设在用任何交通方式(步行或乘车)均合理的距离内。这适用于所有的搜查和拦截活动，不论是否涉及脱掉衣物或检查身体隐秘部位(见上文第 3.6 条和第 3.7 条)或发生在非公众场所。这意味着，例如，凡根据 1971 年《滥用毒品法》第 23 条要求当事人脱下除外套、夹克、手套的衣物以外的其他穿戴的搜查活动，如果可行应在当事人被拘留地附近且远离公众视线的场所。如果搜查涉及暴露当事人身体隐秘部位且附近没有警察局，则应当特别小心以保证搜查地点是符合《规程 C》附件 A 第 11 条所规定的适当地点。

③ 参见《规程 A》第 2.1 条 B 款。

④ 应当对拦截和搜查是否符合 1994 年《刑事司法和公共秩序法》第 60 条或 2000 年《反恐法》第 44 条第(1)款的立法目的加以监督。

⑤ 应当对拦截和搜查的是否符合 1994 年《刑事司法和公共秩序法》第 60 条或 2000 年《反恐法》第 44 条第(1)款的立法目的加以监督。另外，可参见《规程 A》第 2.1 条 C 款和第 2.18 条 A 款。

⑥ 参见《规程 A》第 2.1 条 A 款。

E. 根据第 3.8 条 B 款的要求，实施搜查的人员的身份。①

4.3A 为了完成搜查记录，并不要求警察记录搜查对象的姓名、地址和出生日期，被搜查人以及被搜查车辆的负责人也没有必须提供这些信息的义务。

4.4 根据第 4.3 条，警务人员无须在搜查记录、任何其他与恐怖主义的调查记录或搜查人员合理地认为披露姓名会带来危险的情况下，向相对人告知其姓名。在这种情况下，记录中应当记载搜查令或其他识别号码以及所属的警察局。

4.5 每位被搜查人和被搜查车辆都必须有单独的搜查记录。但如果人是坐在车子里，且人和车都被搜查，并且搜查的目的物和搜查理由相同，则只需填写一份搜查记录。如果车内不止一个人，则必须对每个人进行单独记录。如果只搜查车辆，则必须记录该车辆负责人自述的种族背景，除非该车辆是无人看管的。

4.6 记载的搜查理由必须简洁明了，必须解释怀疑嫌疑人的理由，是否考虑了嫌疑人的个人行为或其他情节。

4.7 如果警察扣留某人以进行搜查，但经过质询后扣留的必要性已消失，则不应继续搜查，也无须制作记录。②

4.8 警察在搜查了一辆空车之后，或者在搜查了车内或车上的东西之后，必须留下一份通知放在车里(或车上，如果在搜查车里或车上的东西时没有打开车门，则为车上)，告知车主车辆已被搜查。

4.9 该通知应写明警察所在的警察局名称，并说明到哪里可以获取搜查记录以及(如可能的话)如何获得记录的电子副本，应该到哪里去申请赔偿。

4.10 在情况允许时，必须把空车放置在安全的地方。

4.10A、4.10B 废止。

---

① 凡由一名以上的警员实施的拦截和搜查，所有参与搜查的警员的身份都应予以记录。一名未直接参与搜查过程但身处现场的警员可以负责进行记录。

② 如果需要对地区性的不均衡执法进行监控，对于警察在公共场合要求当事人说明种族以证实其身份或扣押拟进行搜查但实际并未搜查的，警队有权指导警员制作记录。这些指引必须反映地方特点和且尽量避免官僚化。根据第 5.1 条至第 5.4 条，应对这些记录进行严密监控，警队可以暂停或重新恢复对这些记录的监督。如果嫌疑人因搜查目的被合法拘留，最后又没有被搜查，拘留行为不应因此而被视为非法。也可参见《规程 A》第 2.10 条。

(四)对非法定的处置措施进行记录

4.11 废止。

4.12 没有任何官方规定允许警察在公共场合要求某人进行自证其行为,例如说明他们的行为、行动、为何出现在某个场所或隐藏某些物品。不得记录上述询问,也不交付任何回执。①

4.12A 废止。

4.13—4.20 废止。

五、对拦截和搜查的监管和督导

5.1 督导官员必须对行使拦截和搜查权的情况进行监管,尤其应考虑是否有任何证据说明警察执法是基于偏执看法或不恰当的推论。监管官员应使自己相信其监督下的警察在实施拦截、搜查和记录过程中的做法完全符合本规程。监管官员也必须审视记录中是否有任何值得关注倾向或模式,如果存在这种情况需采取合适的行动予以解决。

5.2 负责警区和更广泛区域使用强制措施的高级警官也应对拦截和搜查的予以监管,并在必要的情况下,在相关层面采取措施。

5.3 在警队警区和地方政府层面应当对拦截和搜查的记录进行统计汇集,以保证监管和督导的顺利进行。任何特定警员或警员群体或与特定社会权力有关的人员如果不当运用权力,必须被确认并接受调查。

5.4 为了提升公众对警察行使权力的信心,警察当局的顾问应安排社区代表审查警察制作的拦截和搜查记录,并在地方政府层面对权力的行使作出解释。②

---

① 如果需要对地区性的不均衡执法进行监控,对于警察在公共场合要求当事人说明种族以证实其身份或扣押拟进行搜查但实际并未搜查的,警队有权指导警员制作记录。这些指引必须反映地方特点和且尽量避免官僚化。根据第 5.1 条至第 5.4 条,应对这些记录进行严密监控,警队可以暂停或重新恢复对这些记录的监督。警察在要求当事人自证身份时,应告知他们可向有关部门提出异议。

② 在安排公众监督的方面,应考虑拦截和搜查记录的保密性。市民对执法活动进行审查时,应以不记名的表格和/或从记录生成的统计信息为主。

附件A　主要拦截和搜查权概览

本概览仅包括拦截与搜查权。下列各单项法律中也包括其他，例如入户、搜查和扣押的警察权力。

涉及非法物品：

1. 相关法令：1875年《公共仓库法》第6条。

搜查目的物：被盗皇家库存或非法所得的皇家库存物。

搜查范围：人员、车辆和船只。

搜查权适用地域：可以行使警察权的任何地方。

2. 相关法令：1968年《火器法》第47条。

搜查目的物：火器。

搜查范围：人员和车辆。

搜查权适用地域：公共场所，或有理由怀疑以犯罪为目的携带火器或非法携带火器进入之任何场所。

3. 相关法令：1971年《滥用药品法》第23条。

搜查目的物：受控制的药品。

搜查范围：人员和车辆。

搜查权适用地域：任何地方。

4. 相关法令：1979年《海关及税收管理法》第163条。

搜查目的物：商品：(1)未曾纳税的商品；(2)非法转移、出口或进口的商品；(3)其他皇家海关和税务署可依法没收的商品。

搜查范围：限于船只和车辆。

搜查权适用地域：任何地方。

5. 相关法令：1982年《航空安全法》第27(1)条。

搜查目的物：偷盗或非法所得的物品。

搜查范围：机场工作人员和载有机场工作人员的车辆、在货物区内之任何车辆(无论是否载有机场工作人员)。

搜查权适用地域：任何指定机场。

6. 相关法令：1984年《警察与刑事证据法》第1条。

搜查目的物：被盗物品；用于《盗窃法》所规定之某些犯罪行为的物品；

犯罪武器,包括锋利或锐利类利器[排除刀锋不超出约 8 厘米(3 英寸)的、可折放的、常用随身携带的小刀]。

搜查范围:人员与车辆。

搜查权适用地域:任何公众可进入的场所。

7. 相关法令:1985 年《体育运动(酒精限制)法》第 7 条。

搜查目的物:可致醉液体。

搜查范围:人员、马车与火车。

搜查权适用地域:指定运动场、运往或来自某指定运动场的马车或火车。

8. 相关法令:1987 年《弓器法》第 4 条。

搜查目的物:弓器或起构件(除拉力小于 1.4 公斤的弓器)。

搜查范围:人员和车辆。

搜查权适用地域:除住宅外之任何地方。

9. 相关法令:1988 年《刑事司法法》第 139(B)条。

搜查目的物:犯罪武器,包括锋利或锐利类利器。

搜查范围:人员。

搜查权适用地域:学校同意的处所。

涉及狩猎证据与野生动物犯罪。

10. 相关法令:1862 年《预防偷猎法》第 2 条。

搜查目的物:狩猎或偷猎器具。

搜查范围:人员与车辆。

搜查权适用地域:公共场所。

11. 相关法令:1991 年《鹿保护法》第 12 条。

搜查目的物:该法所规定的犯罪证据。

搜查范围:人员和车辆。

搜查权适用地域:除住宅之外之任何地方。

12. 相关法令:1970 年《海豹保护法》第 4 条。

搜查目的物:海豹或狩猎器具。

搜查范围:限于车辆。

搜查权适用地域:任何地方。

13. 相关法令:1992 年《獾保护法》第 11 条。

搜查目的物:该法规定的犯罪证据。

搜查范围:人员和车辆。

搜查权适用地域：任何地方。

14. 相关法令：1981年《野生动物与乡村法》第19条。

搜查目的物：野生动物犯罪证据。

搜查范围：人员和车辆。

搜查权适用地域：除住宅外之任何地方。

涉及其他：

15. 相关法令：2000年《反恐法》第43(1)条。

搜查目的物：任何可能证实某人为恐怖分子的犯罪证据。

搜查范围：人员。

搜查权适用地域：任何地方。

16. 相关法令：2000年《反恐法》第44(1)条。

搜查目的物：任何可能用于恐怖活动的物品。

搜查范围：车辆或车上物品。①

搜查权适用地域：依据该条第(1)款批准行使授权区域内的任何地方。

17. 废止。

18. 相关法令：2000年《反恐法》第7条第7、8段。

搜查目的物：任何凡涉及决定被检查者是否属于第40(1)(B)条所规定对象的任何物品。

搜查范围：行人、车辆、船只等(注搜查必须按照2000年《反恐法》第14条第6段的要求进行)。

搜查权适用地域：码头和机场。

19. 相关法令：1994年《刑事司法与公共秩序法》第60条。

搜查目的物：攻击性武器或为阻止严重暴力伤害或处理非法携带凶器或危险器具而针对的凶器或危险器具。

搜查范围：人员和车辆。

搜查权适用地域：依据该法第1条授权批准的权力行使区域。

---

① 参见第2.18条。

附件 B 自述的种族分类类别

白种人	W
A. 白种人:英国人	W1
B. 白种人:爱尔兰人	W2
C. 其他白人种族	W9
混血人种	M
D. 加勒比黑白混血	M1
E. 非洲黑白混血	M2
F. 白种人与亚洲人混血	M3
G. 其他混血	M9
亚洲人:亚裔英国人	A
H. 亚洲:印度人	A1
I. 亚洲:巴基斯坦人	A2
J. 亚洲:孟加拉国人	A3
K. 亚洲其他人种	A9
黑人/英国黑人	B
L. 加勒比黑人	B1
M. 非洲黑人	B2
N. 其他黑人	B9
其他人种	O
O. 中国人	O1
P. 其他人种	O9
不在此列	

附件C 主要社区协助拦截和搜查权的情况

下文为社区协助警察(CSO)根据2002年《警察改革法》第4部分指定行使的搜查及扣押活动。

行使这些权力时,社区协警必须遵守本规程的有关规定,包括第3条规定的搜查行为和搜索前应采取的措施。

1. 不经当事人同意而实施的拦截与搜查权

相关法令:2002年《警察改革法》第4条第15款。

相关权力:2000年《反恐法》第44(1)A、D条和第45(2)条。①

搜查范围:A. 车辆及车上物品。

搜查权适用地域:任何获得授权的区域及区内企业且在警察的监督下进行。

2. 须经当事人同意而实施的搜查和扣押权

根据2002年《警察改革法》第1部分第4条,社区协警可以在扣留当事人时使用合理的强制力。如果此人已被依法拘留,在获得其同意后社区协警可以对其进行以下搜查:

相关法令:2002年《警察改革法》第4条第7A款。

相关权力:

A. 2001年《刑事司法与警察法》第12(2)条;

B. 1997年《酒精没收(青年人)法》第1条;

C. 1933年《儿童与青年法》第7(3)条。

搜查目的物:

A. 酒精或酒精容器;B. 酒精;C. 香烟及烟纸。

搜查对象:

A. 人员;

B. 18岁以下人员;

C. 16岁以下被发现抽烟的人员。

搜查权适用地域:

---

① 参见《规程A》第2.18条A款。

A. 指定的公共场所；

B. 公共场所；

C. 公共场所。

3. 不经同意而实施的搜查和扣押

根据2002年《警察改革法》第1部分第4条，社区协警可以在扣留当事人时使用合理的强制力。如果此人已被依法拘留，社区协警不需要该人的同意可进行搜查。

相关法令：2002年《警察改革法》第4条第2A款。

相关权力：1984年《警察与刑事证据法》第32条。

搜查目的物：

A. 可能对他人或社区协警造成伤害的物品；

B. 可能用于逃跑的物品。

搜查范围：等候检查的人员。

搜查权适用地域：任何要求人员等候接受检查的地方。

4. 不经同意而实施的扣押

本规定适用于在上述搜查中发现毒品的情况。

相关法令：2002年《警察改革法》第4条第7B款。

相关权力：2002年《警察改革法》第4条第7B款。

搜查目的物：当事人私藏的毒品。

搜查权适用地域：任何当事人可能私藏毒品的地方。

附件 D（已废除）

附件 E（已废除）

附件 F　根据搜查目的进行的性别安排

1. 本规程及其他规则均明确表明只能由同性别的人员实施搜查或其他程序。[见本规程第 2.8 条、第 3.6 条①和《规程 C》第 4.1 条以及附件 A 的 5、6、11 和 12 款（根据《警察与刑事证据法》第 54 条和第 55 条对被羁押人员进行搜查、脱衣检查和隐私部位的检查）]另见《规程 D》第 5.5 条（根据《警察与刑事证据法》第 54A 条对被羁押人员进行搜查，检查和拍照）②和第 6.9 条（取样），以及《规程 H》第 4.1 条和附件 A 的第 6 条、第 7 条和第 12 条（对于因涉嫌违反 2000 年《反恐法》第 41 条罪名被逮捕的当事人，根据《警察与刑事证据法》第 54 条和第 55 条以及 2000 年《反恐法》第 43(2)条实施搜查，脱衣检查和隐私部位的检查）。

2. 所有的搜查活动，应有礼貌并考虑和尊重嫌疑人。在针对变性人

---

① 很多人习惯于遮蔽面孔或出于宗教原因而佩戴面罩——例如，穆斯林的女性、锡克族的男性、锡克教或印度教的女性，或拉斯特法里教的男性或女性，警察不能要求其摘掉头部或脸部的遮蔽物，除非有理由相信该物品是全部或部分为了掩盖其身份。但警察无权仅因当事人戴着面罩而要求其摘除。凡是要求嫌疑人摘下面罩可能存在敏感的宗教问题的，则警察必须允许嫌疑人在非公共场合摘除面罩。在情况允许时，嫌疑人摘除面罩时须有同性警官在场，并离开任何异性人员的视线（参见附件 F）。

② 在警察局以外的其他地方使用强制力为嫌疑人拍照应仔细考虑。为了征得嫌疑人的同意及配合拍照并将其宗教头饰摘除的，巡警应考虑在当时的情况下是否应该由跟当事人性别相同的警察为其摘除头饰并拍照或者由普通民众来实施该行为更为恰当。

或异装癖人员执法时,①警察应特别注意。下面的方法是为在搜查中减少尴尬和保护合作人员而设定的。

(一)相关考虑

3. 在法律上,一个人的性别是其出生时登记的性别,除非他们根据2004年《性别承认法》第9条的规定取得了后天的性别认可证书的除外。

A. 如果对某人的性别没有疑问,或没有任何理由怀疑其性别,则应按照该性别对其进行安排。

B. 对持有性别的认可证书的人,应按证书上的性别对其进行安排。

C. 如果警方不能接受某人的性别的认可证书且对其性别存疑,则应询问其自认的性别。如果某人表示希望接受某一性别上的安排,则应要求其在搜查记录、警官的笔录或可能情况下的羁押记录上签字,以显示和确认其自己的性取向。如果可行,应按该性别对其进行安排。

D. 如果某人不愿意作出上述选择,应争取确认其主要生活的生活习惯。例如,如果他们习惯于女性化的生活,则应视之为女性。

E. 如果仍有疑问,应按其出生时的性别予以安排。

4. 在决定某人属何种性别后,在可能的情况下仍需要告知执法警员嫌疑人的性别存疑。这一点对于维护嫌疑人的尊严是非常重要的。

(二)文件记录

5. 根据上文第2条B款到E款的规定,确定被拘留者的性别后,应当在搜查记录、警员的笔录或可能的羁押记录中予以记录。

6. 如果某人根据上文第2条C款选择其性别但并未受到该种对待,警察必须在搜查记录、警员笔录或可能的羁押记录中写明原因。

---

① 变性是指一个人准备、正在或已经接受了2010年《平等法》所规定的性别再造手术(参见第1.1款),改变了生理结构或性特征。这既适用于女性变性为男性或男性变性为女性的情况,也适用于某人刚开始出现性征的阶段或已经完全具备性征的阶段。此时,当事人具有两性的特征,但改造后将体现出某一性别的特点而实际上则为另一性别。异装癖是指一个人穿着与其性别不一致的服装。

指导事项

F1 变性是指一个人准备、正在或已经接受了 2010 年《平等法》所规定的性别再造手术(参见第 1.1 款),改变了生理结构或性特征。这既适用于女性变性为男性或男性变性为女性的情况,也适用于某人刚开始出现性征的阶段或已经完全具备性征的阶段。此时,当事人具有两性的特征,但改造后将体现出某一性别的特点而实际上则为另一性别。

F2 异装癖是指一个人穿着与其性别不一致的服装。

F3 警察及警辅人员开展或正在进行第 1 款规定的任何搜查活动,都应适用类似的原则。警察局负责人有义务对其下属处理变性人员的情况进行指挥和监督。

规程 B

警察搜查场所及扣押当事人随身或场所内财物的工作规程

生效时间

本规程适用于 2011 年 3 月 6 日午夜后提交的搜查令申请和 2011 年 3 月 6 日午夜后执行的搜查和扣押措施。

Code of Practice B

Police And Criminal Evidence Act

一、引言

1.1 本规程涉及的警察权力：

(1)搜查场所；(2)扣押或保管场所内财产或当事人随身财物。

1.1A 上述警察权力用于发现：

(1)涉及犯罪行为的财产或物品；(2)通缉犯；(3)被法庭还押候审或收押中，从当地拘留所逃走的未成年人。

1.2 治安法官可以签发搜查令，批准进入场所，搜查和扣押财物，如批准搜查被盗财物、毒品、枪支和严重犯罪的证据。在没有搜查令时，警察同样有权进行搜查。根据1984年《警察与刑事证据法》，警察的搜查权主要适用于：

(1)执行逮捕时；(2)逮捕行动后。

1.3 尊重隐私权和私有财产是1998年《人权法案》的重要原则。在行使进入场所、搜查和扣押财物的权力之前，因该行为可能对占用场所者的隐私造成极大影响，必须有合理依据证明行为的正当性。警察应当考虑是否用权利侵害更小的方式实现必要的目的。

1.3A 对于场所的占有人或财产的负责人，必须公正、负责地行使搜查和扣押权，不能带有非法歧视。2010年《平等法》将警察行使权力时因当事人"受保护的个体属性"，即年龄、残疾、变性、种族、宗教信仰、性别与性取向、婚姻与民事伴侣关系、怀孕或分娩而歧视、骚扰或欺骗当事人的行为视为违法。警察在行使权力时还应注意避免其他非法歧视、骚扰或欺骗行为，鼓励与嫌疑人的良性互动。

1.4 在任何情况下，警察应当：

(1)在文明且尊重相对人和私有财产的前提下，行使权力；

(2)只有在必要且适当的情况下，才能合理地使用强制力。

1.5 不遵守1984年《警察与刑事证据法》和本规程规定的，所获证据的可采性可能受到质疑。

二、总则

2.1 所有警察局都必须置备此规程以便以下人员咨询：警察、警辅人员、被拘留人员、公众。

2.2 注释部分不构成本规程的条款。

2.3 本规程适用于对下述场所的搜查：

A. 经该场所使用人同意，警察为调查某项被指控的犯罪而进行的搜查，以下搜查行动除外：

为调查犯罪而对场所进行例行搜查的；

场所使用人或代理使用人报案发生纵火或盗窃，或在接到火警或盗窃警报并抵达危险场所之后进行的搜查；

适用第5.4条的搜查行动；

接到炸弹威胁电话后的搜查行动。

B. 根据《警察与刑事证据法》第17条、第18条和第32条授权警察实施的搜查。

C. 根据《警察与刑事证据法》第15条和第16条，警察持有搜查令并执行搜查的。①

D. 根据第2.6条的规定，为调查某项被指控或嫌疑的犯罪行为，无论

① 《警察与刑事证据法》第15条和第16条适用于所有警察根据法律获得搜查令并予执行的情况。例如，(1)治安法官根据：1968年《盗窃法》第26条关于盗窃财产的规定；1971年《滥用药物法》第23条关于监管药物的规定；1984年《警察与刑事证据法》第8条关于可起诉的违法行为的证据的规定；2000年《恐怖主义法案》第5章第1条的规定；2005年《防恐法案》第7条C款关于监督、执行控制令的规定(参见第10.1条款)。(2)巡回法官根据：1984年《警察与刑事证据法》第1章的规定；2000年《恐怖主义法案》第5章第11条的规定。可签发搜查令。

是否持有搜查证，警察均可进行场所搜查的。①

本规程中“场所”的定义，参见1984年《警察与刑事证据法》第23条，系指任何地方，包括车辆、船只、飞行器、气垫船、帐篷或可移动空间，也包括1971年《矿产作业（海上设施）法》第1条所定义的海上设施。②

2.4 在搜查场所时，对未被逮捕的当事人进行的任何搜查必须根据《规程A》的规定执行。③

2.5 本规程不适用于以下情况：虽然没有理由怀疑可能发生犯罪且执法人员也确无合理线索，但执法人员拥有法定权力进入场所，检查物品、器材或开展工作的。

2.6 本规程并不影响采取以下措施：发布命令或指示将在英格兰或威尔士地区，根据搜查令、指令或其他授权搜查和扣押的物品和证据移交给

---

① 第2.3条D款的其他权力来源包括：(1)1988年《道路交通法》第6条E款第1项规定，为实现以下目的，警察可进入某场所：要求某人提供呼气样本；或者根据以下情况，对某人实施逮捕的：①呼气检测呈阳性的；②无法提供呼气检测结果的。(2)1992年《交通工程法》第30条第4款规定，为保证交通系统工作人员履行职权，警察可以进入某场所。(3)1988年《刑事审判法》第139条B款规定，为发现攻击型武器、刀具或锐利物品，警察可进入并搜查学校内的场所。(4)2000年《恐怖活动法》第5章第3条和第15条规定，为调查恐怖活动，警司在紧急情况下可书面批准警察进入并搜查场所。(5)1875年《炸药法》第73条B款规定，警司可书面批准警察进入场所，检查并搜查易爆物。(6)根据苏格兰或北爱尔兰地区的1881年《简易审判(程序)法》或爱尔兰1851年《简易审判法》，在英格兰和威尔士地区执行搜查令和出示令的。(7)根据2005年《反恐法》第7条A款和B款规定的控制令，进行相关搜查的(参见第10.1款)。

② 1971年《移民法案》第三部分和第2章允许移民官无论是否持有搜查证均可进入并搜查场所，扣押并封存财产。这与警察根据治安法官签发的搜查令进行场所搜查及《警察与刑事证据法》第17条、第18条、第19条、第32条规定的在没有搜查令的情况下实施的搜查类似，但移民官的搜查只能针对1971年《移民法案》上涉及出入境管理的特定违法行为。这一规定使得警察不再参与调查移民管理案件。行使这些权力时，移民官应参照1999年《移民和庇护法案》第145条的配套条款。移民官在警察局对相关人员或财产进行处理时，警察应给予相应的协助以帮助他们履行特定的任务和职责。

③ 1988年《刑事审判法》第139条B款规定，警察根据1988年《刑事审判法》第139条A款，有合理根据认为已经或正在进行犯罪行为的，进入学校对场所和场所内的任何人进行搜查以查找刀具、锐利物品或攻击性武器。根据1971年《滥用药物法》第23条第3款，在场所内搜查药物或文件时，如果搜查令上明确规定，可对在场人员的人身进行搜查。根据一系列对恐怖主义的法律，对场所进行的搜查时也有权对在场人员的人身进行搜查，例如2000年《恐怖活动法》第5章第1条、第2条、第11条、第15条和2001年《反恐怖主义、犯罪和安全法》第52条。

其他警察机关、法院、仲裁机构或域外权力机关。例如,根据苏格兰或北爱尔兰地区签发的搜查令或指令,即可移交相关物品和证据。①

2.7 根据《警察与刑事证据法》第 107 条的规定,本规程要求警督或警司以上级别的警官事先审查或同意实施强制手段的,警司或总督察亦可代为批准。②

2.8 在搜查记录中未包括本规程要求的书面记录的,除特别注明外,应写入:

负责记录的警察的笔记簿("笔记簿"包括分发给警察的任何官方报告册)或指定的表格。

2.9 本规程并无规定要求在以下情况下,记录或公布搜查场所的警察或其他在场人员身份:

A. 调查恐怖活动线索的;或

B. 如果警察有合理理由认为记录或公开姓名会导致其人身危险的。

在上述情况下警察可使用搜查令、其他身份番号和所属警察局的名称。警务人员可使用警察机关提供的身份识别号码。③

2.10 "负责搜查的警察",是指根据本法规被指派特定任务和职责的警察。在本规程适用的任何场所搜查中,负责搜查的警察必须履行相应的职责。④

2.11 本法规中:

A. "指定人员"是指除了警察外,根据 2002 年《警察改革法案》第四部

---

① 根据苏格兰或北爱尔兰地区的 1881 年《简易审判(程序)法》或爱尔兰 1851 年《简易审判法》,在英格兰和威尔士地区执行搜查令和出示令的;2003 年《刑事法(国际合作)》第 14 条至第 17 条对搜查令和指令的规定。

② 警司级别低于警督、总督察级别低于警司,译者注。

③ 有可靠消息证明被逮捕人或其同伙在搜查场所时可能会威胁或伤害警察或随行人员的,第 2.9 条 B 款旨在保护调查严密有组织犯罪的警员或对有严重暴力行为的嫌疑犯实施逮捕的警员。如有疑问,应当咨询警督或更高级别的官员。

④ 根据第 2.10 条的规定,通常应由最高级别的警官负责搜查行动,但可做以下安排:(1)在现场参与或协助搜查的督导警官可以指派其下级负责搜查行动,如果其具备以下条件:对实际情况更加熟悉;且是一名更适合负责搜查行动的警察。(2)如搜查行动中所有警察均为同一级别,则督导警官应明确指定一名负责人,或由行动组成员自行推举一人为负责人。(3)该高级警官以专家身份协助搜查,需兼任搜查督导人员或指定及推选的搜查行动负责人。除了(3)款外,本注释并不限制参加搜查或知道正在进行搜查的督导警官的职权。

分被批准或指派的，行使警察的特定权力和职责的人员。①

B. 提交给警察的案件材料应写明执行任务的特定人员，获准或被指派执行哪项权力以及任务的执行情况。

C. 警察随行人员或指定人员经批准后，在执行搜查的过程中，拥有与警察的任何搜查和扣押行为同等的权力。这些权力必须在警察在场和监督下行使。②

2.12 获得批准的指定人员：

A. 执行任务的警察有权合理地使用强制手段的，获得批准的指定人员拥有同样的权力使用强制手段。

B. 如具备以下要件，指定人员可使用强制手段进入任何场所：

a. 有警察在场并监督的；或

b. 为了：抢救生命；或阻止严重破坏财产的。

2.13 指定人员必须关注与实施规程相关的任何法律条款。

三、搜查令与提交令

(一)申请令状前的准备工作

3.1 已获得一定线索，有正当理由申请搜查令的，警察应根据合理的程序审查该线索是否及时、准确，且并非来自恶意或不可靠的渠道。如果该线索来自某个未经合作的匿名渠道，则不得申请搜查令。③

---

① 为了达到特定的搜查目的，警督或以上级别的警官可以批准调查案件警察不穿制服。

② 根据《警察与刑事证据法》第16条第2款，治安法官可签发搜查令允许警察以外的随行人员执行搜查令。例如，任何合适的拥有资格或某特殊领域技能的专业人员，以帮助准确地鉴别被搜查物品或对何处可能发现证据、怎样加以处理提供建议。他们无权使用强制手段进入场所，但在搜查进行中可停留在该处，有权不经占有人同意搜查或扣押财物。

③ 在提出申请时，可不透露举报人的身份，但涉案警察应当做好治安法官或法官可能就以下方面提出问题的准备：(1)该渠道以往提供情报的准确性；(2)任何其他有关事项。

3.2 警察应尽可能具体地查明涉案物品的性质及其所在地点。

3.3 警察必须进行合理调查以：

(1)确定：已经了解涉案场所使用人及场所本身的情况；之前是否搜查过该场所；如已被搜查过，相隔时间多久。

(2)其他与申请有关的信息。

3.4 申请：

A. 根据1984年《警察与刑事证据法》第1章，向治安法官、巡回法官申请搜查令或提交令状的，应由警督或以上级别警官签名确认。①

B. 根据2000年《恐怖主义法》第5章向巡回法官申请：(1)提交令；(2)搜查令；(3)或根据搜查令或提交令要求当事人对被扣押或提交物品作出解释的司法命令的；(4)必须由警督或以上级别的警官签名确认。

3.5 有理由相信执行搜查可能对警察与社区关系造成负面影响的，负责搜查的警察应在执行搜查前；或在紧急情况下，结束搜查后的最短时间内与当地的警察与社区联络员磋商，紧急情况下除外。

(二)提出申请

3.6 申请搜查令必须附以书面材料，以说明：

A. 申请搜查的法律依据。②

B. 要求批准进入并搜查某场所；或根据1984年《警察与刑事证据法》第8条或第1章第12条之规定当事人占有或控制一个或多个指定场所的待搜查的场所。

C. 搜查的目标。③

D. 申请搜查令的理由。如申请目的是发现与指控犯罪有关的证据，应说明该证据与犯罪调查的关联性。

---

① 紧急情况下需向治安法官的申请令状但警督或以上级别警官不在场的，也可由值班的最高职衔警官签名确认。

② 在提出申请时，可不透露举报人的身份，但涉案警察应当做好治安法官或法官可能就以下方面提出问题的准备：(1)该渠道以往提供情报的准确性；(2)任何其他有关事项。

③ 申请搜查令的材料应当尽可能明确，特别是被搜查物品或人员的相关信息以及在该场所的何位置可以找到。“受法律特权保护物品”、“依法排除的物品”和“特殊程序资料”的定义，分别参见《警察与刑事证据法》第10条、第11条和第14条。

DA. 根据1984年《警察与刑事证据法》第8条或第1章第12条，申请持有单份搜查令进入并搜查的，如果：该处有多个空间，警察必须说明(1)需要进入并搜查哪个空间。(2)某人占有或控制了所有空间，警察必须：①在条件允许时，对所有需要进入并搜查的场所进行说明；②占有或控制这些场所的人和需要搜查的其他任何人；③为何需要搜查指定场所以外的其他场所；④为何没有合理条件说明所有需要进入和搜查的场所。

DB. 根据1984年《警察与刑事证据法》第8条是否申请对一个以上的场所的搜查令。如申请多处搜查，警察必须说明进行理由、准备不限次数进入或是指定次数进入该场所。

E. 申请搜查令时，无正当理由不得申请搜查的物品：

(1)治安法官或巡回法官认可的受法律保护的物品；

(2)"依法排除物品"或"特殊程序资料"。①

F. 如果条件允许，批准一名或多名随行人员协助警察执行搜查。②

3.7 根据《警察与刑事证据法》第1章第12条A款申请搜查令的，应在适当情况下说明为何通知当事人已申请提交令会严重损害案件调查。根据2000年《恐怖主义法案》第5章第11条申请搜查令的，应说明为何不能首选申请提交令。

3.8 如果搜查申请被驳回，不得就同一搜查场所再次提交申请，除非找到了新的线索。

---

① 此规定不影响根据2001年《刑事司法与警察法》第2部分7.7条规定的附加扣押权。申请搜查令的材料应当尽可能明确，特别是被搜查物品或人员的相关信息以及在该场所的何位置可以找到。"受法律特权保护物品"、"依法排除的物品"和"特殊程序资料"的定义，分别参见《警察与刑事证据法》第10条、第11条和第14条。

② 根据《警察与刑事证据法》第16条第2款，治安法官可签发搜查令允许警察以外的随行人员执行搜查令。例如，任何合适的拥有资格或某特殊领域技能的专业人员，以帮助准确地鉴别被搜查物品或对何处可能发现证据、怎样加以处理提供建议。他们无权使用强制手段进入场所，但在搜查进行中可停留在该处，有权不经占有人同意搜查或扣押财物。

四、没有搜查令进入相关场所的特定权力

(一)执行逮捕等

4.1 警察在没有逮捕证的情况下可以进入涉案场所并进行搜查。《警察与刑事证据法》第17条对这种搜查的条件已作规定。应当注意,此规定并未形成或批准行使逮捕权。其他权力①在此不作赘述。

(二)对逮捕嫌疑人身处场所或其被逮捕前停留的场所进行搜查

4.2 因可起诉罪逮捕嫌疑人的,根据《警察和刑事证据法》第32条,警察有权对逮捕场所或嫌疑人被逮捕前刚刚停留的场所进行搜查。

(三)对被逮捕嫌疑人使用或控制的场所进行的搜查

4.3 嫌疑人被依法逮捕后,警察应根据《警察与刑事证据法》第18条搜查其使用或控制的场所。该搜查应经警督或以上级别警官的书面批准,适用第18条第5款的除外。有批准权的警察确信场所由被逮捕的嫌疑人使用或控制且有必要理由的,才可批准搜查。在可能的情况下,有批准权的警察应将批准事宜写入"权力和权利通知",并按照本规程第2.9条的要求签名。

《警察与刑事证据法》第18条第7款要求将搜查理由和证据种类作如下处理:有拘留记录的,应写入拘留记录;也可写入警察的笔记本,或搜查记录。

---

① 第2.3条D款的其他权力来源包括:1988年《道路交通法》第6条E款第1项规定,为实现以下目的,警察可进入某场所:要求某人提供呼气样本;或者根据以下情况,对某人实施逮捕的:①呼气检测呈阳性的;②无法提供呼气检测结果的。

五、经同意的搜查

5.1 在执行第 5.4 条规定的前提下，如果搜查行动希望得到权利人的同意，则情况允许时，必须在执行搜查前由该场所相关人在“权力和权利通知”上书面签名以表示同意。警察必须通过必要的调查，以确定该相关人具备表示同意的资格。①

5.2 在争取相关人同意前，负责搜查的警察须先说明搜查的意图和范围。该说明必须尽可能具体，特别是有关搜查的物品、人员和待搜查场所的区域。必须告知相关人员其没有必须同意的义务，在搜查开始前或搜查进行中被扣押的物品可能作为证据出示时，其亦可以随时收回上述同意。如果此时该相关人并不是犯罪行为的嫌疑人，警察在陈述搜查意图时也应讲明。

5.3 在相关人受到胁迫后表示同意的，或者在搜查没有结束前相关人收回同意的，警察不得根据第 5.1 款进入该场所进行搜查或继续搜查。

5.4 如果征求相关人同意会对其造成极大的不便，则没有必要根据第 5.1 条和第 5.2 条的规定征求相关人同意。②

六、场所搜查时的一般考虑

(一)搜查的时间

6.1 签发了搜查令的，必须在搜查令签发后的 3 个月内进行搜查。

---

① 如果搜查场所为出租房、旅馆或类似的住所，应以合理的努力征得承租人、房客或使用人的同意，不能仅因房东表示同意就进行搜查；持有搜查令进行搜查或者有权在没有搜查令的情况下进入并搜查的，如根据第 6.4 条的规定获得场所使用人的合作，则无须另外取得书面同意。

② 第 5.4 条的规定适用于有理由认为取得该场所内与案件无关的使用人同意后可由警察采取行动的情况。例如，犯罪嫌疑人已从犯罪现场逃逸或正在逃避拘捕，警察有必要迅速盘查嫌疑犯是否躲在周边公园或容易逃窜的地点；警察在夜里经追捕后抓获嫌疑犯，有必要沿追捕路线检查嫌疑犯是否扔下盗窃的赃物或涉案物品。

6.2 执行搜查必须是在合理的时间段，除非该时段可能妨碍实现搜查目的。

6.3 因为搜查范围或行动的复杂性，需要进行长时间搜查的，负责搜查的警察可以考虑采用本规程第七部分规定的扣押和审查的措施。

6.3A 根据《警察与刑事证据法》第 8 条，如果在申请时治安法官确信有必要批准多次进入场所，可以签发搜查令批准进入并搜查一处以上的场所。未经参与案件调查的警督或以上级别人员的事前书面批准，不得进入或搜查任何场所。除此之外搜查令，只能允许进入一处场所。

6.3B 根据《警察与刑事证据法》第 8 条或第 1 条第 12 款，根据搜查令进入并搜查特定人员占有或控制的场所时，未经参与案件调查的警督或以上级别人员的事前书面批准，不得进入并搜查搜查令中未写明的场所。

(二)非相关人同意情况下进入场所

6.4 负责执行搜查的警察应首先争取与场所使用人或其他权利人沟通，解释已获准进入该场所，并要求使用人允许进入；除非属于下述情况：

(1)待搜查的场所当时无人占用的；

(2)该场所使用人或任何其他有权人外出的；

(3)有合理的根据相信，如果事先与该场所使用人或其他权利人联系，可能妨碍实现搜查目的或危及有关警察及他人安全的。

6.5 除适用第 6.4 条第 3 款外，场所使用人在场的，根据第 2.9 条执法的警察应在搜查前：

(1)说明自己的身份，出示搜查令(如果没有穿制服)并告知搜查的目的和执行搜查的理由。

(2)说明并介绍任何随行人员(这些人应当携带身份证以备出示)并简要介绍该人员在搜查中的作用。

6.6 如果负责搜查的警察确信某场所系任一搜查令所指的场所，或者属于第 4.1 条到第 4.3 条规定的行使职权的范围，则在下述情况下，为了进入该场所，警察可以使用合理限度的强制力，这些情况包括：

(1)场所使用人或任何其他权利人拒绝警察进入其场所的；

(2)无法同场所使用人或者其他权利人取得联系；或

(3)第 6.4 条中任一规定适用的情况。

(三)权力和权利通知

6.7 根据本规程的规定进行搜查的，实际情况允许时，应向场所使用人提供一份标准格式的通知，内容包括：

(1)说明搜查行动是否在执行搜查令，或者是否经场所相关人同意，或者根据第 4.1 条至第 4.3 条获得了授权。①

(2)简要说明根据本法行使搜查权和扣押权的范围和其他相关法规；

(3)解释场所使用人的权利，以及被扣财物的所有人的权利；

(4)解释在适当情况下因进入和搜查场所造成的损失可获得赔偿，并说明申请赔偿的机构地址；②

(5)告知在任何警察局都备有本规程的文本可以咨询。

6.8 如果场所使用人在场的，应在搜查开始前及情况允许时，向场所使用人提供上述通知和搜查令副本，除非负责执行的警察有理由相信，这样做会妨碍实现搜查目的，或危及警察或其他人员的安全。

而场所使用人不在场的，应在该场所显著位置或恰当位置留置上述通知和搜查令副本，根据第 2.9 条的规定由负责搜查行动的警察签名，并注明执行搜查的日期和时间；

应在复核搜查令时注明搜查行动已被执行。

(四)搜查的执行

6.9 搜查的场所范围以实现搜查目的所需为限，并应考虑搜查目的物的大小和性质。

6.9A 在以下情况下，不得继续进行搜查：

搜查令所列物品全部找到的；根据其他授权达到搜查目的的。

---

① 通知中应写明执法机关批准或场所相关人表示同意等内容，参见第 4.3 条和第 5.1 条。

② 是否予以赔偿取决于个案的具体情况。如系合法搜查但无法有效进入该场所，且使用强制力是合理、适当且必要时，由此造成的损失应予赔偿。如果因失误选择了错误的地点进行搜查，则应该在最短时间内采取一切措施减轻由此造成的损失。适当时，应协助受害者获取赔偿。

6.9B 负责搜查的警察确定任何搜查的对象都不在场所内时，不得继续进行搜查。[①] 然而如果有其他理由可申请或执行搜查令或其他执法令，则可进一步搜查同一处场所。例如，根据新的线索，可确定在场所内有之前未找到的或新的涉案物品的。

6.10 实施搜查必须适当地保护场所使用人的财物和隐私，不得造成不必要的干扰。只有在场所使用人不配合或其配合不足以实现搜查目的时，才能使用合理限度的强制力。

6.11 场所使用人希望其亲友、邻居或其他人员到场见证搜查的，应予准许，负责搜查的警察有理由相信该人员到场会严重妨碍案件调查或危及警察或其他人员安全的除外。然而，搜查行动不应因此被不合理地延迟。搜查的执行情况，包括拒绝场所占有人请求的依据，应当写入场所搜查记录。

6.12 为了进一步开展适当有效的搜查而有必要询问相关人时，不得事前告知，[②]例如，为找出指定场所的占有人或找到被锁抽屉、柜子的钥匙而进行询问，寻求合作或决定是否应当扣押特殊物品的。

6.12A 如在搜查中认为不属于《规程 C》规定的不予告知的情形，根据《规程 C》中第 11 条 1A 款可对当事人进行讯问及根据《规程 C》第 10 条要求保安人员协助进行搜查。

(五)离开搜查场所

6.13 如果强行进入场所执行搜查，负责搜查的警察应在离开场所前通过以下手段确保该场所处于安全状态：安排场所使用人或其他代理人到场；或其他适当方法。

(六)根据《警察与刑事证据法》第 1 章或 2000 年《恐怖主义法案》第 5 章实施的搜查

6.14 根据《警察与刑事证据法》第 1 章或 2000 年《恐怖主义法案》第 5

---

① 在可能的情况下，应当向所有参与搜查的人员就执行权和执行的范围及界限作充分而简洁的介绍，这一点是非常重要的。

② 参见《规程 C》第 10.1 条 C 款。

章进行的搜查,应指定一名警察作为负责人。该警察要确保搜查行动谨慎进行,并将对场所内之任何商务或其他活动的破坏程度尽可能控制到最小。

6.15 为确保场所内的资料不会在不知情的情况下被带离现场,负责搜查行动的警察应要求场所相关人出示有关文件或其他记录。负责搜查的警察可要求查看场所内的文件索引,执行搜查的警察可以根据文件索引检查任何包含目标材料的文件。只有在下述情况下才可进行更大范围的搜查:

保管文件的负责人拒绝出示所要搜查的文件,或执法人员在查看文件索引后,该索引不准确或不全面;负责搜查的警察因任何其他原因而合理地相信需要进行更大范围的搜查才能找到所需材料的。

七、财物的扣押与扣留

(一)扣押

7.1 在执行第 7.2 条时,依法行使搜查权或获得场所使用人同意后搜查任何人或场所,警察可以扣押下列任何物品:

A. 搜查令所写明的物品。

B. 有合理根据相信可用作犯罪证据的物品,或从事非法行为所获得的物品。为防止隐匿、丢弃、处理、改变、损害、破坏或篡改涉案物品的,有必要进行扣押。

C. 2001 年《刑事司法与警察法》第 2 条,允许警察从嫌疑人身上或场所内扣押财物并转移在他处进行检查。[①]

7.2 根据 2001 年《刑事司法与警察法》第 2 条及《警察与刑事证据法》第 10 条,警察不得扣押有合理根据认为受法律保护的物品。

7.3 警察必须清楚 2001 年《刑事司法与警察法》第 59 条对有关人员

① 在可行且必要的情况下,对场所整体进行扣押和保管属可行且必要的,《警察与刑事证据法》第 18 条第 2 款和第 19 条第 3 款规定的扣押权可扩展至对整个场所的扣押。例如,警察为了保护证据,可以把诸如帐篷、车辆或活动房屋等场所转移至警察局。

有权申请要求归还被扣押财产的规定，以及该法第60条批准后续保护的法定义务的规定。①

7.4 根据物品持有人的解释，警察认定不宜于扣押某物品但又有合理根据相信该物品属某人非法所得的，应向物品持有人确认物品的性质，告知物品持有人上述嫌疑，并说明如果持有人处置、改变或破坏该物品，有可能被追究民事或刑事责任。

7.5 警察可对根据第7.1条的规定有权扣押的任何文件或物品进行拍照、复制或复印。根据2001年《刑事司法与警察法》第2章对某被扣押物品进行检查、复制或复印的，应遵守特定的程序规定。警察应注意，只有照片或复印件不能充分证明的，才有权保留文档的原件。

7.6 如果警察认为某计算机内可能储存并在场所内能找到可用作证据的信息，可以采用下列方式获取信息：使用便携且可见、可读的存储装置；易于制作成可见、可读形式的文本。

(二)2001年《刑事司法与警察法》中扣押和审查权的特定程序

7.7 2001年《刑事司法与警察法》第二部分赋予警察从场所或相关人处扣押财物的权力以便在其他地方进行检查。警察行使这些权力必须谨慎且必要，同时不得转移任何不相关物品。搬移体积较大的物品，虽然不会扣押其中的大部分，但仍可能对持有人带来较大不便，尤其是涉及商务、新闻工作或提供医疗服务的情况。警察必须认真考虑转移原件与获取相关材料、数据复印件或副本哪个更为合适。当转移原件时，在条件允许的情况下警察必须准备提供复印件或副本给持有人。②

7.8 根据2001年《刑事司法与警察法》第50条或第51条扣押的财产必须妥善地保管并与其他扣押的物品分别存放。根据第53条，必须在条件允许的时间内尽快保管物品，同时适当地考虑财产所有人或利益相关人见证或派代表见证检查过程的要求。

7.8A 对于当事人提出的合理要求，且不会对案件调查造成危害、干扰

① 参见第7.12条第3款。

② 警察应当考虑就某一套特定财产的检查程序与所有人和/或其他利益相关者达成一致，而非等待司法判定。协商有时能够给所有相关人提供一个更快和更满意的方式，以降低成本和避免司法程序复杂化。

或无理由拖延的，应当采取措施予以满足。如果不允许当事人或其代理人见证检查过程，行使扣押权的警察必须向该嫌疑人提供为何进行封闭检查的书面说明。出于安全因素或保密的需要，警察可以将相关人员排除于解密或其他不属于检查的调查活动之外。①

7.9 负责调查的警察有责任确保财产按照第 53 条至第 55 条归还。无权保管的物品必须：同其他被扣押财产分开；在所有被扣押财产检查完毕后，在条件允许时尽快归还。

7.9A 具备非常明确且令人信服的理由时，才可批准延迟。例如：物品所有人外出的、需要协商归还大型物品的恰当时间等。

7.9B 在条件允许的最短时间内或无须等到整个检查结束，必须归还受到法律保护、法律豁免或根据特殊程序不得被扣留的物品。

7.9C 根据第 58 条，物品应当归还给被扣押人，由其他权利人接收的除外。②

7.10 如果参与调查的警察有合理理由相信，被扣押财产的利益相关人拟依据第 59 条申请归还受到法律保护，或根据特殊程序不得扣押的物品，应当在条件允许的情况下尽快地告知负责调查的警察，被扣押物品也应当按照第 61 条的规定安全保管。③

7.11 负责调查的警察有责任确保安全、妥善地保管被扣押财产。“安全”是指确保除经申请、经同意或遵守司法指示外，不被检查、复印、复制或移作他用。任何上述的申请、同意或指示都必须书面记录并由申请人和负责调查的警察共同签名。④

7.12 警察行使第 50 条或第 51 条的扣押权时，应当提供一份书面通知给场所占有人或被扣押财产人：

---

① 某人是否与特定的物品有利益相关，取决于物品的性质和执行扣押的环境。应当考虑声称对物品有占有权者及其代理人的合理诉求。

② 申请保护或归还财产也适用于所有的复印件、副本或其他因扣押原始财物而产生的物品。

③ 申请保护或归还财产也适用于所有的复印件、副本或其他因扣押原始财物而产生的物品。

④ 保护财物的方法随具体环境而变，例如“封存”的方式，即将物品放入密封的袋子或容器中并严加控制，在很多情况下是合适的手段。根据《警察与刑事证据法》中的扣押权扣押物品的，1996 年《刑事诉讼与侦查法实施规程》规定的保管措施应依照《警察与刑事证据法》第 22 条关于保管的规定进行操作。

(1)以说明根据法律规定批准扣押哪些物品；

(2)以说明扣押的根据；

(3)以说明第 59 条到第 61 条的规定，包括被扣押财产的利益相关人申请归还的根据和提出申请后警察要在一定条件下保护财产安全的职责。

(4)以告知下列人员的姓名和地址：申请批准扣押财产的通知应提交的对象、向谁申请可以见证财产检查。

7.13 如果使用人不在场但另有他人负责，应当把通知交给他们。如果没有合适的人员在场，通知应当放在场所内的显眼位置，或张贴在场所外面。

(三)保管

7.14 在执行第 7.15 条时，扣押物品的保管期间应以具体需要为限。除其他目的外，保管物品包括：

(1)用于法庭审判的证据；

(2)用于相关的调查或程序的资料；①

(3)用于法医的鉴定或与非法行为调查的其他资料；

(4)如有合理根据相信属被盗物品或非法所得，则用于确定其合法所有人。

7.15 如果通过照片或副本可完成诉讼需要，则不得按照第 7.14 条第 1 款、第 2 款或第 3 款的规定保管该物品。

(四)所有人的权力等

7.16 在保管物品期间，物品扣押前最后持有人或控制人提出申请的，应在合理时间内向其提供保管物品的清单或文字说明。

7.17 物品所有人或其代理人提出申请的，应在合理时间内允许其在

① 第 7.14 条第 2 款规定了根据 2001 年《刑事司法与警察法》第 50 条或第 51 条扣押“临接物品”的情况。“临接物品”是指二者密不可分，有效分离其中一项物品会导致其他物品受到损坏的物品。例如，不破坏证据的完整性就难以把保存在计算机中的数据条目分开。不得对临接物品进行检查、复制、复印或用于证明相关材料的来源和/或完整性以外的其他目的。

监控下接触保管的物品，进行检查、拍照或复制，或获得照片或副本，费用由物品所有人或代理人自理；除非负责调查案件的警察有合理根据相信这样做会：

(1)妨碍案件的调查或刑事诉讼程序；或

(2)通过接触非法物品，例如色情资料，可能会导致犯罪。

拒绝当事人申请时，应将理由记录在案。

八、搜查后采取的行动

8.1除本规程第2.3条A款规定的情形外，适用本规程搜查某场所后，负责搜查行动的警察应在回到警察局后立即进行或安排制作搜查记录。搜查记录的内容应包括：

(1)被搜查场所的地址。

(2)搜查的日期、具体时间和时间长度。

(3)批准或授权搜查的情况：

依法行使搜查权而无需搜查令的，应说明其法律依据。根据搜查令或事先征得嫌疑人的书面同意进行搜查的：该搜查令或书面授权的副本，①或当事人的书面同意，应在搜查记录或其附件中说明搜查令或书面同意副本的放置地点。

(4)第2.9条规定的下列人员的姓名：负责搜查的警察；执行搜查的其他警察和执法人员。

(5)场所内的所有已知人员的姓名。

(6)拒绝占有人要求相关人见证搜查过程的原因。②

(7)所有扣押的物品清单，或说明该清单存放地的文字说明；如果扣押的物品不属搜查令所列对象，则应说明扣押的原因。

(8)是否使用强制力。如果使用了强制力，则说明原因。

(9)搜查过程中造成任何损害的细节以及在什么情况下造成的损害。

(10)在条件允许的情况下，为何没有履行下列程序：

---

① 参见《规程B》第3.4条。

② 参见《规程B》第6.11条。

A. 向占有人提交“权力和权利通知”副本；[1]

B. 在搜查开始前，向占有人送达通知的副本。[2]

(11)占有人不在场时，“权力和权利通知”副本和搜查令在场所内的放置位置。[3]

8.2 在任何场合下如果搜查某场所是根据搜查令行事，则必须在该搜查令上背书，说明：

(1)是否已找到搜查令上指明的任何物品和找到的地点。

(2)是否扣押了任何其他物品。

(3)执行搜查的日期和时间，在场所占有人的姓名或占有人不在场时负责场所的人员姓名。

(4)根据第 2.9 条，执行搜查的警察的姓名和执法人员的姓名。

(5)搜查令副本与“权力和权利通知”副本是否：交给场所使用人；或根据本规程第 6.8 条的要求作了背书；留在被搜查场所；留在何处。

8.3 下列人员签发的搜查令超过 3 个月的或此前已完成搜查的，应当归还。由治安法官签发的，应退还给核发该搜查令时所在即决法庭辖区的指定工作人员；由皇家法官签发的，应退还给对应法院的工作人员。

九、搜查登记

9.1 警察分局或同级的警察机关负责保存搜查案卷。凡按本规程第 8.1 条制作的搜查记录应在制作、复制或说明后放入搜查案卷。[4]

---

① 参见《规程 B》第 6.7 条。

② 参见《规程 B》第 6.8 条。

③ 参见《规程 B》第 6.8 条。

④ 第 9.1 款同样适用于由移民官员制作的搜查记录。此情况下，搜查记录同样也要保存在移民局中。1971 年《移民法案》第三部分和第 2 章允许移民官无论是否持有搜查证均可进入并搜查场所，扣押并封存财产。这与警察根据治安法官签发的搜查令进行场所搜查及《警察与刑事证据法》第 17 条、第 18 条、第 19 条、第 32 条规定的在没有搜查令的情况下实施的搜查类似，但移民官的搜查只能针对 1971 年《移民法案》中涉及出入境管理的特定违法行为。这一规定使得警察不再参与调查移民管理案件。行使这些权力时，移民官应参照 1999 年《移民和庇护法案》第 145 条的配套条款。移民官在警察局对相关人员或财产进行处理时，警察应给予相应的协助以帮助他们履行特定的任务和职责。

十、根据2005年《防恐法案》第7A条、第7B条和第7C条控制令实施的搜查

10.1本规程适用于根据2005年《防恐法案》第7A条、第7B条和第7C条进入并搜查受限制场所的情况。

10.2第2.3条D款规定了说明调查疑似或嫌疑犯罪行为的义务。该条款也包括根据2005年《防恐法案》实施的控制令与强制措施。

10.3搜查的目的和目标，被搜查物品性质和内容应写入扣押和保管物品的说明材料中，其中包括(在适当情况下)：

涉及第7A条(潜逃)的，被监控人员是否潜逃？如已潜逃，有助于追查并逮捕被监控人员的任何材料或信息。

涉及第7B条(未经准予进入场所)的，是否违反了控制令？如已违反，有助于判断被监控人员是否遵守控制令的规定或调查违规行为的任何材料或信息。

涉及第7C条(监控执行)的，被监控人员是否遵守相应的控制令？有助于作出判断的任何材料。

与2005年《防恐法案》第9条规定的犯罪行为相关的证据(与控制令有关的犯罪行为)。

规程 C

警察拘留、处置及讯问嫌疑人的工作规程

生效时间

本规程适用于 2008 年 1 月 31 日以后被警察逮捕的人，被拘留的时间可以开始于在此之前。

Code of Practice C

Police And Criminal Evidence Act

一、总则

1.1 警察要从速处理被拘留的人员。没有羁押必要的，应立即释放。

1.1A 条件允许时，羁押警官应立即执行本规程要求的具体职能。发生延迟的，如能有合理解释且已采取了一切合理手段避免不必要延迟的，不应认定羁押警官违反了本规程的规定。同时，在拘留记录上应写明出现延迟的地点及原因。①

1.2 所有警察局都必须置备本规程，以便警察、警务人员、被拘留人及公众查询。

1.3 本规程的条款包括附件条款，但注释不属于规程内容。

1.4 如警察怀疑或被善意告知某嫌疑人(任何年龄)可能精神失常或有精神障碍，在没有明显证据消除此怀疑的情况下，应根据本规程按照精神失常或精神障碍者处理。②

1.5 如嫌疑人看起来年龄不超过 17 岁，在没有明显证据证明其大于此年龄的情况下，该嫌疑人为本规程的意义上的未成年人。

1.6 嫌疑人疑似为盲人、有严重视觉障碍、耳聋、无阅读能力、无说话能力或由于表达障碍讲话有困难的，在没有明显的相反证据的情况下，此嫌疑人为本规程意义上的残疾人。

1.7 本规程中所称“合适成年人”：

A. 在涉及未成年人案件时，是指：

(1)其父母或监护人，或代表当局或社会组织的人(即嫌疑人接受当局或社会组织的照顾，或根据 1989 年《儿童法》的规定接受其他组织和个人照料的)。

---

① 第 1.1A 条规定了拘留过程中可能发生的各种延迟情况，例如，因同时被带进警察局拘留的嫌疑人的人数较多，所有的讯问室都被占用，或联系合适成年人、律师或翻译遇到困难等。

② 本规程使用的“精神失常”一词，指由于其精神状况或能力不能理解警察所说内容、讯问或回答的重要性的被拘留人。1983 年《精神卫生法》第 1 条第 2 款将“精神失常”定义为：精神疾病、智力障碍或智力发育不健全、心理病态错乱及其他任何智力能力的错乱和丧失。羁押警官如果对被拘留的人智力能力有任何疑问，应将其视为精神失常者，并与合适的成年人联系。

(2)当地政府的社会工作者。

(3)非上述两种情况的,其他年满或超过 18 岁的有责任能力的成年人,但不可由警察或是受雇于警察机关的人担任。

B. 在涉及患有精神失常或精神障碍的人时,是指:①

(4)亲属、监护人或其他负责照料或监护他的人。

(5)具有与精神失常或精神障碍患者打交道经验的人,但不可由警察或是受雇于警察机关的人担任。

(6)非上述两种情况的,其他年满或超过 18 岁的有责任能力的成年人,但不可由警察或是受雇于警察局的人担任。②

1.8 根据本规程,应向嫌疑人告知案件情况。如果嫌疑人无法理解案情内容,或其有暴力行为或暴力行为倾向或急需就医,可暂时不做告知;一旦条件允许,应立即向嫌疑人告知。

1.9 本规程所称羁押警官包括任何警察,或被委以拘留任务,行使执行警察拘留职能的人员。③

1.9A 本规程规定应由督察或警司以上级别的警官授权或批准的事项,根据 1984 年《英国警察与刑事证据法》第 107 条,也可由警长或总督察代为作出授权或批准。

1.10 本规程第 1.12 条适用于被羁押在英格兰及威尔士警察局的嫌疑人(无论是否被逮捕),以及根据 1989 年《精神健康法》第 135 条和第 136 条出于安全考虑移送至警察局的人。本规程第 15 条则仅适用于已被羁押在警察局的嫌疑人,例如被逮捕后移交警察局的人员或到警察局投案自首而在警察局被逮捕的人员。

1.11 本规程不适用于根据 2000 年《恐怖主义法》第 8 条、第 41 条及该法其他规定被逮捕的人。以上嫌疑人应适用《恐怖主义法》对警察拘留,处

---

① 如果嫌疑人患前精神失常或精神障碍,则在一定情况下,由有经验照料这类人员的人或接受过这方面训练的人担任合适成年人,可能比缺乏这种资格的亲属担任合适成年人更符合所有相关人的愿望。但如果嫌疑人本人宁愿要他的亲属而不愿让陌生人(即使他更具备资格)担任合适成年人的,或反对某个人来担任其合适成年人的,则他的意愿应得到尊重。

② 通知合适成年人前来警察局后,如果嫌疑人想要在无合适成年人在场的情况下单独咨询律师,则应予准许。合适成年人则没有此项权利。

③ 根据 2002 年《警务改革法》第 38 条和第 4A 条的规定,在特定的警区内,可任命警务人员担任负责拘留的警察。

置及讯问嫌疑人的程序规定。

1.12 本规程的条款不适用于以下被羁押人员：

(1)根据1994年《刑事司法与公共秩序法》第136条第2款苏格兰警方根据逮捕令逮捕的嫌疑人，或根据该法第137条第2款苏格兰的警察无证逮捕或拘留的嫌疑人。在以上情况下，在英格兰和威尔士地区的警察机关和人员的职权、嫌疑人的权利与义务与苏格兰地区相同。

(2)根据1999年《避难与移民上诉法》第142条第3款，为提取指纹而逮捕的嫌疑人。

(3)根据1971年《移民法》，移民警官依法实施拘留的嫌疑人。

(4)根据1980年《监禁法(暂行规定)》，监狱部门关押的被判有罪的人或还押犯人。

(5)废止。

(6)在截停和搜查行动中，被搜查机关拘留的嫌疑人，符合《规程A》规定的除外。

本规程第8款和第9款有关羁押和处遇条件的规定为处理被拘留人员的最基本要求。

1.13 在本规程中：

A.“代理人员”是指根据2002年《警察改革法》第四部分的规定，被批准实施或强化警官特定权力和职责的非警务人员。

B. 本规程所称警察，包括获准实施警察权力或履行警察职责的代理人员。

1.14 代理人员有权行使以下合理强制力：

A. 根据警察职权可以使用合理的强制力的，代理人员有权采取同等的强制力；且

B. 经批准或根据其职责允许使用合理强制力的，例如在警察局看管被拘留人员或协助其他警察、代理人员看管在押嫌疑人时，为阻止嫌疑人逃脱可使用强制手段。再如，在警察局关押嫌疑人或者帮助其他警察、代理人员关押犯罪嫌疑人的；在警察局押送或者帮助其他警察、代理人员押送嫌疑人的；或为救助伤者或死者、阻止重大财产损害的。

1.15 在法律允许的情况下，羁押官或其他负责羁押的高级警官可以不根据本规程的规定，允许非代理人员的警务人员在警局单独开展工作或适用诉讼程序。但羁押官或负责羁押被拘捕者的警官需负责保证此程序

或任务根据本规程正确进行。任何执行此类任务的警务人员应为：

A. 由警察机关聘用，并接受警察机关指挥官指挥。或

B. 由个人聘用，但此人与警察机关有合同关系，负责监管被拘捕者和其他被羁押的相对人。

1.16 代理人员和其他警务人员必应遵守《工作规程》的相关规定。

1.17 本规程所称“笔记簿”，包括任何向警官及警务人员发放的官方记录本。

二、拘留记录

2.1 嫌疑人被逮捕后移送警察局、到警察局投案自首后被逮捕或到警察局接受保释质询的，应尽快建立单独的拘留记录。本规程要求的内容应尽快写入拘留记录中，法律另有规定的除外。不可用在拘留地点制作的录音及录像代替拘留记录。

2.1A 嫌疑人被逮捕并移送警察局、到警察局投案自首时被逮捕或到警察局接受保释质询的，应在条件允许时立刻当面移交给羁押警官。此款适用于指定警察局和非指定警察局。相对人身处警察局的建筑物或封闭的院落之内的，即可认为是“在警察局内”，应适用上述规定。

2.2 根据第2.6A条，侦查措施需经特定级别警官批准的，应在拘留记录中写明该警官的姓名和警衔。

2.3 羁押警官负责保证记录的准确性和完整性。如被拘留人被移送到另一个警察局，执行拘留的警察应保证拘留记录或其副本随同被拘留人一同被移送到另一个警察局。拘留记录上应写明：(1)移送的时间、原因；(2)释放被拘留人的时间。

2.4 律师或合适成年人到警察局后，应尽快允许其查询嫌疑人的拘留记录。在嫌疑人羁押期间，律师或合适的成年人随时可以查询上述记录，但应征得羁押警官的同意且不得无故影响羁押警官行使职权。

2.4A 嫌疑人获得释放或接受庭审时，经其本人、法定代理人或合适成年人的申请，可及时获得拘留记录。获取该记录的有效期限为拘留者被释放后的12个月内。

2.5 被拘留人从警察局获释后，其本人、法定代理人或合适成年人在

事先合理告知警察局后，有权检查原始的拘留记录。该项检查行为亦应写入拘留记录。

2.6 根据第 2.6A 条，拘留记录中的每一项记录应由记录人写明时间并签名。如将记录录入电脑，则应同时录入文档电子化的时间和录入员的身份。

2.6A 此规程不要求强制记录或公开警察或其他警务人员的身份：

A. 废止。

B. 警察或警务人员有合理理由相信记录或公开其姓名会危及自身安全的。

在此类情况下，需使用令状或其他身份番号及其所属的警察局名称。①

2.7 根据本规程要求嫌疑人在拘留记录上签字而遭拒绝的，应记录该事实及发生时间。

三、初期措施

(一)处理被拘留人员的一般程序

3.1 逮捕后移送警察局或到警察局投案自首而被逮捕的，羁押警官应明确告知其下述权利，并说明在拘留的任何阶段都可以行使这些权利：

(1)根据本规程第 5 条，将其已被逮捕的消息通知家属等人；

(2)单独咨询律师及免费获得法律咨询；

(3)查询本《工作规程》。②

3.2 同时，羁押警官应交给被拘留人一份书面通知，其中应列出：(1)

① 第 2.6A 条 B 款目的是在掌握了可靠信息证明被逮捕人或其同伙可能威胁或伤害警员时，保护侦查重大有组织犯罪或逮捕指定暴力嫌疑犯的执法人员。如有疑问，应咨询督察或以上级别警官。

② 根据上述第 3.1 条的规定，嫌疑人有权查阅本规程的条款，但在行使这项权利时不得无理拖延犯罪侦查或行政执法活动。这些活动包括：根据 1988 年《公路交通法》和 1992 年《运输劳动法》的要求嫌疑人提供嗅样、血样、尿样的；在警察局搜查被拘留人的；无须被拘留人同意，为了获得证据获取其指纹、脚印或非体内取样的。

上述三项权利；(2)会见律师，接受法律咨询的安排；(3)根据2.4A条有权获得拘留记录；(4)第10条规定的权利告知。羁押警官还应交给被拘留人一份附加说明，其中简明在被羁押期间各项权利。①

3.3 应尽快告知独立的英联邦国家公民或外国公民(包括爱尔兰共和国)其有权与本国专员公署、大使馆或领事馆取得联系。②

3.4 羁押警官应：

(1)记录被拘留人涉嫌的罪名及被逮捕的理由。③

(2)在拘留记录上写下被拘留人员对逮捕过程中执法人员的意见，但不应主动要求其发表看法。嫌疑人被移送警察局时拘留警官不在的，执行逮捕的警察应与羁押警官取得联系或由第三方将情况告知羁押警官。

(3)羁押警官应将被拘留人对羁押决定的意见记录在拘留记录上，但同样不应主动征求嫌疑人的意见。

(4)羁押警官不得主动向嫌疑人具体询问犯罪相关事项、对实施逮捕人员的意见或对拘留决定的意见。因为这些询问可能构成第11.1A条所定义的讯问，只有满足第11条规定的程序要求时，才可实施。④

3.5 羁押警官应：

A. 询问被拘留人他们是否希望获得法律咨询。⑤ 或将已被拘留的情况通知家属等人。⑥

B. 要求被拘留人在拘留记录上对他的上两条决定签字确认。

C. 决定被拘留人是否需要或可能需要治疗或看护⑦、需要合适成年

---

① 通知附加权利时应列举本规程所规定的权利，包括允许拘留所之外的各方(含对英联邦国家公民和外国公民的特殊规定)探视和联系、享有合理标准的生理舒适条件、享有足够的食物和饮料、如厕和使用盥洗设备、穿衣、医疗护理以及条件允许时锻炼身体。该通知还列出下列法律规定：与执行讯问有关的规定、被拘留人获得合适的成年人帮助的权利、重新审核案件时听取被拘留人辩解的权利等。为帮助嫌疑人理解权利，除英文通知书外，应提供威尔士语、主要少数民族语、主要欧洲语言的书面文本并口头予以通知。羁押警官应要求被拘留人在拘留记录上签字以证实收到书面通知。如嫌疑人拒绝签字，则应将此行为记录在案。

② 参见第7条。

③ 参见第10.3条和《规程G》第2.2条、第4.3条。

④ 参见第11.13条关于未经询问但嫌疑人自行发表意见的规定。

⑤ 参见第6.5条。

⑥ 参见第5条。

⑦ 参见第9条。

人到场帮助检查记录或需要翻译人员到场。

D. 记录嫌疑人对上述C款事项的决定。

3.6 作出决定时，羁押警官应负责评估被拘留人是否会对警务人员或其自身带来特殊风险。在可能情况下，作此类评估时应及时运用全国警察查询系统发现被拘留人的显见危险性。此类评估由羁押警官负责，但其也可以咨询或联系其他人，如执行逮捕的警察或适当的护理医生。① 推迟作出评估的，应记录原因或完成评估的时间。

3.7 警察负责人应确保按照第3.6条的要求对本警区的警察局关押的嫌疑人进行合适且有效的风险评估。

3.8 风险评估应按照程序进行。该程序能够清晰定义所涉及风险的类别并将评估结果写入嫌疑人的拘留记录。羁押警官负责保证被逮捕的嫌疑人了解评估的基本情况。评估后未发现风险的，应在拘留记录中予以写明。②

3.9 羁押警官负责制定风险评估的应对措施，例如降低嫌疑人自残、自伤的概率，要求护理医生到场及提升监管或巡视级别等。

3.10 风险评估应持续进行，如情况发生变化，应重新审查评估结果。

3.11 羁押场所内安装有录像机的，应以醒目标识提醒嫌疑人。不得批准任何关闭录像机的申请。

(二)对特殊被拘留人的处理措施

3.12 被拘留人疑似耳聋或对其听说能力及英语理解能力存疑的，如羁押警官不能与之有效沟通，则应尽快要求翻译人员到场，以帮助其履行第3.1条至第3.5条的程序。③

3.13 被拘留人属未成年人的，羁押警官应在情况允许时确定照顾该未成年人的人员。该照顾人员可能是未成年人的父母或监护人、政府及社会组织指定的人员(该未成年人接受政府或社会组织照顾或根据1989年《儿童法》的规定接受其他组织和个人照料的)，以及任何其他暂时负责照

① 参见第9.13条。

② 《英国内政部2000年第32号通告》对于评定和辨别重大风险提供了具体指引。也可参见《规程C》第9.14条。

③ 参见第13条。

顾他的人员。应尽快通知此人该未成年人已被捕、逮捕的理由和被拘留的地点。除第5条规定的嫌疑人与外界取得联系的权利外，上述权利为未成年人特有的权利。①

3.14 法庭判令未成年人接受监管的，必应采取合理步骤通知监管人或监管组织的负责人。该负责人通常为防止青少年犯罪小组的成员，但实行电子监控的则由监控机关负责。

3.15 被拘留人属未成年人且患有精神失常或精神障碍的，羁押警官应尽快通知合适成年人（根据前述第3.13条，合适成年人不一定为照顾该未成年人的人员），向他通报拘留的理由、拘留地点，并通知他前来警察局看望被拘留人。

3.16 根据1983年《精神健康法》第136条，应尽快处理被拘留人为精神失常或精神障碍的案件。这一点至关重要。如嫌疑人被送交警察局，应尽快要求有资质的社会工作者及一名注册医生前来警察局进行询问和检查。询问和检查完毕后，应安排相应的医疗及照顾且不得以第136条为由继续对其进行羁押。注册医生经过检查后确定被拘留人不属于《精神健康法》定义的精神失常者，根据第136条应解除对该嫌疑人的羁押。

3.17 合适成年人到达警察局后，应在其在场时执行第3.1条至第3.5条规定。如在执法过程中，合适成年人不在场，应在合适成年人到达警察局后重新执行上述程序。

3.18 应告知嫌疑人其有权征求合适成年人的意见并获得帮助，且随时可与合适成年人单独会谈。

3.19 被拘留人或其合适成年人要求律师提供法律咨询的，适用第6条的规定。

3.20 被拘留人为盲人、有严重视觉障碍或无阅读能力的，羁押警官应确保其律师、亲属、合适成年人或任何关心其权益者（应为与本案侦查无关的人员）可以协助其查阅案卷材料。根据本规程规定需要征得书面同意或签字的，经被拘留人同意，协助人可以代签。根据本规定，非未成年人、精

① 未成年人接受政府或社会组织的照顾，但又与父母或其他关心其权益的人员生活在一起的，尽管警方没有通知父母或扶养人的法律责任，但除通知地方当局和自愿组织外，也应同他们取得联系（上述人员涉嫌参与犯罪的除外）。即使被照料的未成年人不与父母生活在一起，也应考虑通知其父母。

神失常者或精神障碍者，不得要求合适成年人查阅或签署文件。①

(三)处理到警察局协助调查的人员

3.21 到警察局协助调查的人员，随时可以离开，但在警局内被逮捕的除外。② 警察不允许其离开的，应立即向其说明其已被逮捕并将其移交给羁押警官。与其他被拘留人一样，羁押警官应以平等的方式向其说明权利。根据第 10 条进行权利告知而不予逮捕的，作出警告的警察应使嫌疑人理解其未被逮捕且没有义务留在警察局。该嫌疑人选择留在警察局的，在需要时可以免费与律师单独联系。羁押警官应向其说明法律咨询权，包括有权以会面、书信或电话的方式与其律师取得单独联系并询问其是否咨询律师。

3.22 到警察局协助调查的人员询问法律咨询权的，应向其提供解释有关获得法律咨询安排的手册。③

(四)文件记录

3.23 如情况允许，应当场记录嫌疑人的拘留理由。

3.24 根据第 3.12 条至第 3.20 条规定采取的任何措施，均应记录在案。

(五)保释中的嫌疑人

3.25 在嫌疑人的保释期中，羁押警官应将与拘留有关的文件与拘留记录汇总。应按照第 3.23 条和第 3.34 条，记录全部后续措施。

---

① 参见第 3.15 条。

② 本规程不涉及公民帮助警察制止犯罪和发现犯罪者的情况。帮助警察制止犯罪和发现犯罪者是公民的民事义务而非法律责任。然而，警察为发现犯罪或追查犯罪嫌疑人，有权询问任何被认为可能提供信息的人，本规程的限制情况除外。嫌疑人不愿配合或表示不愿合作，并不影响警察行使询问权。

③ 参见第 3.2 条。

四、被拘留人的财产

(一)措施

4.1 羁押警官应负责查明:

(1)被拘留人前来警察局时随身携带的物品(被拘留人可能因下列原因前来警察局:被逮捕、保释后被重新拘留、根据法庭命令或判决被判入狱、候审还押、从另一警察局或医院移送、根据 1983 年《精神健康法》第 135 条或第 136 条被拘留或法庭决定发回警察局等待重审);

(2)被拘留人在羁押期间出于非法或伤害目的而获得的物品。

同时,羁押警官应负责保管所有从被拘留人身上没收并扣押在警察局的物品。

为实现上述目的,羁押警官可以自行或批准他人对被拘留人进行必要的搜身(对身体隐私处的搜查或需要除去内衣的搜查,只能根据本规程的附件 A 所作的规定进行)。搜身应由与被搜身人同性别的人员执行。①

4.2 一般情况下,被拘留人可自行保管衣物及私人用品,羁押警官认为其可能利用这些物品自伤或伤害他人、毁灭证据、毁坏财物、逃跑或该为犯罪证据的除外。羁押警官认为有必要的,可以没收物品但应向被拘留人说明没收的理由。

4.3 私人用品包括嫌疑人在羁押期间必要的、合理使用及查阅的物品,但不包括现金和其他有价物品。

---

① 《警察与刑事证据法》第 54(A)条和第 4.1 条规定,羁押警官根据案件的情况,有权对被拘留人进行搜查。这些条款并不意味着所有的被拘留人都被搜查。嫌疑人被短期扣留且不适合在监仓内羁押的,羁押警官可以决定对其进行搜查。在这种情况下拘留记录上应注明"未作搜查",且不适用第 4.4t 条关于要求被拘留人检查登记条目的规定。被拘留人拒绝登记财物的,根据第 4.1 条的规定由羁押警官负责确认财产的名目。

(二)文件记录

4.4 羁押警官负责决定应否登记被拘留人的随身物品,或在逮捕时没收的物品。此类记录可不归入拘留记录,但拘留记录中应说明保存该记录的地点。记录完成后,应允许被拘留人检查登记正确与否,并签名确认。对拒绝签名的也应记录在案。

4.5 如不允许被拘留人自行保管衣物或私人用品,应记录相关理由。

五、与外界通信联系的权利

(一)措施

5.1 根据逮捕后羁押在警察局或其他地点的嫌疑人的要求,警察应尽快将其关押地点告知其关系人或关心其权益的人并由政府承担相关通知费用。如无法与嫌疑人取得联系,嫌疑人再提出另外两个联系对象。如仍然无法与他们取得联系,则由负责拘留或侦查的人员酌情决定与何人联系,直至外界获知嫌疑人的情况为止。①

5.2 除本规程附件 B 规定的情形外,不得拖延与每个关系人取得联系。

5.3 嫌疑人被移送到另一个警察局时,可再次行使上述权利。

5.4 羁押警官有权决定是否允许被拘留人接受探视。②

5.5 除本规程附件 B 规定的情形外,被拘留人的朋友、亲属或关心其权益的人询问其下落的,经嫌疑人同意后应告知羁押情况。③

5.6 除因条件所限外,被拘留人提出要求的,应向其提供纸和笔,并准

① 如被拘留人无法提供能对其提供帮助和建议的联系人,或者无法联系其朋友或亲戚的,羁押警官可以推荐当地的援助机构或其他组织。嫌疑人要求获得律师帮助的,适用第 6.1 条;根据第 5.1 条和第 5.5 条,在一些情况下,不可以使用电话以免泄密。

② 无法监管或可能影响侦查活动的,羁押警官可决定不允许探访嫌疑人。

③ 根据第 5.1 条和第 5.5 条,在一些情况下,不可以使用电话以免泄密。

许他在合理时间内与他人电话联系。督察或以上级别警官认为写信或电话联系可能会造成不良后果的，可拒绝或推迟嫌疑人行使通信权，这些后果包括：

A. 嫌疑人因可逮捕罪被羁押，且出现附件B第1条和第2条所列后果的；或

B. 废止。

此规定不影响对第5.1条和第6.1条权力所作的规制。

5.7 在嫌疑人邮寄信件、传递口信或打电话联系之前，应告知其在信件、电话或口信中所讲内容（与律师的交流除外）都可能被检阅或监听，并可能成为证据。嫌疑人过度使用电话的，警察可切断该通信。经羁押警官批准，通信费用由政府承担。

5.7A 必应有合理的理由方可推迟或拒绝嫌疑人行使通信权，无必要性时可停止通信。

(二)文件记录

5.8 对下列内容必应做记录：

A. 嫌疑人根据本条规定所提要求及警方的应对措施；

B. 发出或收到的信件和口信、打出或接到的电话、接受的探视；和

C. 被拘留人不愿意向外界提供羁押信息的，警察应要求其在记录上签字。如其拒绝签字，应将相关情况记录在案。

六、获得法律咨询的权利

(一)措施

6.1 除本规程附件B规定的情形外，所有被警方拘留的人，应被告知他们在任何时候都有权以会面、书信或电话的方式与其律师取得单独联

系，还可以与政府值班律师单独进行法律咨询。①

6.2 废止。

---

① 寻求法律帮助的被拘留人应可咨询专业律师或咨询该律师事务所的其他律师或值班律师。如通过以上方式不能获得法律咨询，或他们不愿意咨询当值律师，被拘留人应当有机会选择从愿意提供法律咨询的律师名单中选择1名律师。如果找不到此律师，他们可以至多选择另外2名律师作备选。如果以上尝试都没有成功，羁押警官应做进一步努力，直到联系到一名律师且其同意提供法律咨询为止。除执行以上职责外，羁押警官不得向嫌疑人建议某一具体律师事务所。2008年2月1日起上述注释条款将不再适用于以下机构：大曼彻斯特警察局、西米德兰斯警察局、西约克郡警察局。这些警察局将适用以下条款：要求自行支付法律咨询费用的嫌疑人可以咨询某一特定的律师或同一律师事务所的另外一名律师。如果无法通过以上方式选择律师，嫌疑人可以至多选择另外2名律师代替。如果以上方法都无法与律师取得联系，羁押警官应继续努力，直到联系到一名律师且其同意提供法律咨询为止。除此之外，应在第一时间打电话给呼叫中心获得公费法律咨询。呼叫中心是法律服务委员会授权专门处理警察局来电的机构。辩护律师呼叫中心将决定是电话咨询还是派一名律师亲自前往。被拘留人为：因不可监禁的犯罪被拘留；因未及时到庭而被法庭批准逮捕的（律师有明确的证据证明嫌疑人应获释放的除外）；因涉嫌饮酒驾驶而被逮捕的（不能提供血液样本、身体不适或醉酒驾驶受限机动车的）；或因违反警察局的规定或保释条件而被拘留的，律师可通过电话给出法律建议；根据以下情节，可考虑对之前进行电话法律咨询的案件指派律师前往，例如：警察是否会进行讯问或身份检查；被拘留人是否应获得合适的成年人的帮助；被拘留人是否不能通过电话沟通；被拘留人是否声称受到警察的严重虐待。除执行以上职责外，羁押警官不得向嫌疑人建议某一具体律师事务所。本条自2008年4月21日起在英格兰和威尔士的警区生效，以取代以上注释条款。要求自行支付法律咨询费用的嫌疑人可以咨询某一特定的律师或同一律师事务所的另外一名律师。如果无法通过以上方式选择律师，嫌疑人可以至多选择另外2名律师代替。如果以上方法都无法与律师取得联系，羁押警官应继续努力，直到联系到一名律师且其同意提供法律咨询为止。除此之外，应在第一时间致电呼叫中心获得公费法律咨询。呼叫中心是法律服务委员会授权专门处理警察局来电的机构。辩护律师呼叫中心将决定是电话咨询还是派一名律师亲自前往。被拘留人为：因不可监禁的犯罪被拘留；因未及时到庭而被法庭批准逮捕的（律师有明确的证据证明嫌疑人应获释放的除外）；因涉嫌饮酒驾驶而被逮捕的（不能提供血液样本、身体不适或醉酒驾驶受限机动车的）；或因违反警察局的规定或保释条件而被拘留的，律师可通过电话给出法律建议。根据以下情节，可考虑对之前进行电话法律咨询的案件指派律师前往，例如：警察是否会进行讯问或身份检查；被拘留人是否应获得合适的成年人的帮助；被拘留人是否不能通过电话沟通；被拘留人是否声称受到警察的严重虐待。除执行以上职责外，羁押警官不得向嫌疑人建议某一具体律师事务所。另外，被拘留人有权获得法律帮助，即与律师单独咨询或交流。单独咨询时受到打扰的，如咨询时所说或书写的内容被其他人无意听到或遭窃听偷听或检阅，且没有经过被拘留人的同意，则应认为该项权利未得到保障。也可参见第3.1条。

6.3 所有警察局必应将被拘留人有权进行法律咨询的标识放置在其管辖区域内显著位置。①

6.4 任何警察不得在任何时候以任何语言或行为阻止被拘留人获得法律咨询。

6.5 除本规程附件B规定的情形外，被拘留人有权毫不迟延地行使法律咨询权。被拘留人提出要求的（附件B的情形除外），羁押警官必应毫不拖延地保证嫌疑人获得法律咨询。当告知或提醒被拘留人有权获得法律咨询后，如被拘留人拒绝与律师会面，警察应告知他获得法律咨询的方式包括与律师通电话。如被拘留人再次表示放弃获得法律咨询的权利，羁押警官应询问其理由。应将上述理由记录于拘留记录或询问记录上。根据本规程第3.5条、第11.2条、第15.4条、第16.4条、附件A第2B条、附件K第3条和第16.5条及《规程D》第3.17条第2款和第6.3条的规定，羁押警官应向被拘留人提示获得法律咨询的权利。被拘留人明确表示既不愿意与律师会面也不愿意与律师通话的，警察应不再继续询问其理由。

6.5A 在未成年人案件中，合适成年人应考虑是否需要咨询律师。如未成年人表示不需要法律咨询，为维护嫌疑人的法律权益，合适成年人有权要求律师到场。但是，如果被拘留人执意表示不愿与律师会见，则不必强迫其这样做。

6.6 申请咨询律师的被拘留人在获得法律咨询后，方可接受讯问或继续讯问。

A. 本规程附件B规定的情形除外（未批准嫌疑人咨询律师的，不得适用附件C中自沉默得出不利推论的规定）；或

B. 督察或以上级别警官有合理根据相信：

（1）因会见律师导致犯罪证据受到损毁或不良影响的、导致他人受到人身伤害或不良影响的、有严重财产损失或破坏危险的、导致未归案的犯罪嫌疑人产生警觉的、阻碍发现犯罪非法财产的；或

（2）律师（包括值班律师）虽然表示愿意在警察局会见，但等待律师前来会不合理地延误本案的侦查活动的。②

---

① 在能够提供帮助和可以实现的情况下，除英语告示外，还应展示包含威尔士语、主要少数民族语言和主要欧洲语言译文的告示或分别有以上语言译文的告示。

② 在以上情况下，不批准被拘留人会见律师的，不得适用附件C中自沉默得出不利推论的规定。

C. 被拘留人所选择的律师或从值班律师名单上里选的律师：

(1)联系不上；

(2)表示他不愿接受案件；或

(3)联系上之后拒绝前来警察局的；

已向被拘留人说明值班律师制度，但其不愿使用值班律师的。

此种情况下，经督察或以上级别警官同意可以开始或继续讯问，不必拖延。①

D. 被拘留人起初要求法律咨询，后来改变了主意的，可以开始或继续讯问，不必拖延。即：

(1)被拘留人按照《规程 E》或《规程 F》的要求，以书面或录音形式表示同意在没有事先获得法律咨询的情况下接受讯问；且

(2)督察或以上级别警官在了解了被拘留人改变主意的理由后，批准同意的。

根据第 2.6A 条，应书面记录或按照《规程 E》和《规程 F》的要求记录被拘留人同意接受讯问、改变主意的事实及理由(对其说明情况后)和批准警官的姓名等。②

6.7 根据第 6.6 条 B 款第 1 项，为避免风险，被拘留人未获得法律咨询的，不得再向他继续提问，第 6.6 条 A 款、B 款第 2 项、C 款、D 款规定的情形除外。

6.8 允许被拘留人咨询律师的，该律师可在讯问过程中在场，第 6.6 条中规定的情况除外。

6.9 律师的行为导致侦查人员无法正常向嫌疑人提出问题的，可以要

---

① 因为未允许被拘留人咨询律师，不得适用附件 C 中自沉默得出不利推论的规定。

② 第 6.6 条 D 款规定，要求法律咨询的被拘留人改变意向时，应告知督察或以上级别警官。此类告知可通过电话进行，警官同意被拘留人改变意向的理由，并认为可以在没有律师的情况下继续进行讯问的，可以批准。另外，由于未允许被拘留人咨询律师，不得适用附件 C 中自沉默得出不利推论的规定。

求该律师离开讯问现场。①

6.10 如侦查人员认为律师确有上述行为,应中断讯问并(如有可能)向警司或以上级别警官请示。如无法联系到上述警官,可请示督察或以上级别且与本案调查无关的警官。该警官与律师交流后,可决定是否允许该律师继续参与讯问。如该警官决定停止讯问,嫌疑人可在讯问重新进行之前向另一名律师进行咨询,应允许新的律师在讯问过程中在场。②

6.11 在讯问过程中要求律师离开属于严重事件。如发生此种情况时,作出此项决定的警司或以上级别警官可考虑是否应将此事件向律师协会报告。如要求律师离开系警司以下级别警官的决定,应将此决定报告给警司或以上级别的警官,后者同样在考虑是否应将此事报告律师协会。如该律师为值班律师,则应考虑同时向律师协会和法律援助委员会报告。

6.12 本规程所称"律师",是指持有法定执业证书的律师或法律援助委员会批准并注册的法律代理人或实习代理人。

6.12A 律师可以指派法律代理人或实习代理人代替他到警察局提供法律咨询,警察机关应同意该代理人前来会见嫌疑人,督察或以上级别警官认为其会见妨碍该案侦查而作出其他安排的除外。③ 同意代理人前来警察局会见的,适用第6.6条至第6.10条的规定。

6.13 警察根据第6.12条作决定时,应考虑下列因素,即:未取得资质或正在实习期的法律代理人的身份或资质是否符合要求?他是否能够提供适当的法律咨询(例如,有犯罪记录的人可能不适合,除非所犯的为轻罪

---

① 被拘留人有权获得免费法律咨询和委托律师。电话建议提供的法律咨询应针对注释第6条B款第1项和第6条B款第2项所列出的各项犯罪。辩护律师呼叫中心将决定是否要求律师亲自访问。律师在警察局的唯一职责是保护嫌疑人和实现嫌疑人的合法权利。在有些情况下,这意味着律师会建议当事人不要提供对其不利的证据。为了帮助嫌疑人脱罪,律师可能会干预或制止警察对嫌疑人提出不合适的问题或作出的不当行为,并建议嫌疑人不回答某些特定问题,他们还可以为嫌疑人提供进一步法律咨询。只有在律师的方法或行为妨碍或不当影响讯问嫌疑人时,或妨碍记录嫌疑人的回答时才可适用第6.9条。不可接受的行为包括代替嫌疑人回答问题或为嫌疑人提供可以参考的书面回答。如果警察作出不允许律师在场的决定,其应向法院证明此决定的合理性。因此他们可能需要了解事情的经过。

② 如果警察作出不允许律师在场的决定,其应向法院证明此决定的合理性。因此他们可能需要了解事情的经过。

③ "妨碍该案侦查"不包括根据注释33中规定的向被拘留人提供法律建议。

并且不是近期发生的)及委托律师的授权文书中的其他事项。[1]

6.14 督察或以上级别拒绝接受未取得资质的代理人或实习代理人的,或要求该代理人离开讯问现场的,该警官应立即通知委托的律师以便其有机会另作安排。同时也应通知被拘留人,并在拘留记录上备案。

6.15 律师前来警察局会见嫌疑人时,(附件 B 规定的情形除外)不论嫌疑人是否正在接受讯问,警察都必应通知嫌疑人其律师已到达,并询问他是否愿意与律师会面;被拘留人已经放弃咨询律师,或开始要求法律咨询但后又同意在未获得法律咨询的情况下接受讯问的,也应获知律师到场的情况。律师的到场和被拘留人的决定必应记录在拘留档案。

(二)文件记录

6.16 嫌疑人要求获得法律咨询及根据该要求采取的行动应记录在案。

6.17 如被拘留人要求获得法律咨询,而在律师或律师代理人不在场时已开始进行讯问的,或者律师或律师代理人被要求离开讯问现场的,应记录在案。

七、独立英联邦国家公民或外国公民[2]

(一)措施

7.1 任何独立的英联邦国家的公民或外国公民(包括爱尔兰共和国)可在任何时候与其专员公署,大使馆或领事馆取得联系。在条件允许的情况下,应将这一权利立即告知被拘留人。还应尽快告知被拘留人,如其提出要求,其有权让专员公署、大使馆或领事馆获悉其羁押场所及其被逮捕的原因。这种要求应在条件允许的最短时间内予以满足。

---

① 督察或以上级别的警察认为某一律师或律师事务所连续派遣不合适提供法律咨询的法律代理人,应向警司以上的上级警官汇报,并由其将此事通告法律协会。

② 适用附件 B 时,本部分规定的权力不受影响。

7.2 如被拘留人所属的独立的英联邦国家或其他国家与英国之间签订了有效的双边领事公约或协议，规定其公民被拘留应予通知，则在执行下文第 7.4 条规定的前提下，应在情况允许的最短时间内通知有关的专员公署、大使馆或领事馆。从 2003 年 4 月 1 日起适用本规定的国家列于附件 F。

7.3 领事馆官员可前来警察局探视被拘留的本国国民，同其交谈并应其要求安排法律咨询。探视时，警察不应在可听到谈话内容的距离内逗留。

7.4 尽管有上述外交公约的规定，如被拘留人是政治难民（由于种族、民族、政治观点或宗教信仰的原因）或正在寻求政治避难，则不得将其被捕情况或其他有关情况通知该国领事馆人员，除非被拘留人本人提出要求。

(二)文件记录

7.5 根据本条规定告知被拘留人应享有的权利，及与有关公署、大使馆或领事馆取得任何联系的行动，均应记录在案。

八、羁押条件

(一)措施

8.1 只要条件允许，一间囚室在押的人数不得超过一人。

8.2 所有囚室应有足够的暖气，清洁且通风；应是有足够的光线，除非为了保证被拘留人夜间的睡眠和安全而需要光线暗淡。除非绝对必要，上锁的囚室内不得给囚禁者另加禁锢；考虑被拘留人的行为及为确保其及他人的安全，警察局长认为合理和必要的，可批准使用禁锢械具。在决定是否给聋人、有精神障碍或精神失常者使用械具时，尤其要考虑周到。

8.3 分发给被拘留人的毛毯、床垫、枕头及其他床上用品应符合标准及卫生条件。①

8.4 拘留场所应设有厕所及盥洗设备。

8.5 如果为了案件调查或由于健康或清洁原因需要更换被拘留人的衣服时,配给的衣服应达到合理程度的舒适和清洁标准。被拘留人只有穿了足够的衣服时,才可接受讯问。

8.6 每24小时之内至少应为被拘留人提供两顿便餐和一顿主餐。②供餐同时要有饮品。供餐之外的时间,也应根据合理要求提供饮品。必要时,应向警方医生取得医疗和饮食方面的建议。只要情况允许,所提供的食物应有可选择性,应满足被拘留人可能有的忌食或特殊宗教信仰要求;被拘留人也可以接受家人或朋友送来的食物(由自己或家人、朋友付费)。③

8.7 如果条件允许,每天应有短暂的户外运动。

8.8 未成年人不得被监禁在警察局的囚室内,除非因为没有其他安全的场所,并且羁押警官认为不关在囚室里就无法监视他,或认为关在囚室内条件比关在警察局其他安全场所更为舒适。不得将未成年人与成年被拘留人关在同一囚室内。

(二)文件记录

8.9 提供给被拘留人的衣服及食品均应记录在案。

8.10 未成年人如果被监禁于囚室,其原因应记录在案。

8.11 对被拘留人在囚室期间所使用的任何械具、使用原因和使用械具后为加强被拘留人的监视所作的安排(在可能情况下),应记录在案。④

---

① 第8.3条和第8.6条的规定对于将要被延长拘留的嫌疑人有重要作用。在决定是否同意由家人或朋友提供餐饭时,负责拘留的警察应根据《食物处理法》所赋予的责任,考虑在物品或包裹中藏匿违禁品的可能性。

② 可能的情况下,应该在常规的吃饭时间提供食品或根据被拘留人上次用餐时间在其他时间提供食品。

③ 第8.3条和第8.6条的规定对于将要被延长拘留的嫌疑人有重要作用。在决定是否同意由家人或朋友提供餐饭时,负责拘留的警察应根据《食物处理法》所赋予的责任,考虑在物品或包裹中藏匿违禁品的可能性。

④ 参见第3.9条。

九、照顾和对待被羁押人员的方式

(一)一般规定

9.1 本条并不排除警方医生或其他护理医生为被拘留人检查时,发现被拘留人的涉案证据。①

9.2 如被拘留人对于被捕后的对待方式提出申诉或警察注意到被拘留人遭到不恰当的对待,应在条件允许时尽快向与本案无关的督察或以上级别警官报告。如果事关嫌疑人可能遭到人身侵犯或不必要且不合理的虐待,应请警方医生尽快到场。

9.3 每小时应至少巡视被拘留人一次。如果风险评估的结果不存在可见的风险,没必要唤醒睡眠中的被拘留人。② 根据警方医生所给的医疗指导,疑似出现酒精或药物作用、吞食了药物或其清醒程度存疑的,③应至少每半小时巡视一次并被唤醒;根据附件 H 评估其状况;必要时为其安排医疗处理。④

9.4 为被拘留人安排医疗时,羁押警官必应确保警方医生可以获得所

---

① "专业医生"是指在相关专业机构确定的在某一业务领域医术合格的人。一名专业医生是否"适当"取决于其行使职责的情况。

② 参见第 3.6 条至第 3.10 条。

③ 第 9.3 条适用于 1988 年《刑事司法法》第 152 条法院批准拘留在警察局的嫌疑人的情况(同被 2005 年《毒品法》第 8 款修订)。拘留这些嫌疑人有助于发现持有毒品或贩卖毒品或被怀疑吞食毒品的证据。除有医嘱外,对吞食毒品的嫌疑人,羁押警官应考虑每半小时唤醒嫌疑人一次。上述行为不影响正常巡视囚室内的嫌疑人。

④ 参见第 9.13 条。另外,还应该注意以下几点:第一,在可能的情况下,青少年和精神失常的被拘留人应有更多探视的机会。第二,疑似醉酒或行为失常的被拘留人可能正在经受某种疾病、药物或伤情的影响,特别是不明显的头部伤痛。一个需要或依赖某种药物(包括酒精)的被拘留人脱离药物后会出现短暂的有害反应。在这些情况下,警察如存疑则应立即请合适的专业医生或叫救护车。第 9.5 条不适用于无须照顾的轻微病痛和伤害。但所有病痛或伤害都应写入拘留记录,任何疑问都要请合适的专业医生来决定。第三,使用附件 H 规定程序唤醒嫌疑人时,记录嫌疑人的反应的目的是能够了解嫌疑人清醒程度的变化和调整医疗安排。

有可能帮助被拘留人治疗的信息。(无论警方医生是否提出要求)持有相关信息的警察和警务人员应在条件允许时尽快告知负责拘留的警察。

(二)医疗看护与注意事项

9.5 如果被带到警察局的人或在警察局被拘留的人出现下列情况,则羁押警官应立即请警方医生到场,即:

A. 疑似患病;或

B. 受伤;或

C. 疑似精神失常;或

D. 需要医疗护理的。

9.5A 凡出现上述情况,即使嫌疑人没有要求医疗护理,且无论他是否已在其他地方接受治疗,上述规定均予适用。在紧急情况下,如当出现附件 H 所指情况时,应立即请离现场最近的医护人员或救护车前来救治。

9.5B 羁押警官亦应决定是否根据相关要求,①对受酒精或药物影响的被拘留人采取医疗护理。

9.6 第 9.5 条内容不意味着可以阻止或延迟根据 1983 年《精神健康法》第 136 条将被拘留人转入医院。② 嫌疑人在警察局内发病的,③如专业注册医师不能及时到场,羁押警官可自行决定是否请警方医生对被拘留人做初步检查。

9.7 如根据羁押警官的观察或获知逮捕后移送警察局的人患有某种严重传染病,应采取合理措施保护此人及警察局内的其他人员的健康。在决定采取何种行动时,应征求相应的护理医生的意见。④ 羁押警官有责任

---

① 疑似醉酒或行为失常的被拘留人可能正在经受某种疾病、药物或伤情的影响,特别是不明显的头部伤痛。一个需要或依赖某种药物(包括酒精)的被拘留人脱离药物后会出现短暂的有害反应。在这些情况下,警察如存疑则应立即请合适的专业医生或叫救护车。第 9.5 条不适用于无须照顾的轻微病痛和伤害。但所有病痛或伤害都应写入拘留记录,任何疑问都要请合适的专业医生来决定。

② 在现实的情况下,应根据 1983 年《精神健康法》第 136 条安排被拘留的嫌疑人送院评估。根据第 136 条,不得将被拘留的嫌疑人从安全的地方转移到另外一个地点进行评估。

③ 参见第 3.16 条。

④ 尊重嫌疑人的隐私很重要,有关他们身体健康的信息必应保密。只要在经过其同意的情况下或按照医生指示,为保护被拘留人或与其接触过的他人的身体健康,才可以公布信息。

隔离此人及其随身物品，直到接到医生指示。

9.8 被拘留人要求做健康检查的，情况允许时应立即请医生到场。如果不能提供安全及合适的护理计划，应征求警方医生的建议。此外，也可由被拘留人自费聘请选定的医生为他做检查。

9.9 被拘留人被拘留之前遵医嘱服药的，被拘留后要使用该药品前，羁押警官应咨询警方医生。根据第 9.10 条，羁押警官负责保管所有药品并保证被拘留人服用经警方医生处方或批准的药品。咨询及结果应记录在案。

9.10 警察不得自行给被拘留人施用任何药品，包括 1971 年《滥用药品法》规定的受控药品。被拘留人只有在警方医生亲自监督下才可服用受控制药品。符合亲自监督的要求是指，经羁押警官向警方医生咨询（电话咨询亦可）之后，警方医生和羁押警官均确信，在任何情况下，被拘留人服用受控制药品不会使其本人、警察或其他任何人有受到伤害的危险。符合这一要求的，警方医生才可授权羁押警官同意被拘留人服用受控制药品。

9.11 适当的专业医生施用药剂或其他药物，或者监督被拘留人自行服药的，应符合最新的药物法规和专业机构指定的业务范围。

9.12 如被拘留人随身带有药品或声称由于心脏病、糖尿病、癫痫病或其他类似的严重病情而需要此类药品，即使不适用第 9.5 条，也必应征求警方医生的意见。

9.13 警方医生对被拘留人进行检查或治疗的，羁押警官应向医生询问：继续关押嫌疑人有何种风险或问题、何时可以开展讯问、需要何种安全设施。

9.14 羁押警官对警方医生所开的处方（口头或书面）有疑问或不清楚的，都应询问清楚。尤其应确保就医频度清楚、精确且可以实施。①

（三）文件记录

9.15 以下内容应被记录在案：

A. 根据第 9.2 条规定由警方医生实施检查的任何安排，以及根据该条提出的申诉和羁押警官的意见；

---

① 羁押警官应明确指示对被拘留人需要持续观察和巡视，应该请专业医生精确地解释需采取何种措施来进行观察和巡视。

B. 根据第 9.5 条规定的任何安排；

C. 根据第 9.8 条规定嫌疑人提出的医疗申请及所作安排；

D. 需要作出上述三项安排（A 到 C）的伤害、疾病、状况或其他原因；①

E. 警方医生给警察的照顾和治疗被拘留人的医疗指示或意见（包括后续指引），这些指示或意见应与上述 A 款到 C 款安排有关；②

F. 采用附件 H 的唤醒程序时嫌疑人的反应。③

9.16 如警方医生未在拘留记录中记录其诊疗所见，该记录应指明诊疗所见的记录存放何处。④ 但拘留记录应记录羁押警官为确保被拘留人有效治疗和身体健康所采取的措施。⑤

9.17 在执行上述第 4 条规定的前提下，拘留记录不但应登记被拘留人初到警察局时随身所带的药品，而且应记录其表示需要但未随身携带的药品。

十、权利告知

（一）何时作出告知

10.1 有理由怀疑某人犯罪时，在向嫌疑人询问参与犯罪或涉嫌参与犯罪的问题之前（如嫌疑人之前的回答加深了犯罪嫌疑，应进一步讯问），嫌疑人的供述或保持沉默（即没有回答、拒绝回答或未按照要求回答问题）

---

① 据观察，嫌疑人可以提供案件证据的，可不根据第 9.15 条和第 9.16 条在拘留记录中记录有关伤害、伤病或状况的原因。

② 羁押警官应明确指示对被拘留人需要持续观察和巡视，应该请专业医生精确地解释需采取何种措施来进行观察和巡视。

③ 使用附件 H 规定程序唤醒嫌疑人时，记录嫌疑人的反应的目的是能够了解嫌疑人清醒程度的变化和调整医疗安排。

④ 第 9.15 和 9.16 条并不要求将可能成为犯罪证据的伤情、疾病或身体状况等信息写入羁押记录。

⑤ 参见第 3.8 条和附件 G 第 7 条。

的行为可能在起诉时成为证据的，应向其作出权利告知。但因其他目的而提问的，不必进行权利告知。例如：

A. 为确认嫌疑人的身份或车辆拥有权的；

B. 根据有关法规需要获得某些信息的；①

C. 为进行适当而有效的搜查的（如实施道路拦截与检查时，需要对嫌疑人进行人身搜查或要求其配合搜查行动的）；

D. 或根据第11.13条需要核实书面记录的；

E. 废止。

10.2 对嫌疑人解除逮捕的，如已作出权利告知或其被告知权利告知生效的，应立即告诉他逮捕已被解除，因此没有义务再留在警察局。②

10.3 被逮捕或即将被逮捕的嫌疑人，应在逮捕之时或之后最短时间内告知其已被逮捕及逮捕的理由。③

10.4 根据《规程G》第3条，被逮捕或即将被逮捕的嫌疑人应接受权利告知。以下情况除外：

A. 由于当时的条件或嫌疑人的行为，无法进行告知的；或

B. 在逮捕之前已根据第10.1条作出了告知的。

（二）权利告知的内容

10.5 在以下情况下应进行告知：

A. 逮捕时；

B. 嫌疑人被起诉或被告知可能被起诉的其他情况。④

除因保持沉默而导致不利推论的，⑤应告知嫌疑人以下内容：

“你可以保持沉默。但如果你在被问及将来作为庭审抗辩依据的问题

---

① 参见第10.9条。

② 自沉默得出不利推论的规定（见附件C第1款）不适用于未被羁押的嫌疑人，因此也不能禁止未被羁押的嫌疑人要求获得法律建议。

③ 应向被羁押的嫌疑人提供足够的信息，以使他们能够理解被剥夺人身自由和被逮捕的理由。例如，嫌疑人因涉嫌某项犯罪被逮捕的，应告知其嫌疑犯罪的性质、时间和地点。同时，还应告知嫌疑人实施逮捕的理由。告知时应避免使用模糊表述或过于专业的术语。也可参见第2.2条、第3.4条、第4.3条和《规程G》。

④ 参见第16条。

⑤ 参见附件C。

时保持沉默，则可能对你的辩护产生不利影响。你所说的每一句话都可能成为呈堂证供。”使用威尔士语的，内容如下：“does dim haida i chi ddweud dim byd. ond gall niweidio eich amddiffyniad os na fyddch chi'n son，wrh gael eich holi，am rywbeth y byddwch chi'n dibynnu arno nes ymlaen yn y llys. gall unrhyw beth yr ydych yn ei ddweud gael ei roi fel tystiolaeth.”①

10.6 附件C第2条规定了因保持沉默而导致不利结论的，所使用的权利告知词。

10.7 在不改变告知内容主旨的情况下，措辞的细微不同不属于违反本规定。②

10.8 作出权利告知后中断讯问的，执行讯问警察应保证被讯问人知道权利告知仍旧有效。如有任何疑问，讯问重新开始时，应重复进行告知。③

10.9 对嫌疑人接受告知后，如他不合作或不回答问题会导致警方采取一定措施的，应告知其可能出现的任何相关后果，并说明这些后果不受告知的影响。这些后果包括：嫌疑人被起诉时，如果拒绝提供姓名、地址，可能导致被依法拘留；如果拒绝提供法规（如根据1988年《道路交通法》）规定的任何详细情况，可能构成犯罪或可能导致被依法逮捕。

(三)根据1994年《刑事司法与公共秩序法》第36条及第37款作出特殊告知

10.10 嫌疑人在被逮捕的讯问中没有回答、拒绝回答或者未按要求回

---

① 本规程并不要求对未被逮捕的犯罪嫌疑人告知或重复告知权利。不过，根据1994年《刑事司法和公共秩序法》第34条，法院不得对未接受权利告知的犯罪嫌疑人作出不利的推定。

② 如果嫌疑人貌似不理解权利告知，作出警告的人员应用口语化的表述进行解释。

③ 有必要向法庭说明，在讯问中断期间或讯问间隔期间嫌疑人的供述记录未受到篡改。在讯问中断后或后续讯问开始时，负责讯问的警察应概述中断的理由并征得嫌疑人确认。

答问题时，向其作出告知后，[1]法庭或陪审团可以根据 1994 年《刑事司法与公共秩序法》第 36 条及第 37 条作出推论。本规定仅适用于下列情况：

A. 禁止对嫌疑人沉默作出不利结论[2]的例外情形；或

B. 警察逮捕嫌疑人时，在其身上、衣着内外、鞋子内外、携带物品或逮捕地点发现任何物品、痕迹、物质或附着在物品上的痕迹或物质的，嫌疑人没有或拒绝对这些物品、痕迹或物质作出解释的；或

C. 警察发现嫌疑人的时间和地点，与犯罪行为发生地和时间吻合，而嫌疑人不能说明或拒绝说明身处犯罪现场的理由的。

禁止自沉默得出不利结论的，警察可要求嫌疑人对上述 B 款和 C 款的事项作出解释，但无须作出本条规定的警告和第 10.11 条规定的特殊警告。

10.11 根据嫌疑人的上述行为(即：没有回答、拒绝回答或未按要求回答问题)作出不利推断前，执行讯问的警察应使用通俗易懂的语言告知嫌疑人：

A. 正在进行何种犯罪调查；

B. 要求嫌疑人对哪些事实作出解释；

C. 嫌疑人因参与犯罪而接受调查；

D. 如嫌疑人没有回答、拒绝回答问题，法院可以酌情作出推论；

E. 讯问的内容正被录音，该录音在法庭上可作为证据使用。

(四)未成年人、精神失常或精神障碍者

10.12 未成年人、精神失常或精神障碍者在合适成年人不在场时已接受权利告知的，合适成年人到场后，应再次进行警告。

(五)文件记录

10.13 根据本条进行权利告知的，应在警察的工作笔记簿或讯问中予以记录。

---

① 1994 年《刑事司法与公共秩序法》第 36 条和第 37 条仅适用于被警察或海关税务警察逮捕的嫌疑人，且负责逮捕或负责调查犯罪的警察或海关警察还应对嫌疑人进行相应的权利告知。未被逮捕的嫌疑人不适用上述条款。

② 参见附件 C。

十一、讯问的一般规定

(一)措施

11.1 决定逮捕嫌疑人后,不得在除警察局或羁押拘留场所之外的其他地点对其进行讯问,延迟讯问导致以下后果的除外:

A. 导致取证受到干扰或破坏证据的、对他人造成骚扰或人身伤害及造成严重财产损失或破坏的;或

B. 引起其他涉案但未被抓获的嫌疑人警觉的;或

C. 影响将涉案财物归还原主的。

相关的危险消除后,或为消除危险已讯问嫌疑人的,不得以上述任何一项为由继续在非法定地点进行讯问。

11.1A 讯问指根据《规程 C》第 10.1 条之规定,向嫌疑人作出权利告知后就其参与或涉嫌参与的刑事犯罪所进行的问话。讯问嫌疑人时,应告知其涉嫌实施犯罪或犯罪预备行为的性质。根据 1988 年《道路交通法》第 7 条或 1992 年的《交通和设施法》第 31 条执行的程序不属于本规程指称的讯问。

11.2 在警察局或其他法定羁押场所开始或重新开始讯问之前,执行讯问的警察应提醒嫌疑人有权获得免费的法律咨询,且为了保障其该项权利可以推迟进行讯问(适用第 6.6 条的除外)。执行讯问的警察应负责保证将所有类似提醒记录写入讯问记录。

11.3 废止。

11.4 在警察局进行的讯问开始时,执行讯问的警察在权利告知之后,应提醒嫌疑人其之前已经对警察或警务人员作出重要供述或之前一直保持沉默(且在之前嫌疑人未被告知这些重要供述或沉默)。① 之后,警察应询问嫌疑人是否认可这些供述或沉默的行为,及是否需要补充供述。

11.4A 重要供述是指可能被作为证据使用的供述,特别是承认犯罪的

① 第 11.4 条并不禁止警察在下一阶段或在后续讯问中获取嫌疑人的重要陈述或记录其保持沉默。

自白。重要沉默是指嫌疑人在被告知法律权利后，没有回答、拒绝回答或不能按要求回答问题，且法庭可根据 1994 年《刑事司法与公共秩序法》第 111 条自沉默得出不利结论的情况。①

11.5 警察不得使用任何强制手段要求相对人回答问题或引诱其供述。除第 10.9 条规定的情形外，无论嫌疑人选择回答问题、作出供述或拒绝回答或供述，警察均不得向其暗示警方的后续行动（嫌疑人直接询问警方拟采取什么行动的，警察可予回答）。警方的后续行动适当且已获批准的，执行讯问的警察可将警方拟采取的行动告知他。

11.6 在以下情况下，不得针对嫌疑人未被起诉或未被告知会起诉的犯罪进行讯问：

A. 负责侦查案件的警察认为，为了解案情及获得准确、可靠的信息已向嫌疑人提出所有相关问题，包括允许被嫌疑人作无罪辩解及对辩解的准确性和可信性进行的检视（如消除供述歧义或澄清嫌疑人所述事实）。

B. 负责侦查案件的警察可以通过其他途径获得证据的。

C. 负责侦查案件的警察或（在嫌疑人被羁押的情况下）羁押警官，②合理地认为已获得了充分的起诉犯罪证据的。③ 在处理涉税案件及根据 1988 年《刑事司法法》或 1994 年《贩毒罪法》进行侦查的，上述规定并不禁止警察在讯问结束后要求嫌疑人填写正式的问答材料。

（二）讯问记录

11.7A 无论讯问是否在警察局进行，应准确记录每一次讯问嫌疑人的情况。

B. 讯问记录应载明讯问的地点、开始及结束的时间、讯问时的中间休息及根据第 2.6A 条记录所有在场人员的姓名。讯问记录应使用专用表格、警察笔记簿或《规程 E》或《规程 F》要求的记录媒介。

C. 讯问记录应与讯问同步进行，侦查人员认为无法操作或会干扰讯

---

① 参见附件 C。

② 参见第 16.1 条。

③ 1996 年《刑事程序和调查法实施规程》第 3.4 条规定："无论线索是否指向嫌疑人，侦查人员应寻找案件的所有合理线索。什么是合理的线索取决于个案情况。"在讯问中选择问题时，讯问者应考虑上述规定。

问的除外。讯问的内容应逐字记录，如无法做到则应准确并充分地归纳讯问的内容。

11.8 如没有同步记录讯问的过程，则讯问结束后条件允许时，应立即补充记录。

11.9 记录人员应在书面记录上写明记录时间并签字。

11.10 如讯问记录未能在讯问过程中完成，应在警察笔记簿上写明理由。

11.11 接受讯问的嫌疑人应被允许阅读讯问记录，并签字确认其准确性或指出其不准确之处，实际情况不允许的除外。如该嫌疑人不能阅读记录、拒绝阅读记录或拒绝在记录上签字，在场的高级别警官应将记录内容念给他听，并问他是否愿意在记录上签字（或作记号）以确认其准确性或纠正错误。警察应在讯问记录上对所发生的情况加以说明。①

11.12 讯问时嫌疑人的合适成年人或律师在场的，也应该允许他们阅读讯问记录（或讯问过程中警察取得的嫌疑人书面供述）并签字确认。

11.13 应书面记录嫌疑人在讯问室之外所讲的任何可能与案件有关的内容（包括未经询问的陈述）。记录人员应明确记录嫌疑人的讲话时间并签字。如条件允许，嫌疑人应被允许阅读此记录并签字确认或纠正错误。②

11.14 根据本规程要求嫌疑人在讯问记录上签字而遭拒绝的，应记录其拒绝签字的情况。

（三）未成年人、精神失常及精神障碍者

11.15 未成年人、患有精神失常或精神障碍的人，无论是否被怀疑犯罪，在没有合适成年人在场的情况下，不得对他进行讯问或要求他提供并签署

---

① 第11.4条规定的重要供述应与案件有关联性且应予记录。嫌疑人阅读讯问记录和其他案卷并确认签字时，应要求其在记录中写下："我承认这是对我所说内容的真实记录。"并签名。如果嫌疑人不同意记录内容，讯问者应记录下不同意见的详细内容，要求嫌疑人阅读这些细节并签名确认其准确反映了嫌疑人的不同意见。

② 第11.4条规定的重要供述应与案件有关联性且应予记录。嫌疑人阅读讯问记录和其他案卷并确认签字时，应要求其在记录中写下："我承认这是对我所说内容的真实记录。"并签名。如果嫌疑人不同意记录内容，讯问者应记录下不同意见的详细内容，要求嫌疑人阅读这些细节并签名确认其准确反映了嫌疑人的不同意见。。

任何书面陈述,第 11.1 条,或第 11.18 条至第 11.20 条规定的情形除外。[①]

11.16 只有在特殊情况下,并经校长或校长指定的代理人同意后,才可以在未成年人的学校进行讯问。应尽量争取通知其父母或其他负责照顾该未成年人的合适成年人(如非其父母),并预留合理、充足的时间等待他们前来讯问地点。如果等待合适成年人的到达会造成过度的推迟,校长或校长指定的代理人可在此讯问中担任合适成年人的角色,犯罪发生地为学校的除外。

11.17 讯问时合适成年人在场的,应告知其并非旁观者;其在场的目的首先是为被讯问的未成年人提供意见并观察讯问是否公正,其次是为协助该未成年人与警察沟通。

(四)脆弱的嫌疑人——在警察局进行的紧急讯问

11.18 不得讯问以下人员。但警长、督察或以上级别警察认为延迟讯问会导致第 11.1 条 A 款到第 11.1 条 C 款所述后果,且讯问不会对嫌疑人的生理或心理状况造成重要伤害[②]的除外:

A. 未成年人或患精神失常或有精神障碍的人,合适成年人在讯问时未到场的。

B. 除 A 款情况外,任何在被讯问时看起来不能理解问题及其回答的重要性的嫌疑人;或由于酒精、药物、疾病或病痛的影响认识模糊的嫌疑人。

C. 任何理解英语有困难或有听力障碍的人(讯问时翻译不在场的)。

11.19 已知可避免第 11.1 条 A 款至第 11.1 条 C 款所述后果的,不得继续讯问嫌疑人。

11.20 应记录根据第 11.18 条所作决定的理由。

---

① 尽管未成年人、患精神失常或有精神障碍的人有时能够提供可信证据,但在特定情况下,他们也会在不知情或不自愿的情况下作出不可靠的、错误的或自证其罪的供述。讯问此类嫌疑人时,应特别注意;如果对嫌疑人的年龄、精神状况或能力有任何疑问,应咨询合适的成年人。为避免证据的风险,在可能时补强证据非常重要。

② 参见附件 G。

十二、警察局内进行的讯问

(一)措施

12.1 如警察意欲讯问被羁押人，或侦查案件时需要被羁押人在场，则羁押警官应负责决定是否将被羁押人交给该警察监管。

12.2 每 24 小时内，应保障被拘留人享有连续 8 小时的休息时间，休息期间不应受到讯问、移送或警察因调查案件的打扰。休息时间一般应在夜间，或其他视被羁押人上次睡眠或休息时间而定的合适时间。如嫌疑人前来警察局自首而被逮捕，24 小时的计算应从其被逮捕时开始，而非从到达警察局时算起。休息期间不得受到干扰，不得被拖延，除非：

A. 有理由认为会导致下列后果的：(1)存在伤害他人、严重损毁或破坏财物的风险；或(2)对释放被羁押人造成不必要的延迟；或(3)会对侦查结果产生不利影响。

B. 被羁押人本人或合适成年人或法律代理人另有请求的，或者

C. 根据第 15 条履行唤醒的义务和责任；或根据第 9 条或遵医嘱采取治疗措施的，可延迟或影响嫌疑人休息。如根据以上 A 款影响了嫌疑人休息，则必应提供新的休息时间。根据 B 款和 C 款影响休息的，可不重新安排休息时间。

12.3 在被羁押人接受讯问前，羁押警官在咨询负责侦查的警察且在必要时咨询专业医生后，可决定是否适合讯问被羁押人。应考虑被羁押人的身体或精神状况的风险并安排警力。① 羁押警官如认为讯问会对被羁押人的身体或精神造成重大伤害，则不能批准讯问被羁押人。第 11.18 条所列的脆弱嫌疑人为在讯问过程中为持续存在危险，且只有符合第 11.18 条到第 11.20 条之规定才可讯问的人员。

12.4 在实际情况允许时，讯问应在暖和、有充足光线和通风的讯问室进行。

---

① 参见附件 G。

12.5 为获得嫌疑人的犯罪证据而进行讯问的，有必要对其进行羁押。《警察与刑事证据法》规定：未被起诉的在押嫌疑人可以选择不回答问题，但警察为获得犯罪证据，不需征得嫌疑人的准许或同意即可进行讯问。如果嫌疑人采取行动抵制讯问或后续讯问（如拒绝离开羁押室前往讯问室，或试图离开讯问室），应告知其讯问无须经过他们的准许或同意。根据第10条，应对嫌疑人进行权利告知，并说明如果没有或拒绝合作可在羁押室内进行讯问且其行为会成为对其不利的证据。随后应要求嫌疑人配合并进入讯问室。

12.6 不得要求被讯问人员或供述人员处于站立状态。

12.7 根据第2.6A条，讯问开始前，讯问者应向被讯问者通报其本人及其他在场人员的姓名及警衔。

12.8 在正常进餐的时间阶段，应停止讯问或根据被讯问者前次用餐时间而停止讯问。讯问的过程中应安排短暂的休息，大约每隔2小时一次。有合理根据为休息会出现以下后果的，执行讯问的警察可酌情推迟休息的时间：(1)存在伤害他人、严重损毁或破坏财物的风险；或(2)对释放被羁押人造成不必要的延迟；或(3)会对侦查结果产生不利影响。(4)出现他人受到伤害、严重损毁或破坏财物的危险的。①

12.9 在讯问过程中，如被讯问者本人或其代理人提出申诉，执行讯问的警察应：(1)将此申诉写入讯问记录；且(2)根据本规程第9条的规定，通知负责处理此事的羁押警官。

(二)文件记录

12.10 应记录：被羁押人不在羁押警官监管之下的时间和原因以及拒绝将被羁押人交其监管的原因。

12.11 应记录：(1)不能使用讯问室的原因；和(2)根据第12.5条采取的任何措施。上述内容应同步写入拘留记录或讯问记录中备案，并在拘留记录中简要说明该措施带来哪些影响。

---

① 正餐休息时间通常应至少持续45分钟。每2小时后的短时休息应不少于15分钟。如果执行讯问的警察根据第12.8条延长讯问，应安排更长的休息时间。当讯问时间较短，且还有另外一个预期很短的讯问时，如果有合理理由相信为避免第12.8条第1款和第12.8条第3款所述后果，可以缩短休息时间。

12.12 任何延迟休息时间的决定应在讯问记录上备案并写明其原因。

12.13 嫌疑人接受权利告知后，在警察局写下的书面陈述均应记录在专用表格上。

12.14 嫌疑人接受权利告知后，写下的书面陈述应根据本规程附件 D 加以记录。嫌疑人接受权利告知后，在其书写书面陈述之前，应向他们说明表达意见的法律权利。①

十三、翻译

(一)一般规定

13.1 警察局长负责保证安排为耳聋者或听不懂英语的人提供适当、有资质的翻译人员。可能的情况下，应从全国公共口译服务名录(NRPSI)或交流促进理事会(CACDP)的英国手语/口语翻译人员目录中挑选相应的人员。

(二)外语

13.2 在下列情况下，如没有翻译人员在场，不得讯问嫌疑人，第 11.1 条、第 11.8 条至第 11.20 条规定的情况除外。

A. 嫌疑人听不懂英语的；

B. 执行讯问的警察与嫌疑人语言不通；且

C. 嫌疑人要求有翻译在场的。

13.3 执行讯问的警察应确保使用被讯问人的母语记录讯问的内容(以便需要出示证据时使用)，并确保其准确性。在提出每一个问题、回答问题和进行翻译后，执行讯问的警察应给翻译人员充分的时间记录问题及问题的回答。被讯问的人应被允许阅读或请他人为他阅读上述记录，并签名确认其准确性或纠正错误。如讯问被录音或录像，则适用《规程 E》或

---

① 根据第 14.2 条的规定在医院进行讯问的，或在去医院或从医院回来的路上进行讯问的，讯问时间应计入规定的拘留期限内。

《规程 F》的规定。

13.4 嫌疑人向警察或其他警务人员供述时未使用英语的：

A. 翻译人员应用原始供述语言记录；

B. 供述人应在此供述记录上签名；且

C. 应及时制作一份正式的英文译本。

（三）耳聋及讲话有困难的人

13.5 嫌疑人疑似耳聋或对其听力或讲话能力有疑问的，在无翻译人员在场的情况下，不得进行讯问，嫌疑人以书面形式同意在此情况下接受讯问或第 11.1 条或第 11.8 条至第 11.20 条规定的情况除外。

13.6 讯问未成年人的，如作为其合适成年人的父母或监护人疑似耳聋或其听力或讲话能力有疑问，也应请翻译人员到讯问现场，嫌疑人以书面形式同意在这种情况下进行讯问或第 11.1 条、第 11.8 条至第 11.20 条规定的情形除外。

13.7 执行讯问的警察应允许翻译人员阅读讯问记录并证实其准确性，以便以后需要其出面作证时使用。如对讯问过程录音或录像，则适用《规程 E》或《规程 F》的规定。

（四）针对被羁押人的附加条款

13.8 应尽一切合理努力使被羁押人明白，翻译的费用由政府负担。

13.9 符合第 6.1 条规定且嫌疑人有语言、听力或表达障碍无法与律师沟通的，应请翻译人员到场。需要通过翻译人员获得法律咨询时，该翻译不得为警察或其他警务人员。取得被羁押人（或合适成年人）的书面同意，或者根据《规程 E》或《规程 F》对讯问进行录音或录像的，可由警察当翻译。

13.10 被起诉的嫌疑人貌似耳聋或听力、表达能力或理解英语的能力存疑，且羁押警官不能与其进行有效的交流的，条件允许时，应立即安排翻译人员向其解释起诉的罪名及其他羁押警官应说明的内容。

(五)文件记录

13.11 根据本条款安排翻译及对没有翻译在场的情况下接受讯问的安排,均应记录在案。

十四、对讯问的特殊限制

14.1 某辖区的警察代表另一辖区的警察对嫌疑人实施逮捕后,如根据2003年《警察与刑事证据法》第41条之规定,该嫌疑人的羁押时间尚未起算的,警察将其从本辖区移送至另一辖区的过程中,不得就涉嫌犯罪向他提出任何询问,为核实嫌疑人所作供述的除外。

14.2 如某人在医院被警察拘留,则只有取得负责其治疗的医生的同意后才能向他提问。①

十五、羁押的审核与延期

(一)根据1984年《警察与刑事证据法》被羁押的嫌疑人

15.1 根据1984年《警察与刑事证据法》第40条的规定,审核警官应定期审查是否有必要继续对嫌疑人进行羁押(起诉前或起诉后)。此要求在嫌疑人被羁押期间一直有效,但第15.10条规定的情况除外。同时,审

① 根据第14.2条的规定在医院进行讯问的,或在去医院或从医院回来的路上进行讯问的,讯问时间应计入规定的拘留期限内。

核警官应到关押被羁押人警察局办公。①

15.2 根据《警察与刑事证据法》第 42 条,负责关押嫌疑人的警察局的警长或以上级别警察可在第二次复核后的任何时间批准将未起诉的嫌疑人的羁押时间延长到 12 小时。根据 1984 年《警察与刑事证据法》,如需进一步延长羁押期,应获得地方法院的批准。②

15.2A 修订后的 1984 年《警察与刑事证据法》第 42 条第 1 款将起诉罪的羁押期由 24 个小时延长至 36 个小时。根据案件的具体情况,羁押未成年人或精神障碍者超过 24 小时的,应考虑嫌疑人:

A. 是否有特殊的身体障碍;

B. 嫌疑人是否有义务作出供述;

---

① 嫌疑人被逮捕但未被起诉的,1984 年《警察与刑事证据法》第 40 条和第 40A 条规定,审核警官应为督察或以上级别且未直接参与案件调查的警官;如果嫌疑人在被逮捕后已经被起诉,羁押警官作为审核警察。第 15.1 条规定的法定审核不涉及在警察局羁押的嫌疑人,但习惯上仍应该定期对其审核。此类审核应由警长或以上级别的警察执行。此类复核的目的是确认羁押嫌疑人的必要性,且羁押期间遵守相关规定并确保情况变化时可采取合适措施。其中包括无羁押必要性时应立即释放嫌疑人,或需要将嫌疑人移交其他机关时,应尽快移送。具体的情况为:(1)嫌疑人因未能在保释期出庭被批捕的;(2)根据 1976 年《保释法》第 7(3)条,由于违反起诉后保释的条件被批捕的;(3)根据 1997 年《犯罪判决法》附件 1,因特定原因被警察局羁押的;(4)监狱部门授权警察局根据 1980 年《监禁法(临时条款)》第 6 条关押的已定罪或换押的犯人;(5)为防止其破坏社会秩序而被羁押的嫌疑人;(6)移民部门授权警察局羁押的嫌疑人;(7)因被起诉拥有或非法交易毒品或被怀疑吞食毒品,根据 1988 年《刑事司法法》第 152 款(参照修订后的 2005 年《毒品法》第 8 款),地方法院为发现证据而决定羁押的嫌疑人。如果根据 1980 年《地方法院法》第 128 条,将嫌疑人还押警局,应根据法定要求对其羁押的必要性进行审核。此审核是为了确保嫌疑人被带回法庭的时间不晚于法庭规定的终止时间或无须进一步限制其人身(取两者中较早的时间)。

② 在审核时,嫌疑人不需要被唤醒。羁押延期的审核时则不然。但是,在嫌疑人将要睡觉时,例如在第 12.2 条允许的休息期间,如果法律法规和时间允许,在羁押审核或羁押延期审核时,审核警官应尽早安排让嫌疑人作陈述。在审核期间,未处在睡眠状态的嫌疑人应在记录其被延期羁押的理由时在场。警察应告知嫌疑人这些理由,除非审核警官认为嫌疑人不能理解所说内容、有极端表现或很容易有极端表现,或急需医疗照顾。1984 年《警察与刑事证据法》第 43 条或第 44 条规定,地方法院根据该法审核进一步羁押或批准延期应在上午 10 点到晚上 9 点之间进行,且如果可能,应在正常开庭时间进行复核。如果需要在法院正常开庭时间之外(即在上午 10 点到晚上 9 点之间)开庭,应在法院工作时间内,通知法庭的书记员相关情况。第 15.2 条规定,根据刑事政策或警察内部授权,警察局负责人不在或无法找到负责人的,可由警长或以上级别的警察负责审核羁押的必要性。

C. 咨询及考虑合适成年人的意见；和

D. 除实施羁押外，是否有其他监控手段。

15.3 在决定是否批准继续羁押前，根据第 15.1 条或第 15.2 条，负责该事项的警官应给以下人员发表意见的机会：

A. 被羁押人，根据第 15.1 条在审核时被羁押人处于睡眠状态的除外；

B. 被羁押人的律师（如可及时取得联系的）；和

C. 合适成年人（如可及时取得联系的）。

15.3A 其他关心被羁押人权益的人士也可以经授权警官同意后发表意见。

15.3B 根据第 15.10 条，此意见可为口述或通过电话发表意见或书面陈述。但如果认为被羁押人的状况或行为不适合作陈述，负责批准的警官可以拒绝听取其口头陈述。①

15.3C 审核警官可决定当面、通过电话或以电话会议的形式进行审核。② 在决定审核形式时，负责的警官应充分考虑被羁押人的需求。应以当面审核为首要考虑，并根据个案中嫌疑人的情况并特别考虑其是否为：

A. 未成年人（及其年龄）；或

B. 精神障碍者；或

C. 因重病接受治疗和照料的；或

D. 羁押该嫌疑人引发社会争议或关注的。

15.4 在执行审核或决定是否延长未起诉嫌疑人的羁押期限之前，审核警官应告知被羁押人其有权获得免费的法律咨询③（参见第 6.5 条），被羁押人处于睡眠状态的除外。

15.5 在考虑相关人员的意见后，如果审核警官决定继续羁押被羁押人或延长未被起诉的嫌疑人的羁押时间，应记录被羁押人的意见。在可能

---

① 在审核时，嫌疑人不需要被唤醒。羁押延期的审核时则不然。但是，在嫌疑人将要睡觉时，例如在第 12.2 条允许的休息期间，如果法律法规和时间允许，在羁押审核或羁押延期审核时，审核警官应尽早安排让嫌疑人作陈述。在审核期间，未处在睡眠状态的嫌疑人应在记录其被延期羁押的理由时在场。警察应告知嫌疑人这些理由，除非审核警官认为嫌疑人不能理解所说内容、有极端表现或很容易有极端表现，或急需医疗照顾。

② 根据 1984 年《警察与刑事证据法》第 45A 条，使用视频会议设备审核羁押必要性的，应参照内务部的条例。

③ 参见第 6.5 条。

的情况下，第15.1条或第15.2条所规定事项应尽快告知审核警官。①

15.6 警察不得主动实施以下行为：询问被羁押人是否参与了某项犯罪；对其供述、因继续羁押或延长羁押期而表达的意见作出回应。此种问话可能构成第11.1A条所指称的“讯问”，并受到第11条的权利保障条款及第16.5条对被起诉的嫌疑人的处置条款的规制。②

15.7 在审核期间如被羁押人处于睡眠状态，③如决定对其继续羁押，应在其醒来后尽快告知。

15.8 废止。

(二)羁押的电话复核

15.9《警察与刑事证据法》第40A条规定，根据第40条审核警官在审核未被起诉嫌疑人的羁押情况时，无须亲自前往关押嫌疑人的警察局，而是可通过电话进行审核。

15.9A《警察与刑事证据法》第45A(2)条规定，根据第40条审核警官在审核未被起诉嫌疑人的羁押情况时，无须亲自前往关押嫌疑人的警察局，而是可通过视频会议的设备进行审核。④

15.9B 可使用视频会议设备的，不得使用电话审核。

15.9C 审核警官可在任何阶段决定中断电话审核或视频审核，亲自去警察局执行审核。其原因应记录在羁押记录中。⑤

15.10 执行电话审核时，审核警官应要求关押嫌疑人的警察局羁押警官执行其根据《警察与刑事证据法》第40条或此规程内容的职责，执行的内容包括：

A. 在被羁押人的羁押记录中记录所有与审核有关的内容；

B. 在可能的情况下，在嫌疑人在场时记录以上A款内容；且

---

① 参见第11.4条、第11.13条。

② 参见第11.13条。

③ 参见第15.1条。

④ 《警察与刑事证据法》第45A条关于使用视频会议设施的规定，参照了内务部的相关规则。

⑤ 1984年《警察与刑事证据法》第40A条允许电话审核的规定不适用于羁押警官起诉后的羁押。没有要求进行视频会议的，可在起诉前进行电话审核。1984年《警察与刑事证据法》第42条规定审核警官必应亲自参加电话审核。

C. 告知嫌疑人有关审核的信息。

15.11 当进行电话审核时,应满足第 15.3 条的要求:

A. 设备条件允许向审核警官立即传送书面陈述的(如通过传真或电子邮件),嫌疑人可作以下陈述:

(1)通过电话口头陈述;或

(2)使用这些设备书面告知,且

B. 除此之外的其他情况,应允许嫌疑人通过电话作口头陈述。

(三)文件记录

15.12 审核警官应告知嫌疑人其有权获得免费的法律咨询。① 审核警官应将上述告知记入羁押记录。

15.13 延迟进行审核的理由和程度应记录在案。

15.14 执行电话审核时应记录以下内容:

A. 审核警官未能前往关押嫌疑人的警察局的原因;

B. 审核警官所在的处所;

C. 向审核警官作陈述的方法(口头或书面)。②

15.15 应保留所有书面陈述。

15.16 一旦情况允许,应立即将每次复核结果、延长羁押的批准书或延长未被起诉的嫌疑人羁押期限的申请情况或继续羁押和延长羁押的理由记录在案。根据第 15.7 条,还应记录通知嫌疑人的时间及通知的人员。根据 1984 年《警察与刑事证据法》第 42 条批准延长羁押的,审核记录应说明延长或继续延长羁押的期限。如根据第 43 条或第 44 条决定羁押或延长羁押,审核记录应写明批准的羁押时间及批准的日期和时间。

---

① 参见第 6.5 条。

② 参见第 15.11 条。

十六、起诉被羁押人

(一)措施

16.1 负责案件侦查的警察合理地认为掌握的证据足以起诉嫌疑人的,①警察应立即(下列情况除外)将嫌疑人移送给羁押警官。该羁押警官负责考虑是否起诉该被拘留人。② 嫌疑人因多起犯罪被拘留的,移送交给羁押警官的时间可推迟至满足所有犯罪的起诉条件时为止。③ 嫌疑人为未成年人、精神失常或精神障碍者的,应联系合适的成年人并在其在场时实施羁押。④

16.1A 检察官根据第 37A 条对案件作出指示的,羁押警官在决定如何处理被羁押人时应遵从该指示。⑤

---

① 参见第 11.6 条。

② 1996 年《刑事程序和调查法实施规程》第 3.4 条规定:"无论线索是否指向嫌疑人,侦查人员应寻找案件的所有合理线索。什么是合理的线索取决于个案情况。"在讯问中选择问题时,讯问者应考虑上述规定。羁押警官必应根据 1998 年《犯罪和动乱法》考虑起诉外的其他方法:即对 18 岁以下的嫌疑人可进行惩戒和警告;对 18 岁及以上的嫌疑人,开展行为指导。另外,可参见第 16A 条。

③ 参见第 11.6 条。

④ 根据 1988 年《道路交通法》所作的警告或诉讼通知服务不能代替告知被羁押人已被起诉,因此也不能排除进行该罪的讯问。1984 年《警察与刑事证据法》规定,不得根据第 16.2 条至第 16.5 条因等待合适的成年人的到来而羁押嫌疑人和延长羁押时间。嫌疑人被起诉的,不能因找不到合适的成年人拒绝保释或延期释放,因合适的成年人不能到场使得羁押警官有必要的理由根据第 38 条批准对被起诉的嫌疑人予以羁押的除外。

⑤ 根据 2003 年《刑事司法法》条例逮捕嫌疑人的,因该法允许对经宣判无罪的嫌疑人重新进行追诉(属于该法附件 5 规定的严重犯罪的),不排除根据该法第 75 条第 3 款,变更 1984 年《警察与刑事证据法》的羁押条款,并由未直接参与调查的警长或以上级别的警察决定是否有足够的证据提出起诉。检察官根据第 37B 条作出指示的,羁押警官为根据指导判断是否有足够证据指控,可以在 1984 年《警察与刑事证据法》第 37 条 7A 款、7B 款规定的期限内羁押嫌疑人。对嫌疑人的处理包括在可能情况下,咨询当值检察官。此时间不得超过 1984 年《警察与刑事证据法》第 41 条和第 42 条规定的最长羁押时间。根据检察官的指示,案件要提交皇家公诉人决定,负羁押警官应确保参与此案件调查的警察告知皇家公诉人指示的内容。

16.1B 根据检察官的指示，羁押警官认为在确定是否起诉该嫌疑人时需要咨询皇家公诉人的，应在合理且现实的情况下尽快进行咨询。皇家公诉人根据当时掌握的信息不能作出起诉决定的，根据第 37 条 7A 款应恢复该嫌疑人的人身自由并予以保释(可附条件，但不得以起诉为前提予以保释)。在此情况下，应告知被羁押人检察官根据第 37B 条已批准将其释放。

16.2 被羁押人被起诉或被告知有可能因某犯罪被起诉时，①应使用下列警告词对其进行权利告知，自沉默得出不利推断的除外：②

"你可以保持沉默，但如果你在被问及将来作为庭审抗辩依据的问题时保持沉默，则可能对你的辩护产生不利影响。你所说的每一句话都可能作为呈堂证供。"使用威尔士语的为以下警告词："does dim rhaid i chi ddweud dim byd. ond gall niweidio eich amddiffyniad os na fyddch chi'n son，wrh gael eich holi，am rywbeth y byddwch chi'n dibynnu arno nes ymlaen yn y llys. gall unrhyw beth yr ydych yn ei ddweud gael ei roi fel tystiolaeth."

附件 C 第 2 条规定自沉默得出不利推论的，应使用另外的警告语。

16.3 嫌疑人被起诉的，应向其出具书面通知，写明被起诉的具体犯罪并根据第 2.6A 条注明负责案件的警察的姓名及案件序号。在可能的情况下，应准确而简要地写明被起诉犯罪的案情。该书面通知的前文为："你被指控犯有下列犯罪。"之后，警察应对嫌疑人进行权利警示。

嫌疑人为未成年人、精神失常或精神障碍者的，应将此通知交给其合适成年人。

16.4 嫌疑人被起诉或被告知有可能因某犯罪被起诉时，如警察希望让其知悉他人的书面证词或与本案有关的其他嫌疑人的讯问内容，应向其提供此证词的原始副本或讯问记录。不得以任何行动或言语要求其回答问题或发表意见，进行权利告知时，可以向其说明：

A. "你可以保持沉默，你所讲的每一句话都可能作为呈堂证供。"使用威尔士语的，为以下警告词："does dim rhaid i chi ddweud dim byd. ond gall unrhyw beth yr ydych yn ei ddweud gael ei roi fel tystiolaeth."且

B. 告知被羁押人有权获得法律咨询。

---

① 根据 1988 年《道路交通法》所作的警告或诉讼通知服务不能代替告知被羁押人已被起诉，因此也不能排除进行该罪的讯问。

② 参见附件 C。

16.4A 被羁押人不识字的，警察应将通知文件解释给他听；嫌疑人为未成年人、精神失常或精神障碍者的，应将文件副本交给合适成年人或通知合适成年人查阅讯问记录。

16.5 嫌疑人被起诉或被告知有可能被起诉的，则不得询问其与犯罪有关的问题，为了下述目的应讯问的除外：为防止或减少他人或公众受到的伤害或损失；为澄清原来模棱两可的回答或陈述；在其被起诉或被告知有可能被起诉后，又有新的涉案情况出现，为了公平起见，应允许被羁押人就新情况表达意见的。

在向他提出任何问题之前，负责讯问的警察：

A. 应警告他"你有权保持沉默，你所讲的每一句话都可能作为呈堂证供。"使用威尔士语的，为以下警告词："does dim rhaid i chi ddweud dim byd. ond gall unrhyw beth yr ydych yn ei ddweud gael ei roi fel tystiolaeth."

B. 告知被羁押人有权获得法律咨询。①

16.6 第16.2条至第16.5条的规定，应在合适成年人在场时按要求执行(其已经到达警察局的)。如合适成年人当时没有在警察局，这些规定应在他们到达时重新按要求执行，被羁押人是时已经被释放的除外。②

16.7 未成年人被起诉的，羁押警官在决定继续羁押时，应尽力安排将该未成年人移送给地方政府的处置机构关押待审，不具可操作性或根据1984年《警察与刑事证据法》第3条第6款之规定，嫌疑人为超过12岁的未成年人但无法找到安全住宿，且该未成年人有对公众造成严重伤害的危险的除外。③

---

① 根据1988年《道路交通法》所作的警告或诉讼通知服务不能代替告知被羁押人已被起诉，因此也不能排除进行该罪的讯问。

② 1984年《警察与刑事证据法》规定，不得根据第16.2条至第16.5条因等待合适成年人的到来而羁押嫌疑人和延长羁押时间。嫌疑人被起诉的，不能因找不到合适成年人拒绝保释或延期释放，因合适成年人不能到场使得羁押警官有必要的理由根据第38条批准对被起诉的嫌疑人予以羁押的除外。

③ 除第16.7条规定的情形外，羁押警官不得因未成年人的行为或犯罪的性质决定无条件安排转送其到政府的安置机构。同样，政府缺少安全的设施也不能构成羁押警官决定无条件安排移送未成年人的理由。但警察可考虑为避免12岁以上未成年人危及公共安全且政府的安置机构条件不佳时，采取必要的措施安排转送未成年人到政府的安置机构的规定适用于白天被起诉和夜间被关押的未成年人，根据1984年《警察与刑事证据法》第46条安排未成年人出庭的除外。

(二)文件记录

16.8 被羁押人被起诉时所说的一切,应记录在案。

16.9 被起诉后就有关犯罪的任何提问及相应的回答应同时被完整记录在专用表格上,并由嫌疑人签字。如嫌疑人拒绝签字,由执行讯问的警察和任何在场的第三者签署。实施同步录音或录像的,适用《规程 E》和《规程 F》的规定。

16.10 根据上述第 16.7 条的规定,将未成年人移交给地方政府的处置机构关押待审不可行的,羁押警官应将其原因记录在案,并为法庭出具证明及负责未成年人在开庭时到庭受审。①

十七、对嫌疑人进行 A 类毒品检测

(一)措施

17.1 本款只适用根据《警察与刑事证据法》第 63B 条(经 2003 年《刑事司法法》第 5 条和 2005 年《毒品法》第 7 条修订)在指定的警察局实施的毒品检测。内务大臣应就此事通知警察局的负责警官做好取样准备。此类通知可针对整个警区,亦可只通知某一警区的指定警察局。通知中应说明检测对象为被逮捕者、被起诉者还是 18 岁以下的未成年嫌疑人,且只能

① 除第 16.7 条规定的情形外,羁押警官不得因未成年人的行为或犯罪的性质决定无条件安排转送其到政府的安置机构。同样,政府缺少安全的设施也不能构成羁押警官决定无条件安排移送未成年人的理由。但警察可考虑为避免 12 岁以上未成年人危及公共安全且政府的安置机构条件不佳时,采取必要的措施安排转送未成年人到政府的安置机构的规定适用于白天被起诉和夜间被关押的未成年人,根据 1984 年《警察与刑事证据法》第 46 条安排未成年人出庭的除外。

对指定的嫌疑人进行检测。撤回相关通知的，不得实施检测。①

17.2 嫌疑人移送给羁押警官时，在警察局内可提取其尿样及非体内样本，确定其体内是否存在毒品，且实施要件为：

A. 嫌疑人已被逮捕②或被起诉(应符合第17.4条的要求)；

B. 该嫌疑人符合法定年龄；③

C. 根据案情，满足逮捕要件、起诉要件或年龄要件的，还应履行告知义务(必应明确告知嫌疑人因被起诉或被逮捕而实施毒品检测。此外，对18岁以下人员进行毒品检测的，应在实施检测前告知其已被批准取样)。④

D. 警察接到通知要求对嫌疑人进行取样。

17.3 上述被逮捕者应符合以下条件：

(1)因枪击罪被逮捕⑤，但未因此被起诉；或

(2)因其他犯罪被逮捕但未因其被起诉，且督察或以上级别的警察有合理理由怀疑被羁押人使用了毒品或涉嫌毒品犯罪的，可批准取样。

17.4 上述被起诉者应符合以下条件：

A. 因涉嫌枪击罪被起诉；或

B. 因其他犯罪被起诉，且督察或以上级别的警察有合理理由怀疑被

---

① 取样应服从内务大臣的通知，通知内容是要求整个警区或指定警察局为以下所列任意做好取样安排：(1)符合逮捕条件成立的嫌疑人；(2)起诉条件成立的嫌疑人；(3)年龄未满18岁的嫌疑人。(通知的目的是：警区规定的起诉条件指根据《警察与刑事证据法》第63条B款第2项起诉后，符合2005年《药物法》第7条的情况；警区或警察局规定的年龄条件，指在取样前一天通知为18岁以下人员)

② 参见第17.3条。

③ 参见第17.5条。

④ 参见第17.1条。

⑤ 引发犯罪是指：(1)1968年《盗窃法》规定的犯罪：第1款(盗窃)、第8款(抢劫)、第9款(入户盗窃)、第10款(严重入户盗窃)、第12款(偷盗机动车或其他交通工具)、第12A款(严重的偷盗机动车犯罪)、第22款(处理盗得物品)、第25款(协助偷盗等)。(2)根据1971年《药物滥用法》以下条款的犯罪(如犯罪涉及某一存在指定药物)：第4款(对生产和供应管制药品的限制)、第5(2)款(持有管制药品)；第5(3)款(持有管制药品并意于出售)。(3)根据2006年《诈骗法》条款的犯罪：第2款(诈骗)；第6款(拥有用来诈骗的物品)；第7款(制造或供应用来诈骗的物品)。

3A. 1981年《犯罪预谋法》第1(1)款规定犯罪，如果所犯犯罪涉及：①1968年《盗窃法》以下各项条款：第1款(盗窃)、第8款(抢劫)、第9款(入室盗窃)、第22款(处理盗得物品)；②2006年《诈骗法》第1款(诈骗)。

(4)1824年《流浪法》条款所规定犯罪：第3款(乞讨)、第4款(持续乞讨)。

羁押人使用了毒品或涉嫌毒品犯罪的，可批准取样。

17.5 年龄要求：

A. 第 17.3 条规定的被逮捕但未被起诉嫌疑人应年满 18 岁；

B. 第 17.4 条规定的被起诉的嫌疑人应年满 14 岁。

17.6 对嫌疑人取样前，负责取样的警察应：

A. 告知嫌疑人，根据《警察与刑事证据法》取样是为了进行药物检测，以查明其体内是否存在毒品。

B. 警告嫌疑人如果其没有合理理由而拒绝提供样本，将会被起诉。

C. 根据第 17.3 条 B 款和第 17.4 条 B 款，督察或以上级别的警察批准取样后，应告知嫌疑人批准取样的事实和理由。

D. 告知嫌疑人有以下权利且可在羁押期间任一阶段行使权利：

(1)通知他人其已被逮捕；①

(2)单独咨询律师和获得免费法律帮助；②和

(3)有权查阅本工作规程。③

17.7 如嫌疑人未满 17 岁：

A. 应根据第 17.2 条 D 款取样；

B. 根据第 17.6 条警告和告知嫌疑人；且

C. 合适成年人不在场，不得进行取样。④

17.8 根据第 17.3 条 B 款和第 17.4 条 B 款督察或以上级别的警察可以口头或书面形式批准取样，但口头批准后应在可行的情况下尽快进行书面确认。

17.9 根据第 17.3 条对因其他犯罪被逮捕但未被起诉的嫌疑人，在同一羁押期内不得再次取样。如果在同一羁押期间嫌疑人被起诉，则取样为在起诉阶段获得的证据。⑤

17.10 如羁押警官认为有必要扣留嫌疑人以获取身体样本的，可在嫌

---

① 参见本规程第 5 条。

② 参见本规程第 6 条。

③ 参见本规程第 3 条。

④ 第 17.7 条规定合适成年人为嫌疑人的：(1)父母一方、监护人或政府或社会组织指定负责的人(如他在被当局或自愿组织照料中)，或(2)当局的一名社会工作者；(3)无上述(1)款和(2)款所述人员，任意一名 18 岁以上有责任感的人，警察或警察局所雇用人员除外。

⑤ 参见第 17.4 条。

疑人被起诉后羁押其6小时。符合逮捕条件的，可以继续羁押以获取样本。但该羁押的时间法定期限(《警察与刑事证据法》第41条第2款)为24小时。

17.11 符合逮捕条件但起诉条件不充分的被羁押人①以及在取样前按要求获得释放的嫌疑人(其不会因为未满足逮捕条件的另一种犯罪被逮捕的)，可以在其被逮捕后的24小时内的任意时间对其取样。

(二)文件记录

17.12 羁押记录中应写入以下内容：

A. 根据督察或以上级别的警察批准取样，批准及嫌疑理由；

B. 警告嫌疑人不能提供取样的后果；

C. 提供取样的时间；和

D. 起诉时间、逮捕时间(符合逮捕条件的)及逮捕后至被起诉前获得的取样视为起诉期间证据的情况。②

(三)一般规定

17.13 取样只能针对指定人员。③

17.14 禁止使用强制力获取毒品检测的身体样本。

17.15 本规程指称的"指定毒品"和"滥用"与1971年《药物滥用法》上的概念同义。"存在"(存在指定毒品)和"诱发犯罪"与2000年《刑事司法和法院服务法》第3条的概念同义。

17.16 所有取样(1)除用来确定嫌疑人体内是否存在指定毒品，不能作为他用；且(2)可作为药物垃圾处理，但检测结果有争议需要进一步分析、嫌疑人使用药物或为确保检测准确性的除外。

---

① 参见第17.3条和第17.4条。

② 在拘留期内符合起诉条的，参见第17.9条。

③ 第17.13条所述嫌疑人指的是内务大臣根据1984年《警察与刑事证据法》第63B条第6款规定的嫌疑人(1984年《警察与刑事证据法》、《规章2001》章程SI2001第2645号也包括这些规定)。

(四)评定滥用药物

17.17 根据 2005 年《药物法》第 3 条，被羁押人经《警察与刑事证据法》第 63B 条的检测指定毒品呈阳性的，警察可在嫌疑人离开警察局前随时要求其参加初步滥用药物的评定(评定由有资质人员进行)，并要求嫌疑人在此期间留在警察局。初步评定之后，警察应要求嫌疑人参加后续评定。警察应告知被拘留人如果在初步评定中发现其不需要进一步评定，则停止进行第二次评定。实施评定的条件是：

A. 嫌疑人年龄达到 18 岁；

B. 内务大臣已经通知相关的警察局长为被羁押人做好执行初步评定和后续评定的安排(评定要在关押嫌疑人的警察局进行，并在被拘留人身上取样)。

17.18 要求嫌疑人参加初步评定和后续评定时，警察应：

A. 告知嫌疑人初步评定的时间和地点；

B. 解释此信息应书面确定；和

C. 警告嫌疑人没有合理理由而拒绝参加初步评定和在评定期间留在警察局，或拒绝参加后续评定和在评定期间留在警察局，他们将会被起诉。

17.19 警察根据第 17.17 条要求嫌疑人参加初步评定和后续评定的，应在嫌疑人被释放前向其出示书面通知(1)证实参加评定且在评定期间留在警察局的要求；和(2)证实信息并重复第 17.18 条所述警告。

17.20 以下内容应记录在羁押记录中(1)已要求嫌疑人参加评定、评定的时间及后续评定；(2)根据第 17.17 条、第 17.19 条所提供的信息、解释、警告和通知。

17.21 根据第 17.19 条通知时，警察可以再次向嫌疑人提供书面通知，告知嫌疑人初步评定的时间或地点的变化，并重新进行第 17.18 条 C 款规定的警告。

17.22 2005 年《药物法》第 3 条要求警察遵守内务大臣就评定条款所作指示。

附件A
身体隐私处及脱衣搜查[①]

一、身体隐私处搜查

1.“身体隐私处搜查”，是指对除口腔之外的人体其他开口部位的检查。由于此种检查对嫌疑人的影响，应充分注意搜查身体隐私处的既存及可能的风险。

(一)措施

2. 对除口腔之外其他人体开口部位的搜查：

A. 督察或以上级别的警官有合理根据认为有以下情况时，可进行隐私处搜查，即：

(1)嫌疑人在其体内隐藏了会伤害其本人或他人的物品；或

(2)嫌疑人在其体内隐藏了准备提供给他人或转移至境外的A类毒品；

且警察认为对身体隐私处进行搜查是唯一可获得该物品或毒品的办法。和

B. 根据上述第2A条第2款进行搜查时(涉毒犯罪的搜查)，应获得被羁押人的书面同意。

2A. 对嫌疑人进行身体隐私处搜查之前，警察、羁押警察或负责拘留的警务人员应告知被拘留人：

A. 搜查已获批准；

B. 批准的理由及只有通过进行隐私处搜查才能拿出物品的理由。

2B. 根据上述第2A条第2款之规定，应警告被羁押人如果其没有合

① 参见第4.1条。

理理由而拒绝同意搜查，则在审判时将对其产生不利的后果。① 此项警告可由警察或警务人员作出。应提醒未聘请律师的被羁押人其有权获得免费的法律咨询，②应将上述提醒记录在案。

3. 身体隐私处搜查只能由注册医生或护士实施，督察或以上级别警官认为条件不允许，且系上述第2A条所规定的搜查的。③

3A. 根据上述第2A条第1款，注册医生或护士之外人员进行搜查的，属于紧急和不得已措施，且只能在警察认为被羁押人在体内藏匿的物品存在危险时才可实施。④

4. 第2A条第1款规定的身体隐私处搜查只能在医院、诊所、医疗单位或警察局进行。根据上述第2A条第2款规定的搜查，则只能在医院、

---

① 对身体隐私部位藏毒的被拘留人作出权利告知时，警告词如下（同第2B款）："你无须同意接受搜查，但是必须警告你，如果你拒绝搜查且没有合理理由，可能在庭审时给你带来的不利后果。"使用威尔士语的，警告词如下："did oes rhaid i chi roi caniatad i gael eich archwilio, ond mae'n rhaid i mi eich rhbuddio os gwrthodwch heb reswm da, y gallai eich penderfyniad i wrthod wneud niwed i'ch achos pe bai'n dod gerbron llys."

② 参见《规程C》第6.5条。

③ 第一，在批准对身体隐私部位的搜查前，负责批准的警察应以合理理由说服被拘留人自行将物品交出。如果被拘留人同意，应在可能情况下让注册医生或护士评估风险，在必要的情况下，注册医生或护士可对被拘留人提供帮助。第二，如被拘留人不同意交出物品，批准的警察应考量所有因素。尤为重要的是，批准的警察应考虑认为发现物品的理由是否合理。第三，根据第2A条第1款搜查时，应在可能的时候咨询注册医生或护士。应假定搜查由注册医生或护士执行，且负责批准的警察应尽最大努力说服被拘留人同意由注册医生或护士实施搜查。第四，批准由警察搜查隐私部位是其他方法不可行时的最后手段。在此情况下，负责批准的警察应确定被拘留人可能因第2A条第1款所述目的使用该物品，并可能导致严重的身体伤害。第五，如果负责批准的警察对由警察实施身体隐私部位搜查有疑问的，应向督察或以上级别的警官咨询。

④ 第一，在批准对身体隐私部位的搜查前，负责批准的警察应以合理理由说服被拘留人自行将物品交出。如果被拘留人同意，应在可能情况下让注册医生或护士评估风险，在必要的情况下，注册医生或护士可对被拘留人提供帮助。第二，如被拘留人不同意交出物品，批准的警察应考量所有因素。尤为重要的是，批准的警察应考虑认为发现物品的理由是否合理。第三，根据第2A条第1款搜查时，应在可能的时候咨询注册医生或护士。应假定搜查由注册医生或护士执行，且负责批准的警察应尽最大努力说服被拘留人同意由注册医生或护士实施搜查。第四，批准由警察搜查隐私部位是其他方法不可行时的最后手段。在此情况下，负责批准的警察应确定被拘留人可能因第2A条第1款所述目的使用该物品，并可能导致严重的身体伤害。第五，如果负责批准的警察对由警察实施身体隐私部位搜查有疑问的，应向督察或以上级别的警官咨询。

诊所或医疗单位进行且必应由注册医生或护士实施。

5. 在警察局对未成年人、精神失常或精神障碍者实施身体隐私处搜查的，只能在同性别的合适成年人在场的情况下才能进行（除非嫌疑人明确要求某一异性合适成年人在场，且他/她又恰巧在场）。可以在无合适成年人在场的情况下搜查未成年人的身体，但只能是该未成年人在合适成年人的面前表明不希望该成年人在场，且该合适成年人对此表示同意的。未成年人的决定应记录在案，并由合适成年人签名确认。

6. 如根据上述第2(A)款规定，由一警察执行对身体隐私处的搜查，该警察应与被羁押人同性别。在执行第5款规定的前提下，不是医生或护士，且与被搜查人员不是同一性别的人，以及其他任何不必要在场的人，均不得在场；但除了被搜查的人之外，至少有2人应在搜查过程中在场。执行搜查时，应适当顾及被搜查人在这种情况下所处的敏感和易受伤害的状态。

（二）文件记录

7. 情况允许时，羁押警官应立即记录身体隐私处搜查：

A. 上述第2A条第1款和第2A条第2款规定的搜查：已批准执行搜查；批准的理由；认为只有搜查才能移除体内物品的理由；搜查涉及被拘留人身体哪些部位；何人实施搜查；在场人员及搜查结果。

B. 上述第2A条第2款规定的搜查：根据第2B条所作的权利告知；嫌疑人同意或（依情况）拒绝的事实，嫌疑人拒绝的理由。

8. 由警察实施隐私部位搜查的，应记录为何不是由注册医生或护士实施搜查。

二、脱衣搜查

9. 脱衣搜查指的是需要脱去外衣之下的衣服的搜查。在此规程中，外衣包括鞋子和袜子。

（一）措施

10. 脱衣搜查只能是在警察有合理根据认为被拘留人身上隐藏非法拥有的物品时进行。没有根据认为其隐藏该物品时，脱衣搜查不属于例行检查。

11. 执行脱衣搜查时应根据如下程序:

A. 执行搜查的警察人员应与被搜查的人同一性别。

B. 搜查应在任何无关或异性人员(被拘留人特别要求在场者除外)看不到被拘留人的地点进行。

C. 脱衣搜查会导致暴露被搜查人的隐私体位的,应至少有除被搜查者外的2人在场,被拘留人或其他人有受到严重伤害的危险的紧急情况除外。被搜查的对象是未成年人、精神失常或精神障碍者时,上述2人之一必应为合适成年人。除上述紧急情况外,可以在无合适成年人在场情况下对未成年人进行搜查,但必应由未成年人在该合适成年人的面前表明不希望该成年人在场,且该合适成年人表示同意的,才能搜查。未成年人的决定应记录在案,且由该合适成年人签名。搜查时不得有(除合适成年人以外)2人以上的人员在场,情况特殊的除外。

D. 执行脱衣搜查时应适当顾及搜查相对人所处的敏感、易受伤害的处境,应尽一切合理努力争取其合作并减少窘迫。通常不应要求嫌疑人脱去所有的衣服,例如,相对人可以先脱掉上衣,并在脱掉其他衣物前应允许其先将上衣穿上。

E. 为协助调查,可以要求相对人举起双臂、两腿分开站立或身体向前倾,以便对其生殖器及肛门部位作直观检查,但不得直接接触人体体腔部位。

F. 搜查过程中发现的任何物品,应要求嫌疑人将其交给警察。如该物品是在口腔以外的体腔部位被发现,而嫌疑人拒绝交出,则需对其进行身体隐私处搜查以取出该物品。应根据本附件A部分的规定实施此项搜查。

G. 脱衣搜查应尽快进行,搜查完毕后应立即允许嫌疑人穿上衣服。

(二)文件记录

12. 脱衣搜查应写入羁押记录上,内容应包括搜查的理由、在场人员及所有结果。

附件 B[①]
延迟通知逮捕或允许获得法律咨询

(一)根据 1984 年《警察与刑事证据法》被拘留的嫌疑人[②]

1. 可以单独或同时推迟其行使本规程第 5 条或第 6 条所规定的权利。例如,根据 1984 年《警察与刑事证据法》第 118 条第 2 款,某人因涉嫌严重可捕犯罪而被警方拘留但未被起诉的,且警司或以上级别的警官(涉及本规程第 5 条所定权利,为督察或以上级别的警官)有合理理由认为行使权利:

(1)会影响或破坏严重可捕犯罪的证据,或导致影响或伤害他人人身安全的;或

(2)会引起其他有犯罪嫌疑但尚未被逮捕的人的警觉;或

(3)会妨碍追回涉案财产的。

2. 在以下情况下,警察有合理理由时亦可推迟允许嫌疑人行使上述权利的时间。

(1)因可起诉的犯罪被拘留,且从犯罪中获利的嫌疑人(2002 年的《犯罪收益法》第 2 条);和

(2)行使权利将妨碍追回非法所得中有价财产的。

3. 负责批准的警察有合理理由相信被羁押的嫌疑人咨询的律师可能有意或无意地向嫌疑人透露信息,或律师的行为造成第 1 条或第 2 条所述后果的,可以推迟允许被羁押的嫌疑人获得法律帮助的时间。此时,应允

---

① 附件 B 虽适用于未成年人、精神失常或精神障碍患者,但亦应根据本规程第 3.13 条及第 3.15 条,通知合适成年人和对未成年人负责的人(两者非同一人的)。

② 嫌疑人系英联邦成员国的公民及外国公民的,适用附件 B 时,本部分规定的权力不受影响。

许嫌疑人选择其他律师。①

4. 如果嫌疑人想与律师会面，不得以下述理由推迟嫌疑人与律师会面的时间，例如律师有可能建议嫌疑人对所有问题保持沉默，或者律师是应其他嫌疑人的要求前来警察局的。如属后一种情况，则应告知嫌疑人该律师是应其他嫌疑人的要求前来的，并要求其在拘留记录上签名以表明是否愿意与律师会面。

5. 可推迟通知逮捕理由的，并非意味着所有情况下均可推迟允许其获得法律咨询。

6. 推迟允许行使上述权利仅限于存在合理依据且推迟时间不超过1984年《警察与刑事证据法》第41条的规定时间之后的36小时。如在此时间之内，上述推迟的理由已不成立，则在此情况时应立即询问嫌疑人是否愿意行使权利。对此，应记录在案并根据本规程开展后续程序。

7. 嫌疑人在接受审判之前，应被允许有合理时间咨询律师。

(二)废止

(三)文件记录

13. 根据此附件规定采取行动的理由应记录在案，一旦情况允许，应立即通知嫌疑人。

14. 嫌疑人对第4条至第9条的权利所作的回答应记录在案；同时应要求嫌疑人就是否希望获得法律咨询在记录上签字。

(四)权利告知和特殊警告

15. 在警察局羁押的嫌疑人，因本附件推迟接受法律咨询期间被警察讯问，法庭或法官不可因其保持沉默而得出不利推论。

① 推迟允许嫌疑人会见律师的情况很少见，只有证明嫌疑人可能误导该律师且有充足的理由证明嫌疑人以泄露了案件信息，并发生上述第一条所规定的三种后果之一的。

附件 C
自沉默得出不利推论及相关权利的警告词

(一)自沉默得出不利推论的限制①

1. 1999 年《青少年司法和犯罪证据法》第 58 条对 1994 年的《犯罪司法和公共秩序法》第 34 条、第 36 条和第 37 条的自沉默得出不利推论的规定进行了修正,即如果嫌疑人不能或拒绝在讯问、起诉或被告知可能被起诉时说明其与犯罪行为的关系,则可以作出对其不利的推论。这些规定适用于法庭或法官自嫌疑人的沉默得出不利推论的情形。这些情形包括:

A. 在警察局内羁押的人员,②其在讯问③、被起诉或获知会被起诉后④(参见第 16 条):

(1)要求咨询律师;⑤

(2)但未被允许咨询律师(包括值班律师);

(3)之后嫌疑人未改变需要咨询律师的想法的。⑥

注意上述第 2 款适用于要求咨询律师的嫌疑人在与律师会见前已接受讯问的,同第 6 条、第 6.6 条 A 款或 B 款。不适用于被羁押人拒绝会见值班律师的情况的。⑦

B. 任何被起诉或被告知会被起诉的嫌疑人,该嫌疑人:

---

① 自沉默得出不利推论不适用于未被羁押的嫌疑人,因此不影响其愿意时寻求法律咨询(参见第 10.2 条、第 3.15 条)。

② 自沉默得出不利推论的规定(见附件 C 第 1 款)不适用于未被羁押的嫌疑人,因此也不能禁止未被羁押的嫌疑人要求获得法律建议。

③ 参见第 11 条。

④ 参见第 16 条。

⑤ 参见第 6 条、第 6.1 条。

⑥ 参见第 6 条、第 6.6 条 D 款。

⑦ 参见第 6 条,第 6.6 条 C 款、D 款。

(1)已经要求查看其他嫌疑人的书面陈述或讯问笔录;①

(2)因该犯罪接受讯问;②或

(3)作出书面陈述的。③

(二)使用的警告词

2. 适用自沉默得出不利推论时,如要求进行权利告知,则警告词为:"你有权保持沉默,但你所说的每句话将会作为呈堂证供。"使用爱尔兰语的,警告词为:"does dim rhaid i chi ddweud dim byd, ond gall unrhyw beth yr ydych chi'n ei ddweud gael ei roi fel tystiolaeth."

3. 作出警告后开始适用不利推论原则,但可以再次向嫌疑人宣读警告词。得出的结论有所改变或之前的警告词不再适用的,应以通俗的语言向嫌疑人解释。④

---

① 参见第16条、第16.4条。

② 参见第16条、第16.6条。

③ 参见附件D第4条、第9条。

④ 下述内容可作为样本,帮助解释自沉默得出不利推论的原则及改变所作结论的情况(1)开始适用时:"之前对你所作警告已无效。因为作出警告后:你要求跟律师谈话,但并未获得允许(参见第1条A款)。你已经被起诉或已经被告知会被起诉(参见第1条B款)。这意味着从现在开始,法庭不可得出不利推论,你的辩护也不会因为你选择保持沉默而受到不利影响。请认真倾听我将要作出的警告,因为从现在开始此警告生效。你应确保警告不会贬损你的辩护活动。"(2)在嫌疑人被指控或被告知其将会被指控时或在此之前停止生效[见第1(A)款];"你事先接受的警告不再适用。只是因为你在被告诫后获得了咨询律师的机会。请认真听取我将要给你的警告,因为从现在开始此警告生效。它解释了如果你选择什么都不说你在法庭的辩护将会怎样受到影响"。

附件 D
警告后的书面陈述

(一)嫌疑人接受警告后所写的陈述

1. 应随时要求嫌疑人写下其意见。

2. 嫌疑人未被起诉或未被告知将会被起诉的，如希望书面陈述，则应：

A. 要求嫌疑人在书面陈述的前面写下："我某某自愿写下此陈述。我明白并非必须供述，但如果在被问及将来作为庭审抗辩依据的问题时保持沉默，则可能对我的辩护产生不利影响。此陈述可能作为呈堂证供。"适用自沉默得出不利推论时所作陈述除外。①

B. 在适用自沉默得出不利推论时作出陈述的，应要求嫌疑人在书面陈述之前写出并签署以下内容："我某某自愿写下此陈述。我明白我并非必须供述。此陈述可能作为呈堂证供。"

3. 嫌疑人可能被起诉或被告知可能会被起诉的，如希望书面供述的，则应：

A. 要求嫌疑人在书面陈述的前面写下："我某某自愿写下此陈述。我明白并非必须供述，但如果在被问及将来作为庭审抗辩依据的问题时保持沉默，则可能对我的辩护产生不利影响。此陈述可能作为呈堂证供。"适用自沉默得出不利推论时所作陈述除外。②

B. 嫌疑人被起诉或被告知将会被起诉的，如适用自沉默得出不利推论时作出陈述，应要求嫌疑人在书面陈述之前写出并签署以下内容："我某某自愿写下此陈述。我明白我并非必须供述。此陈述可能作为呈堂证供。"

4. 嫌疑人已被起诉或被告知将会被起诉的，如希望书面陈述，则应要

---

① 参见附件 C。

② 参见附件 C。

求嫌疑人在写陈述之前写出并签署以下内容："我某某自愿写下此陈述。我明白我并非必须供述。此陈述可能作为呈堂证供。"

5. 书面供述的嫌疑人应在没有任何催促的情况下完成，警察或其他警务人员可能向他指明哪些为实质性内容或对陈述中不清楚的地方进行询问的除外。

(二)警察代写的陈述

6. 如嫌疑人表示希望由别人代写陈述，警察或其他警务人员应作代笔人。

7. 嫌疑人未被起诉或被告知其将会被起诉的，如要求代写有关此案陈述，代写之前，警察应要求嫌疑人对下列内容签名或画押：

A."我某某自愿供述。我希望由他人代写我说的内容。我明白并非必须供述，但如果在被问及将来作为庭审抗辩依据的问题时保持沉默，则可能对我的辩护产生不利影响。此陈述可能作为呈堂证供。"适用自沉默得出不利推论时所作陈述除外。①

B. 在适用自沉默得出不利推论时作出陈述，应要求嫌疑人在书面陈述之前写出并签署以下内容："我某某自愿供述。我希望由他人代写我说的话。我明白我并非必须供述。此陈述可能作为呈堂证供。"

8. 嫌疑人可能被起诉或被告知可能会被起诉的，如要求代写有关此案陈述，代写之前警察应要求其对下列内容签名或画押：

A."我某某自愿供述。我希望由他人代写我说的话。我明白我并非必须供述。此陈述可能作为呈堂证供。"适用自沉默得出不利推论时所作陈述除外。②

B. 嫌疑人可能被起诉或被告知可能会被起诉的，如希望代写书面供述的，则应："我某某自愿供述。我希望由别人代我写下我将要说的内容。我明白我不必非讲什么不可，此陈述可能作为呈堂证供。"

9. 嫌疑人已被起诉或被告知将会被起诉的，如希望书面陈述，则应要求嫌疑人在写陈述之前写出并签署以下内容："我某某自愿供述。我希望由别人代我所说的话。我明白我并非必须供述。此陈述可能作为

---

① 参见附件 C。

② 参见附件 C。

呈堂证供。”

10. 如警察为嫌疑人代笔，应一字不差地写下嫌疑人的原话，不得有任何修改或解释。必要的提问（如为了使语句更易懂）或回答亦应记录于陈述表格上。

11. 由警察代笔写完陈述时，应让原陈述人阅读写好的陈述并作修正、变更或补充。阅读之后，应要求他对附于陈述书后面的下列证明内容作签名或作记号：“我阅读了以上的陈述，并对其作了我希望做的修正、变更或补充。此陈述为真实的陈述，是按照我的意愿写的陈述。”

12. 如做陈述的相对人不能阅读、拒绝阅读或拒绝对附在陈述后的证明内容作签署，做陈述记录的警察应将陈述念给他听，并问他是否要对陈述作修正、变更或补充及对陈述签字或作记号。警察应将实际发生的情况在陈述书上记录并作签名。

附件 E
与精神失常及精神障碍者有关的条款概述

1. 如警察怀疑或被告知，某人(可为任何年龄)可能因精神失常或精神障碍而不能理解提问及回答的含义，则此人为本规程意义上的精神失常或精神障碍者。①

2. 嫌疑人为精神失常或精神障碍患者的情况下，“合适成年人”指的是：

A. 亲属、监护人或其他负责照料或监护他的人；

B. 有同精神失常或精神障碍患者打交道经验的，但不得是警察或受雇于警方的人；或

C. 非上述两种情况时，其他 18 岁(或以上)的有责任能力的成年人，但不得是警察或受雇于警方的人。②

3. 如羁押警官授权拘留了某一精神障碍患者或某一看起来患有某种精神病的人，一旦情况允许，他应立即通知其合适成年人羁押的原因以及地点，并请该合适成年人前来警察局探视被羁押人。根据第 3.1 条至第 3.5 条的规定，在发出通知时，如该合适成年人已在警察局，应将通知书当着合适成年人的面交给被羁押人。如执行第 3.1 条至第 3.5 条的规定要求时，没有合适成年人在场，一旦当他到达警察局时，此执行程序应被重复一遍。③

4. 如合适④成年人被告知有关获得法律咨询的权利后，他认为有必要

---

① 参见第 1.4 条。

② 如果嫌疑人患前精神失常或精神障碍，则在一定情况下，由有经验照料这类人员的人或接受过这方面训练的人担任合适成年人，可能比缺乏这种资格的亲属担任合适成年人更符合所有相关人的愿望。但如果嫌疑人本人宁愿要他的亲属而不是愿让陌生人(即使他更具备资格)担任合适成年人的，或反对某个人来担任其合适成年人的，则他的意愿应得到尊重。另外，也可参见第 1.7 条 B 款。

③ 参见第 3.15 条、第 3.17 条的规定。

④ 对于精神失常或精神障碍者而言，倾向于由有经验的人士担任合适成年人。但如果当事人希望其亲属而非陌生人担任合适成年人(即使更合格)，如实际可行则应尊重其意愿。第 3.19 条是为了保护不能理解提问内容的精神失常或精神障碍者的权益。如被羁押人希望获得法律咨询，应立即采取适当的行动提供帮助，而不应推迟到合适成年人到场时才采取行动。通知合适成年人前来警察局之后，只要精神失常或精神障碍者愿意，应允许其在没有合适成年人在场的情况下，随时会见律师并进行法律咨询。

行使这一权利的，则适用本规程第6条规定，可将合适成年人的决定视作患有精神失常或精神障碍的人的决定。

5. 如被带到警察局的人看起来精神失常的，羁押警官应在合理可行的情况下使其获得医疗照顾，如情况紧急，立即请一名警方医生或叫救护车前来警察局。这并不意味着1983年《精神健康法》第136条的规定可以被用作延迟将某人及时转移到安全地点的理由。不能仅以酒醉、语无伦次或看起来精神失常为由在警察局对被羁押人的精神状况进行评估。羁押警官认为注册医生实施评估不致产生不当延迟的，可决定不使用警方医生。①

6. 应尽快评估根据1983年《精神健康法》第136条逮捕的精神失常、精神障碍人员。如在警察局进行评估，应尽快要求有资质的社会工作者及注册医生到场，询问被羁押人并为他做检查。根据第136条，被羁押人接受询问和检查且已安排治疗或照顾的，不能对其继续羁押。如果注册医生对被羁押人检查后认为并非本条指称的精神失常者，应立即释放嫌疑人。②

7. 精神失常或精神障碍者在没有合适成年人在场的情况下接受了权利告知的，应在合适成年人到场后重新进行警告。③

8. 在没有合适成年人在场的情况下，不得讯问精神失常或精神障碍者，或要求其提供或签署书面陈述，本规程第11.1条、第11.18条至第11.20条规定的情况除外。获得了足够信息可以排除紧急危险的，应立即停止在没有合适成年人在场的情况下讯问嫌疑人。在这种情况下，应记录讯问的理由。④

9. 讯问有合适成年人在场时，应告知其并非仅作为旁观者在场。其在场的目的，第一是为被讯问的人提供建议，第二是观察讯问是否公平、适当，第三是帮助被讯问人（与提问者）沟通。⑤

10. 审核警官或警司对精神失常或精神障碍者的羁押情况进行审核时，如合适成年人可以到场，应允许其就是否需要继续羁押发表意见。⑥

11. 当羁押警官起诉精神失常或精神障碍者或在掌握了充足证据采

---

① 参见第9.2条。

② 参见第3.16条。

③ 参见第10.12条。

④ 参见第11.1条、第11.5条及第11.18条至第11.20条。

⑤ 参见第11.17条。

⑥ 参见第15.3条。

取其他行动时，应有合适成年人在场。起诉的书面通知应交给该合适成年人。①

12. 对精神失常或精神障碍者进行身体隐私处的搜查或脱衣搜查时，应有同性别的合适成年人在场，被搜查者明确要求异性合适成年人在场的除外。只能在紧急情况下进行无合适成年人在场的脱衣搜查，即存在严重自伤或伤害他人的危险的。②

13. 精神失常或精神障碍者羁押在上锁的囚室内时，应谨慎考虑使用械具的必要性。③

① 参见第16.1条至第16.4A条。

② 参见附件A第5条及第11条C款。

③ 参见第8.2条。

附件 F

签订了双边领事条约或协定、要求对其公民的逮捕和拘留予以通知的国家（2003 年 1 月 1 日起生效）

亚美尼亚	哈萨克斯坦	捷克共和国	斯洛文尼亚
奥地利	马其顿	丹麦	西班牙
阿塞拜疆	墨西哥	埃及	瑞典
白俄罗斯	摩尔多瓦	法国	塔吉克斯坦
比利时	蒙古	格鲁吉亚	土库曼斯坦
波黑共和国	挪威	联邦德国	乌克兰
保加利亚	波兰	希腊	美国
中国 *	罗马尼亚	匈牙利	乌兹别克斯坦
克罗地亚	俄国	意大利	古巴
斯洛伐克共和国	日本		

* 要求警方只将在曼彻斯特领事区进行的逮捕/拘留通知中国官员。这些地区包括：德比郡（Derbyshire）、达勒姆（Durham）、大曼彻斯特（Great Manchester）、兰卡郡（Lancashire）、默西塞德郡（Merseyside）、北南西约克郡（North South And West Yorkshire）及泰恩—威尔郡（Tyne And Wear）。

附件G

讯问的合理性

1. 此附件为帮助警察和护理医生评定被羁押的嫌疑人在讯问中是否存在风险。

2. 如果认为被羁押的嫌疑人有下列情况，则讯问存在风险：

A. 实施讯问会严重伤害被拘留人的身体或精神状况；

B. 被羁押的嫌疑人接受讯问后，在庭审中发现其身体或精神状况，导致其涉嫌或怀疑涉嫌犯罪的供述不可信。

3. 在评定是否应讯问被羁押的嫌疑人时，应考虑下列情况：

A. 被羁押的嫌疑人的身体或精神状况会怎样影响其理解讯问性质和目的，会怎样影响其理解提问问题和回答的重要性，并决定其是否供述。

B. 被羁押的嫌疑人的身体或精神状况对供述的影响程度，是否会影响其供述的合理性和准确性；

C. 深度讯问对被羁押的嫌疑人产生何种影响。

4. 应由专业的医生判断被羁押人的行事能力，而不能仅根据医疗记录进行判断。例如，是否可以讯问有严重精神疾病的嫌疑人。

5. 专业医生应就以下问题提供意见：合适成年人在场的必要性；如果讯问超过规定时间，是否需要重新评定讯问的合理性，是否需要其他医生的意见。

6. 当专业医生评估风险时，应尽量加以量化。专业医生应告知羁押警官：嫌疑人的状况是否会好转，是否需要接受治疗；并指明状况的好转需要多长时间。

7. 专业医生的职责是评估风险并告知羁押警官评价结果。专业医生的决定和所有意见或建议都应以书面形式发出并写入拘留记录。

8. 专业医生提供意见后，应由羁押警官决定是否进行讯问，是否需要安全人员。除《规程 C》的要求外，必须安排安全人员。例如，在讯问过程中，为了监控嫌疑人的情况和讯问对其的影响，除合适成年人外，需要有专业医生在场。

附件H
羁押嫌疑人:观察清单

1. 如果被羁押人不符合以下标准,应请合适的专业医生或叫救护车。

2. 评定唤醒可能性的等级,应考虑:

(1)唤醒可能性。他们能被唤醒吗?应走进囚室,呼唤他们的名字,轻轻地摇动。

(2)对问题的回应。他们是否能对这些问题作出正确回答:你叫什么名字?你住在哪里?你认为自己在什么地方?

(3)对命令的回应。他们是不是能对这些命令作出正确回应:睁开眼睛!举起一条胳膊,现在举起另外一条胳膊。

3. 考虑其他疾病、伤害或精神状况。困顿且可能醉酒的嫌疑人可能患有下列疾病:糖尿病、癫痫、头部伤害、毒品中毒或过量吸食、中风。

附件I(已废除)

附件J(已废除)

附件K X光和超声波扫描

(一)措施

1. 1984年《警察与刑事证据法》第55A条允许对羁押在警察局的嫌疑人拍摄X光或实施超声波扫描(或两者共同实施),即:

A. 督察或以上级别警官有合理理由认为被羁押人:可能吞食了规定毒品;拥有指定毒品并有意图向他人提供或携带出境;且被拘留人书面同意的。

2. 在拍摄X光或实施超声波扫描前,警察、羁押警官或警务人员应告知被羁押人:(1)已获批准;及(2)批准的理由。

3. 要求被羁押人接受拍摄X光和实施超声波扫描前,应警告其如果拒绝接受且没有合理理由,则可能在审判中产生不利后果。① 此警告可由

---

① 如果已经批准拍摄X光或进行超声波扫描(或两者),应考虑请注册医生或护士向被拘留人解释涉及事项,减少被羁押人对拍摄X光或进行超声波扫描的担心。如果嫌疑人表示不同意,则在案件审理时,作出解释的事实可用来判断被羁押人是否有合理的理由表示拒绝。

警告被要求拍摄X光或进行超声波扫描(或两者)的被羁押人时,用下述警告词:"你不必同意拍摄X光或进行超声波扫描,但是应警告你,如果你拒绝搜查且没有合理理由,将会在庭审时产生不利影响。"使用威尔士语的,警告词如下:"does dim rhaid i chi ganiatau cymryd sgan uwchain neu belydr－x(neu'r ddau) arnoch, ond mae'n rhaid i mi eich rhybuddio os byddwch chi'n gwrthod gwneud hynny heb reswm da, fe allay hynny niweidio eich achos pe bai'n dod gerbron llys."

警察或警务人员作出。应提醒未聘请律师的被羁押人有权获得免费法律咨询[①],并记录在案。

4. 只有注册医生和护士才可以拍摄 X 光或实施超声波扫描,且只能在医院、诊所或其他医疗场所进行。

(二)文件记录

5. 可能时应尽快将下列内容写入拘留记录:

A. 批准拍摄 X 光或实施超声波扫描的令状。

B. 批准的理由。

C. 第 3 条规定的警告词;和

D. 当事人同意或拒绝。如果拒绝,拒绝的理由;和

E. 拍摄 X 光或实施超声波扫描时,拍摄或扫描的地点、实施人员、在场人员和检查的结果。

6. 根据本附件征求嫌疑人同意时,应适用第 1.4 条至第 1.7 条之规定,且合适成年人应在场。

---

① 参见《规程 C》第 6.5 条。

规程 D

警察辨认嫌疑人的工作规程

根据 1984 年《警察与刑事证据法》
第 67 条 7B 款已提交国会审议并通过。

生效时间

本规程适用于 2011 年 3 月 6 日午夜之后实施的所有辨认活动。

Code of Practice D

Police And Criminal Evidence Act

一、概述

1.1 本规程主要规定了警察辨认嫌疑人的方式,该程序与侦查犯罪、收集犯罪记录紧密相关。实施本规程所定的权力及程序时应做到公平负责,充分尊重当事人,不应存在任何歧视。2010 年《平等法》规定警察在行使权力时因以下原因对他人作出的歧视、骚扰或伤害行为均属违法,即老龄、残疾、变性、种族、宗教或信仰、性别及性取向、婚姻及民事伴侣关系和怀孕等。警察行使职权的同时,应履行以下义务,即着力于消除非法歧视、骚扰及伤害,采取措施培养良好的警民关系。

1.2 本规程的证人辨认程序适用于证人目睹了罪犯实施犯罪并有机会在录像辨认、列队辨认或类似的辨认程序中指认犯罪嫌疑人的情况。这些证人辨认程序①旨在检验证人能否辨别犯罪嫌疑人与之前所见人员是同一人,并防止辨认出错。虽然本规程以视觉辨认为主,但并不排除警方在适当的情况下采取听觉辨认,如“声音队列辨认”的方法。

1.2A 下述第 3 条 B 款的各规定适用于任何人(包括警察),询问其是否认识图片中的人员并用于对辨认的准确性加以检验。这些条款并不适用于第 1.2 条所述的证人辨认程序,法律另有规定的除外。

1.3 指纹辨认指将某人的指纹用于以下情况:与犯罪现场发现的指纹比对;确认及证明犯罪;帮助确认某人的身份。

1.3A 鞋印辨认适用于将某人的鞋印跟犯罪现场发现的鞋印作比对的情况。

1.4 人体采样及印痕辨认包括采集诸如血液和毛发之类的生理样本并生成 DNA 图谱,用于和犯罪现场或受害人身上提取的实物作比对。

1.5 可对被逮捕的嫌疑人拍照以记录及核对身份或定位及追踪:通缉犯;未按时缴纳保释金的嫌疑人。

1.6 另一种辨认的方法是对羁押的犯罪嫌疑人进行搜查以发现标记等线索,例如文身或伤疤,这些可能有助于证明嫌疑人的身份或其是否参与犯罪。

---

① 参见第 3 条 A 款。

1.7 1984 年《警察与刑事证据法》与本规程的条款旨在确保指纹、样本、印痕和照片用于预防、侦查或调查犯罪活动。同时，只有在合理且必要的情况下才可以获取、使用及保存这些证据。如果不遵守这些条款，则在特定情况下上述侦查行为的合法性可能存疑。

二、总则

2.1 所有警察局应置备本规程，以便警察、警务人员、被拘留人及公众查询。

2.2 本规程的条款包括附件，但注释不属于规程内容。

2.3《规程 C》第 1.4 条对嫌疑人疑似精神失常或精神障碍的规定及注释，同样适用于本规程所定情形。

2.4《规程 C》的第 1.5 条当事人疑似不超过 17 岁的规定，同样适用于本规程所定情形。

2.5《规程 C》的第 1.6 条当事人疑似为盲人、严重视觉损伤、耳聋、无阅读能力、无说话能力，或因语言障碍交流存在困难的规定，同样适用于本规程所定情形。

2.6 本规程所称“合适成年人”与《规程 C》第 1.7 条的词条同义；所称“律师”与《规程 C》第 6.12 条的词条同义。因此，以上条款的注释同样适用于本规程。本规程规定的搜查或其他程序，只能由与程序相对人性别相同的人员执行。被拘留人员及现场其他人的性别应该按照《规程 A》附件 F 进行确认并做记录。

2.7 本规程中所称执行拘留的警官，包括任何一个行使执行拘留职能的人员，参见《规程 C》第 1.9 条。

2.8 按照本规程第 2.18 条规定，由某一特定级别的警官批准实施的任何侦查行动应记录在案，同时应记录批准警官的姓名和警衔。

2.9 本规程明确规定由侦查警督或警司事前批准或同意的，根据《警察与刑事证据法》第 107 条的规定，亦可由警衔更低的警长或督察予以批准。

2.10 根据第 2.18 条的规定，所有记录应由记录人员写明时间并签署。

2.11 除非另有明确规定，被拘留者的情况应被记录在为他本人所设的拘留记录上。所谓的"笔记簿"包括发放给警官或警局工作人员的官方记录本。

2.12 本规程中的任何程序如需当事人的认可，即为以下情况：如该当事人是精神失常或精神障碍者，则只有在合适成年人在场时表示的认可才有效。

如该当事人是未成年人，则既要有其父母或监护人的认可，也需要其本人认可。当事人未满 14 岁的除外。在这种情况下，只需要其父母或监护人的认可。第 3 条中规定的任一辨认程序如未成年当事人的父母或监护人拒绝认可或无法合理获得其认可，则执行辨认的警官可以实施第 3.21 条规定的录像或群体辨认。①

2.13 如当事人是盲人或有严重视觉障碍或无阅读能力的人，执行拘留或辨认的警察应确保由其律师、亲属、合适成年人或任何关心其利益者（应是与本案调查无关的人员）协助核查所有的文件。凡本规程要求以书面形式表示同意或签名的，在嫌疑人员同意时可以请上述协助人代为签名。如当事人不是未成年人，或未患有精神失常或精神障碍，则该条不要求单独通知合适成年人协助其核对及签署文件。②

2.14 本规程中的任何程序需要告知犯罪嫌疑人信息或从犯罪嫌疑人处获取信息的，如该嫌疑人是患有精神失常或精神障碍的人员，或是未成年人，则只有在有合适成年人在场的情况下方能告知犯罪嫌疑人信息或从犯罪嫌疑人处获取信息。如果信息是在没有合适成年人在场时告知或获取的，则这一程序在合适成年人到场后应予复述。如犯罪嫌疑人可能耳聋或其听说能力或理解英文的能力存在问题，而执行程序的警察无法与其正常地沟通，则应通过翻译告知或获取信息。

---

① 在第 2.12 条中，如未成年人是由地方政府或志愿组织照料，应由该政府或组织出具其父母或监护人的认可文件。就未成年人而言，第 2.12 条并不要求其父母、监护人，地方政府或志愿组织的代表到场，第 2.14 条或第 2.15 条要求合适成年人参与程序。但是，在没有取得未到场的父母或监护人的认可之前，应充分告知未成年人相关权利。告知未成年人与合适成年人的程序完全相同，应包括未成年人涉嫌犯罪的信息。同时，应允许父母或监护人在自愿的前提下与未成年人及合适成年人谈话。如父母或监护人在充分知晓情况后同意出具认可文件且未被收回，在程序执行之前的任何时间该文件均有效。

② 有严重视觉障碍或无阅读能力的当事人可拒绝签署警方文件。此时，可提供替换性的解决方案，如由其代理人代为签署，以体现侦查机关和犯罪嫌疑人双方的利益。也可参见《规程 C》第 3.15 条。

2.15 精神失常或精神障碍或者未成年人嫌疑人参加本规程的任何程序，应有合适成年人在场。①

2.15A 患有或可能患有精神失常或精神障碍的证人，或未成年人的证人参加本规程中的任何程序，应有审前援助人在场，证人表明不需要援助人在场的除外。在证人辨认犯罪嫌疑人时，援助人不得对其做任何的催促。②

2.16 关于指称的说明：

“拍照”包括使用任何方法生成单独的、静止或移动的视讯图像。

“为当事人拍照”与上述解释同义。

“照片”、“胶片”、“底片”和“副本”包括通过任何媒体记录下的、保存的或复制的相关的视讯图像。

“销毁”包括删除与这些图像相关的电脑数据或让使用这些数据变得不可能。

2.17 除另行规定外，本规程中无任何条款影响下列法定程序，即：

(1)提取涉嫌驾驶犯罪的嫌疑人的呼气、血液及尿液样本的(例如在酒精、药物或醉酒的影响下驾驶)，参照以下法规：

1988 年《道路交通法》第 4 条至第 11 条；

1988 年《道路交通犯罪法》第 15 条和第 16 条；

1992 年《运输与工程法》第 26 条至第 38 条。

(2)根据 1971 年《移民法》附件 2 第 18 条的规定，该法附件 2 第 16 条给嫌疑人员拍照并获取其指纹(以行政监管手段限制入境人流量的)；1999 年《移民和庇护法》第 141 条和第 142 条第 3 款提取指纹或该法第 144 条使用其他方法获取当事人外表体征的。

(3)根据 2000 年《反恐法》附件 8 的规定，为以下人员拍照、提取指纹、皮肤印痕、体样或身体印痕的：

该法第 41 条规定的被逮捕人员；

根据该法附件 7 因案件侦查目的被羁押的人员，和该法附件 14 第 6

---

① 参见《规程 C》的第 1.4 条。

② 1999 年《少年司法与刑事证据法》要求“在刑事程序中使用最佳的证据”，因此在辨认活动中，应安排审前援助人陪同易受到伤害的证人，除非证人声明不希望助理在场。该法还规定该援助人不得为(或可能是)该案的证人。

条《实施细则》（“反恐条款”）的嫌疑人。①

（4）为以下人员拍照、提取指纹、皮肤印痕、体样或身体印痕：

根据1994年《刑事诉讼和公共秩序法》第136条第2款，持苏格兰地区签发令状实施逮捕的相对人。

根据1994年《刑事诉讼和公共秩序法》第137条第2款，苏格兰警方在没有授权的情况下逮捕或拘留的人（即“跨境逮捕”等情况）。②

2.18 在下列情况下，本规程中不要求记录或公开警察或警务人员的身份：

A. 与恐怖犯罪有关的侦查和调查活动；

B. 警察或警务人员有合理理由认为记录或公开其姓名会导致其身处危险的。

在上述情况下，他们应公开令状或其他识别身份的编号及所在警局的名字。③

2.19 在本规程中：

A.“代理人员”是指2002年《警察改革法》第4章规定的，除警察之外接受指派任何人，他们或被授予或被加诸特定的警察权力和职责；

B. 本规程所称警察，均包括获准实施警察权力或履行警察职责的代理人员。

2.20 代理人员有权行使以下合理强制力：

A. 根据警察职权可以使用合理的强制力的，代理人员有权采取同等的强制力；

B. 强行进入任何处所的，不得由代理人员实施该行为，但与警察一同执法及接受其监督的或为拯救生命及防止财产损失的除外。

2.21 法律另有规定的，本规程中的任何条款不影响执行拘留的警察或羁押被拘留者的其他警察批准非警察人员在警局执行单独的程序或任

---

① 根据《反恐法》的规定，可以为嫌疑人拍照、提取指纹、生理样本及印痕，以查明他们是否参与或曾参与过恐怖活动，该规定也适用于有合理根据怀疑被羁押人员参与了某一特定犯罪活动的情况。

② 上款所涉及的警察权力、职责及当事人的权利在英格兰与在威尔士地区的完全相同，即相当于当事人在苏格兰由苏格兰警察逮捕。

③ 第2.18条B款目的是对有可靠信息表明被逮捕人或其同伙可能威胁到警察安全或对警察造成伤害时，保护那些参与调查严重有组织犯罪或对有严重暴力倾向的犯罪嫌疑人实施逮捕的人员。如发生争议，应咨询侦查警督或以上级别的警官。

务。但是，该警察应负责确保程序或任务在《工作规程》的要求下得到正确而适当地执行。此类非警察人员应是：

A. 受雇于具有常备警力的警察当局，且接受该警察局局长的管理，服从其指示的；

B. 受雇于某人，而此人与警察当局签订了处置被逮捕人员或被拘留人员的合同的。

2.22 代理人员和其他警察人员应遵守《工作规程》中的相应的条款。

三、辨认犯罪嫌疑人

（一）证人辨认

3.0 本部分适用于证人目睹犯罪或有助于证明或反驳证人在案发时看到的人员参与犯罪的情况，如在案发之前或之后很短时间内证人在案发现场所见。首先要通过一些程序检验证人是否具有辨别涉嫌参与犯罪活动的当事人的能力，是否可以认出当事人就是他们在案发时见过的人。①

3.1 可能成为证人的人员最初对犯罪嫌疑人的描述应被记录在案，且该记录应：

A. 以某种形式制作并保存，以便从中准确获取最初由证人描述的细节。同时，应制作为书面文本及其他合法形式，以便根据本规程提供给犯罪嫌疑人或其律师；且

B. 除另行规定外，在证人按照第 3.5 条至第 3.10 条，第 3.21 条或第 3.23 条的规定参与任何辨认程序之前制作完成。

在执行本规程第 3.5 条至第 3.10 条，第 3.21 条或第 3.23 条规定的任何

---

① 除另行规定外，本部分不适用于《规程 B》及《规程 A》部分中的证人辨认程序不可用于检验证人是否能认出某人就是他认识的那个人及是否作出以下证词："在（描述日期、时间、地点），我看见了某人的图像并认出这就是某某。"上述情况中，应适用《规程 B》部分之程序。

程序之前，在可行的情况下应将记录的副本提供给犯罪嫌疑人或其律师。①

1. 嫌疑人身份不明的情况

3.2 在嫌疑人身份不明的情况下，证人需被带到特定的街道或地区，以检验能否辨认出其之前在案发地点见过的当事人。尽管无法限制现场其他人员的人数、年龄、性别、种族、总体印象及穿衣风格，以及实施辨认的方式，但是在可行的情况下，应根据第 3.5 条至第 3.10 条规定的正式程序予以实施。例如：

A. 如情况允许，在要求证人作出辨认之前，应将证人对嫌疑人的任何描述记录在案，并遵守第 3.1 条 A 款的格式要求。

B. 应注意不得误导证人指证任何人，受各种因素制约确实无法避免的除外。但是，此规定不影响在必要的情况下，执行辨认的警察要求证人仔细观察某人或观察某一组人员或某个特定方位，即：确保证人不会因为观察相反方向而忽略了某个可能是嫌疑人的人员，且还应让证人对在场的犯罪嫌疑人与其他人员作比较。②

C. 在证人不止一位的情况下，应尽量将他们分开，并且带他们去看一下是否能单独辨认出当事人。

D. 如果有足够的资料可以证明某人因涉嫌参与犯罪活动而被逮捕是合法的，例如，在证人作出确定的辨认之后，则第 3.4 条及其后条款适用于与该犯罪嫌疑人相关的其他所有证人。

E. 陪同证人的警察或警局工作人员应尽快在其笔记簿上记录下所采取的行动，并且越详尽越好。记录包括：证人声称之前看到嫌疑人的日期、时间及地点；辨认是在哪儿进行的；辨认是如何进行的及当时的情况（例如，证人与嫌疑人间的距离，天气及光线情况）；证人是否仔细观察了嫌疑人；为何会出现这种情况；以及证人或犯罪嫌疑人所说的与该辨认程序或此程序的执行相关的任何内容。

---

① 准备根据附件 E 的规定向证人出示照片时，应由负责案件调查的警察与负责监督并指挥该程序的警察确认已经记录下了证人对嫌疑人最初的描述。如还未将其描述记录在案，根据附件 E 的规定应将照片出示推后（参见附件 E 第 2 条）。

② 执行第 3.2 条规定的程序时获取的辨认证据的可采性及证明力在以下情况中会降低：在识别嫌疑人之前，如证人的注意力被特意吸引到某人的身上；或在执行该程序之前已经知道了嫌疑人的身份。

3.3 如警方已知道犯罪嫌疑人的身份并且嫌疑人能够前来接受录像辨认、列队辨认或群体辨认，则不得将照片、计算机合成的或手绘的照片拼图或其他类似的画像或图片（包括计算机模拟画像）出示给证人。如警方不知谁是嫌疑人，则应根据附件E的规定向证人出示这些图片以获取辨认证据。

2. 已知嫌疑人身份且其能够到场的情况

3.4 如果警方已知嫌疑人的身份并且嫌疑人同意到场，则可以实施第3.5条至第3.10条列出的辨认程序。本文所指的犯罪嫌疑人"已知"，指的是警方掌握了足够的资料可以证明逮捕某个涉嫌参与犯罪的人是合法的。"有效"嫌疑人，指的是嫌疑人可以立刻或短期内到场且于以下程序之一发挥一定的作用：录像辨认、列队辨认，或群体辨认。

3. 录像辨认

3.5"录像辨认"，是指向证人出示已知嫌疑犯的动态影像及与其相似的其他人员影像。此时，应使用动态影像，除非已获知嫌疑犯的身份，但嫌疑犯无法到场；①或根据本规程附件A第2A条的规定，如果负责辨认的警察认为录像无法体现嫌疑人的自然特征或可能导致嫌疑人影像中的特征部位不明显，则该警察可以决定使用录像中的静态图像进行辨认。

3.6 录像辨认应按照附件A的规定执行。

4. 列队辨认

3.7"列队辨认"，指的是证人从一排与犯罪嫌疑人相似的人员中指认嫌疑人。

3.8 列队辨认应按照附件B的规定执行。

5. 群体辨认

3.9"群体辨认"，是指证人从随意排列的一群人中指认犯罪嫌疑人。

3.10 群体辨认应按照附件C的规定执行。

---

① 参见第3.21条。

6. 安排证人辨认程序

3.11 除第 3.19 条的规定外，第 3.5 条至第 3.10 条规定了辨认程序的安排及执行，以及辨认程序应在何种情况下执行，均应由未参与该犯罪调查的督察或以上级别警官负责，即所谓的“负责辨认的警官”。除另行规定外，负责辨认的警官可以允许其他警官或警局工作人员安排及执行这些辨认程序。① 在授权这些程序时，负责辨认的警官应能够有效地实施监督，或直接干预或保持联系以便对执行人员的意见作出指示。所有参与调查犯罪嫌疑人案件的警察或其他人员，除程序要求外均不得参与决定程序或充当负责辨认的警官。此项规定不影响负责辨认的警官向负责调查的警察咨询以决定使用哪种程序。在需要某种辨认程序时，为了对嫌疑人和证人都公平，应尽快执行该程序。

7. 应执行证人辨认程序的情况

3.12 在执行第 3.5 条至第 3.10 条中列出的任何辨认程序之前，证人已经认出或声称已经认出疑犯的；或证人表明可以辨认出犯罪嫌疑人，或证人很有可能辨认出嫌犯，且尚未获准在第 3.5 条至第 3.10 条列出的任何程序中辨认嫌疑人，且嫌疑人否认自己就是证人声称看到的人，则应执行辨认程序，除非情况不允许或无助于证明或反驳嫌疑人的犯罪事实的。例如：嫌疑人承认自己在案发现场并且描述当时所发生的事情，而证人的证言与之不符的；或经确认，声称自己在犯罪嫌疑人作案时辨认出其身份的证人，事先就认识嫌犯的。

3.13 如果负责调查的警察认为证人辨认程序有用，亦可执行证人辨认程序。

8. 选择证人辨认程序

3.14 按照第 3.12 条的规定要执行辨认程序，首先应该对犯罪嫌疑人进行录像辨认，除非：

A. 录像辨认不可行；或

B. 列队辨认既可行又比录像辨认更加合适；或

---

① 参见第 2.21 条。

C. 符合第3.16条的规定。

负责辨认的警官与负责调查的警察应协商以决定选择哪种程序。列队辨认可能因某些与证人相关的因素而无法实施,例如证人的人数、健康状况、出庭及差旅需求。可进行录像辨认的,通常会比列队辨认更合适且更快结束。在执行辨认之前,应提醒犯罪嫌疑人其有权获得免费的法律咨询。①

3.15 拒绝接受最初安排的辨认程序的嫌疑人应说明其拒绝的理由,并可向其律师及/或如合适的成年人在场亦可向合适的成年人咨询。应允许嫌疑人、律师及/或合适的成年人陈述为何应该使用另一种程序。拒绝的理由及所做的任何陈述应记录在案。在考虑了所有给予的理由及作出的陈述之后,如果认为适当,负责辨认的警官应为嫌疑人安排其认为恰当可行的另一种可选辨认程序。如果负责辨认的警官决定安排另一种辨认程序既不恰当又不可行,则应记录下作出此决定的理由。

3.16 如果负责案件调查的警察认为群体辨认比录像辨认或列队辨认更合适并且负责辨认的警官认为可以安排,则可以先行进行群体辨认。

9. 权利告知

3.17 除第3.20条规定的情况外,在安排录像辨认、列队辨认或群体辨认之前,应向嫌疑人说明以下内容:录像辨认、列队辨认或群体辨认的目的;其有权获得免费法律咨询;②执行辨认的相关程序,包括其有权要求律师或朋友在场;其有权拒绝或配合警察进行录像辨认、列队辨认或群体辨认;如果他们拒绝在进行录像辨认、列队辨认或群体辨认时配合,在之后的审判中其态度可能成为对其不利的证据,且警方可以在未经其同意的前提下秘密或用其他方式检验证人能否指认他们;③第3.20条规定,基于录像辨认之目的,是否先行取得了相关影像;如果已取得,嫌疑人可以另行提供合适的影像以替代之。必要时,对未成年人予以特殊安排;必要时,对患有精神失常及精神障碍的人予以特殊安排;嫌疑人收到执行某一辨认程序的通知与执行该辨认程序之间的短暂时间内,如嫌疑人大幅改变了其外表,则此事实可为审判阶段的一项证据;同时,负责辨认的警察可以考虑使用

① 参见《规程C》第6.5条。

② 参见《规程C》第6.5条。

③ 参见第3.21条。

其他的辨认形式；①嫌疑人参与任何辨认程序时，都可能被拍照或录像；警方在掌握嫌疑人身份之前的调查过程中，是否已向证人出示过其照片、照片拼图、面部拼图或其他类似的图片，②如果嫌疑人在列队辨认之前改变了其样貌，因而需在当天或随后几天内再次安排辨认，负责辨认的警官可以考虑使用其他备选的辨认方式，③嫌疑人或其律师有权获得参与列队辨认、群体辨认、录像辨认或当面辨认的证人对嫌疑人所做陈述的副本。

3.18 上述信息同样应记录在交给嫌疑人的书面通知单上。应给嫌疑人合理的时间以阅读此书面通知，在嫌疑人阅读完通知之后，应该让他们签署另一份副本以表明他们是否愿意配合警方制作录像或参与列队辨认或群体辨认。嫌疑人签署的副本应由负责辨认的警官保管。

3.19 按照第 3.17 条及第 3.18 条的规定，如果出现以下情况，负责拘留的督察或其他未参与案件调查的警察可以代行负责辨认的警察的职责：

A. 拟释放嫌疑人以安排并执行某辨认程序，而在嫌疑人离开警察局之前没有警察或以上级别的警官可负责辨认工作的，④或

B. 拟拘留嫌疑人以安排并执行辨认程序，而等候督察或以上级别的警官负责辨认工作会对案件侦查带来不合理的延迟的，⑤相关的警察应将采取的行动告知负责辨认的警察并移交嫌疑人签署的通知单副本。⑥

3.20 如果负责辨认的警察及负责案件调查的警察有合理理由怀疑警方未按照第 3.17 条及第 3.18 条的规定给予嫌疑人相关的资料及通知单，可采取措施避免在任何辨认程序中让证人看见嫌疑人本人；负责辨认的警察可在给予嫌疑人相关资料及通知单之前，获取适合用于录像辨认程序的嫌疑人影像。如嫌疑人的影像是在上述情况中获取的，则在录像辨认程序

---

① 参见第 3.21 条。另外，第 3.19 条旨在通过尽早告知必需的资料及警告信息以避免或减少安排辨认程序时的延迟。

② 当有人在辨认程序之前已经将嫌疑人的照片出示给参与辨认程序的证人或将肖像拼图、面部拼图或类似的图片出示或提供给他们时，负责调查的警察应将此告知负责辨认的警官。

③ 第 3.19 条旨在通过尽早告知必需的资料及告知信息以避免或减少安排辨认程序时的延迟，参见第 3.17 条。

④ 参见第 3.11 条。

⑤ 第 3.19 条旨在通过尽早告知必需的资料及告知信息以避免或减少安排辨认程序时的延迟。另外，可同时参见第 3.17 条的规定。

⑥ 第 3.19 条旨在通过尽早告知必需的资料及告知信息以避免或减少安排辨认程序时的延迟，参见第 3.17 条。

中，嫌疑人可向警方提供新的影像，在适当的情况下这些新的影像可取代之前的影像。①

10. 已知嫌疑人身份但其无法到场的情况

3.21 第3.4条规定，当已知其身份的嫌疑人无法到场或无法再次到场时，负责辨认的警官可安排录像辨认。② 必要时，负责辨认的警官可按照录像辨认的程序使用静态的图像。录像辨认可使用任何适当的动态或静态图像，如有必要还可以秘密地获取这些图像。此外，负责辨认的警官可安排群体辨认。③ 对于未成年人的案件，如未成年人的父母或监护人拒绝同意或警方通过合理的努力还是无法取得他们的同意时，亦可适用以上条款。④

3.22 任何秘密的行动都需严格限制在检测证人辨认嫌疑人能力的必要范围内。

3.23 如果第3.5条至第3.10条或第3.21条中规定的可供选择的辨认程序都不可行，负责辨认的警官可为嫌疑人安排证人当面辨认。"当面辨认"，是指由证人直接当面辨认嫌疑人。这种辨认不需要经过嫌疑人同意。当面辨认应根据附件D的规定执行。

3.24 在嫌疑人不予配合以致影响必要程序的情况下，无须继续执行关于将嫌犯影像给证人看之前，应通知其有关信息或从其何处取得影像的规定。

11. 文件记录

3.25 应将录像辨认、列队辨认、群体辨认或当面辨认的情况记录于专用表格上。

3.26 如负责辨认的警官认为实施嫌疑人要求的录像辨认或列队辨认

---

① 参见第3.17(6)条。

② 参见附件A。

③ 第3.21条适用于当已知身份的嫌疑人为了拖延或阻挠警方为获取辨认证据所做的安排而故意不到场时的情况。该条同样适用于当嫌疑人拒绝或未能参与录像辨认、列队辨认或群体辨认，或者拒绝或未能参与上面所列选项中唯一可行的程序时的情况。该条授权可以在辨认程序中使用任何可用的或可以获取的嫌疑人的图像，包括录像或照片。例如包括从拘留所与其他闭路电视系统及从有可视记录的审问记录中获取的图像。另外，根据第3.21条或《规程D》附件E，讯问记录可用于识别程序。

④ 参见第2.12条。

不切实际，则应告知嫌疑人原因并对此作记录。

3.27 嫌疑人无法或拒绝为录像辨认、列队辨认或群体辨认提供合作的，应记录在案。如情况允许，应记录按照第3.20条的规定获取图像的根据。

12. 放映与案件及发放给媒体的资料相关的录像及出示相关的照片

3.28 本规程之任何规定均不禁止调查人员为了辨认并追踪犯罪嫌疑人，将某一事件的录像、照片或其他图像通过全国性或地区性媒体放映或出示给公众或警察。但是，在出示这些资料以获取辨认证据时应遵守本文B部分的规定。①

3.29 警察为了辨认或追踪嫌疑人向媒体发放的资料被制成了电视节目或刊行物的，②应保存相关资料的副本。在进行本规程第3.5条至第3.10条、第3.21条或A部分的第3.23条规定的任何程序之前，在可行且不会对侦查造成不合理延迟的情况下，应允许嫌疑人或其律师观看这些资料。在证人参与辨认程序之后，应询问每一位参与辨认的证人，他们是否看过已经通过全国性或地区性媒体或社交网络播出或出版的与犯罪活动相关的录像、照片或图像或有关嫌疑人的描述。如果他们看过，应要求他们提供相关情况的细节，诸如相关的日期及地点等。他们的回答应被记录在案。本条与1996年《刑事诉讼及调查法》对保留刑事调查相关资料的单项规定并不冲突。

13. 销毁及保留在证人辨认程序中拍摄的或使用的照片

3.30《警察与刑事证据法》第64A条规定英国及外国警察或其他执法及起诉机构或其代表出于打击或侦查犯罪活动、调查犯罪或提起诉讼或执行判决之目的，有权拍摄嫌疑人的照片并使用或公布。③ 使用或公开照片后，仍可继续保留，但仅限上述用途。

3.31 按照第3.33条的规定，任何因第3.5条至第3.10条、第3.21条或第3.23条中列出的辨认程序或与之相关的目的，但未按照第5.12条的

---

① 部分中的证人辨认程序不可用于检验证人是否能认出某人就是他认识的那个人及是否作出以下证词："在（描述日期、时间、地点），我看见了某人的图像并认出这就是某某。"上述情况中，应适用B部分之程序。

② 参见第3.28条。

③ 参见第5.12条。

规定拍摄的嫌疑人的照片(及所有的底片和拷贝)都应销毁,嫌疑人有以下情况的除外:

A. 被起诉或被告知可能会因某可留案底罪行被起诉;

B. 因某可留案底罪行被起诉;

C. 因某可留案底罪行被警示或根据1998年《刑事犯罪与扰乱治安法》的规定因某可留案底罪行被警告或训诫;或

D. 以书面形式出具通知书,同意将其照片或图像保留以用作第3.0条所述之用途。

3.32 在按照第3.31条的规定,需要销毁任何照片时,应让当事人目睹销毁的过程,或者如当事人在被告知要求销毁之后的5天之内索要可以证实该销毁行为的证明,则应提供给他们。

3.33 第3.31条中的任何规定都不影响1996年《刑事诉讼及调查法》中对保留与刑事调查相关资料所作的单独规定。

(二)通过播放录像,出示照片或图像获取辨认证据

3.34 为了获取辨认证据,任何人包括警察处于以下情形时可以适用本条的此部分:

A. 在录像、照片或其他视觉媒体中看到某人的图像;且

B. 被询问是否发现此人就是他们认识的某个人。①

3.35 应将录像、照片或其他图像向每个人单独放映或出示,以避免他们之间互相商量并保障不会出现误辨②。如果嫌疑人的身份已知,则应尽可能遵循录像辨认的原则;③如果嫌疑人的身份未知,则应尽可能遵循照

① A部分中的证人辨认程序不可用于检验证人是否能认出某人就是他认识的那个人及是否作出以下证词:"在(描述日期、时间、地点),我看见了某人的图像并认出这就是某某。"上述情况中,应适用B部分之程序。执行B部分规定的程序时获取的辨认证据的可采性及证明力在以下情况中会降低:如在辨认嫌疑人之前,声称认识嫌疑人的证人接触或意识到有关嫌疑人的某些资料,而其之前并不知道这些资料,只能根据这些资料确认其确实认识嫌疑人。

② 执行B部分规定的程序时获取的辨认证据的可采性及证明力在以下情况中会降低:如在辨认嫌疑人之前,声称认识嫌疑人的证人接触或意识到有关嫌疑人的某些资料,而其之前并不知道这些资料,只能根据这些资料确认其确实认识嫌疑人。

③ 参见附件A。

片辨认的原则。①

3.36 应记录证人辨认当事人时的情形及状况，且该记录应包括以下内容：

A. 证人是否知道或已经获得了嫌疑人姓名或身份的信息。

B. 在查看犯罪影像中包含的人员或罪犯之前，是否告知证人及告知者的身份。

C. 如何要求及由谁要求证人观看图像或观察当事人。

D. 证人在观察时是独自一人还是与他人一起，如与他人一起需说明理由。

E. 证人观看录像或观察当事人时有哪些安排及谁做了这样的安排。

F. 观看图像是否向警方、公众或特定人群公开。

G. 观看或进一步观看图像或观察当事人的日期、时间及地点。

H. 观看图像或观看当事人的时段。

I. 观看图像或观察当事人，是如何操作及由谁操作的。

J. 证人是否熟悉图像中的地点或其目击当事人的场所。如果熟悉，理由为何？

K. 证人陈述的理由；证人辨认时的陈述；任何有疑问的表述；图像或当事人的哪些特征让证人得以辨认出来。

第 3.36 条规定的记录可由以下人员制作：观看图像或观察当事人并进行辨认的人；负责出示图像给证人或负责安排证人观察当事人的警察或警察局工作人员。

四、指纹及鞋印辨认

（一）采集与刑事调查相关的指纹

1. 总则

4.1“指纹”是指用任何方法生成的人体以下部位的皮肤纹理及其他物理特征：

(1)手指；或(2)手掌。

---

① 参见附件 J。

2. 措施

4.2 只有经当事人本人同意或适用第 3.2 条时,才采集与犯罪调查相关的指纹。如当事人在场,应以书面形式表示同意。

4.3《警察与刑事证据法》第 61 条规定不经同意可对年龄在 10 岁以上的人采集指纹的情形。根据此规定,可在以下情况不经同意提取指纹:

A. 根据第 61 条第 3 款规定,因犯可留案底罪被捕且被羁押者,[①]在犯罪侦查的过程中没有采集其指纹、采集的指纹不完整或其中一些或全部不符合要求无法用于分析、比对或匹配的。

B. 根据第 61 条第 4 款的规定,被羁押在警察局的已被起诉犯有可留案底罪的人,[②]或被通知他因犯此罪将被告发的人。如果在调查犯罪的过程中没有采集他们的指纹,除非之前采集到的指纹不完整或其中一些或全部都不符合要求,无法用于分析、比对或匹配。

C. 按照第 61 条 4A 款的规定,已经被保释且应到庭或到案的当事人,如果出现以下情况:

(1)为某个之前提取过指纹的人缴纳了保释金并且有合理的证据证明他们不是同一个人;或

(2)已经缴纳了保释金,并声称跟之前提取过指纹的人不是同一人;法官或督察或以上级别警官可以批准在法院或警局内采集其指纹(督察可书

---

① 本规程中所称的"可留案底罪",指的是当事人因犯这些罪而被定罪、警示、训诫及警告的事实可以被记录在国家警方记录中的罪行。见《警察与刑事证据法》第 27 条第 4 款。在本规程生效后,可留案底罪是指那些在定罪时应判徒刑(不论刑期长短或罪犯的年龄或实际通过的判决)以及根据以下法规不应判徒刑的罪行:1824 年《流浪罪法》第 3 条及第 4 条(乞讨与持续乞讨),1959 年《街头犯罪法》第 1 条(以卖淫为目的在街头滞留或拉客行为),1988 年《道路交通法》第 25 条(随意改装机动车),1994 年《刑事诉讼和公共秩序法》第 167 条(兜售租车服务)及其他列于已经修正的 2000 年《国家警方记录(可留案底罪)条例》中的规定。

② 本规程中所称的"可留案底罪",指的是当事人因犯这些罪而被定罪、警示、训诫及警告的事实可以被记录在国家警方记录中的罪行。见《警察与刑事证据法》第 27 条第 4 款。在本规程生效后,可留案底罪是指那些在定罪时应判徒刑(不论刑期长短或罪犯的年龄或实际通过的判决)以及根据以下法规不应判徒刑的罪行:1824 年《流浪罪法》第 3 条及第 4 条(乞讨与持续乞讨),1959 年《街头犯罪法》第 1 条(以卖淫为目的在街头滞留或拉客行为),1988 年《道路交通法》第 25 条(随意改装机动车),1994 年《刑事诉讼和公共秩序法》第 167 条(兜售租车服务)及其他列于已经修正的 2000 年《国家警方记录(可留案底罪)条例》中的规定。

面或口头予以批准,并应尽快出具书面令状);

CA. 根据第 61 条 5A 款的规定,对犯可留案底罪被逮捕并已释放的人员,如果出现以下情况:

(1)在保释中且在调查犯罪的过程中未提取指纹;或

(2)在调查犯罪的过程中已经提取了指纹,但是指纹不完整或有一些或全部指纹都不符合要求,无法用于分析、比对或匹配。

CB. 根据第 61 条 5B 款的规定,未被羁押在警察局的,已被起诉犯有可留案底罪的,或被通知因犯罪而将被起诉者。如果在调查犯罪的过程中没有采集其指纹,或在调查过程中已经采集了其指纹但采集到的指纹不完整或其中一些或全部都不符合要求,无法用于分析、比对或匹配的。

D. 根据第 61 条第 6 款的规定,有下列情况的人:

(1)已经被判犯有可留案底罪;

(2)因可留案底罪接受权利告知且警告时当事人承认自己犯罪的;或

(3)根据 1998 年《刑事罪行及扰乱治安法》第 65 条的规定,因可留案底罪被警告或训诫的,嫌疑人认罪、接受权利告知、警告或训诫后未采集其指纹、指纹不完整、部分或全部不符合要求,无法用于分析、比对或匹配,且无论哪种情况,督察或以上级别的警官认为采集指纹有助于打击或侦查犯罪,故必要批准采集的。

E. 根据第 61 条 6A 款的规定,值勤警官有合理根据怀疑正在犯罪、企图犯罪、已经犯罪或预谋犯罪的人员,如出现下述任一情况:

当事人姓名未知且值勤警察无法立即查明其身份的,或值勤警官有合理根据怀疑当事人自报的姓名不属实的。①

---

① 根据该授权采集到的指纹不被视为在调查犯罪的过程中采集到的。第 4.3(e)条中描述的《警察与刑事证据法》第 61 条 6A 款规定的权力准许使用移动设备采集与任何犯罪行为相关的(不管是不是可留案底罪)未被逮捕的嫌疑人的指纹,并当即将采集到的指纹与包含有全国指纹采集系统的数据库进行比对。根据此授权采集到的指纹在进行比对之后不能保留。根据核对结果可以在无应名称条件的基础上逮捕涉嫌犯罪的当事人[见《规程 G》第 2.9(a)条]及在不需要实施逮捕的前提下处理该罪行,例如,邮寄传票/起诉书、开具罚条通知或给予劝诫。如由于任何其他原因应因不可留案底罪逮捕当事人,则同样可以在警察局行使该权力。在行使该权力之前,警察需要做到以下几点:告知当事人其涉嫌所犯罪行的属性及为何他们会被怀疑犯有此罪。在当事人的名字未知并无法轻易确定或有合理根据怀疑当事人提供的姓名并非其真实姓名之前,应给予他们合理的时间以确定其真实姓名。如可行,告知当事人为何他们的名字未知及无法轻易确定或有何理由怀疑他们提供的姓名并非其真实姓名。这些理由包括/例如,为何当事人提供的用于核实其真实姓名的特定文件不够充分。

F. 根据第 61 条 6D 款的规定，在英格兰及威尔士以外被判决有罪的人员，如该罪行发生在英格兰及威尔士境内，且属于《警察与刑事证据法》第 65A 条规定犯罪的，①如有以下情况：

(1)之前没有按照此授权采集当事人的指纹，或之前已经按此授权采集了当事人的指纹，但采集到的指纹不完整或其中一些或全部都不符合要求，无法用于分析、比对或匹配；且

(2)督察或以上级别的警官认为采集指纹有助于打击或侦查犯罪，故有必要批准采集的。

4.4《警察与刑事证据法》第 63A 条第 4 款及附件 2A 允许实施以下行为：

(根据附件 G)警察履行第 4.3 条中所列职权，要求当事人警察局提供指纹并同时采集指纹的，包括：

(1)第 61 条 5A 款规定，因犯可留案底罪被逮捕后已释放的人员：②负责调查的警察获知之前采集到的指纹不完整或不符合要求之日起，可在 6 个月内提出采集指纹的要求。

(2)第 61 条 5B 款规定，因可留案底罪被起诉者或其他的人：③应在以下时间开始后的 6 个月内提出要求：当事人被起诉或被起诉之日，如当日起未采集其指纹，或负责调查案件的警察获知先前采集到的指纹不完整或不符合要求之日。

(3)第 61 条第 6 款规定在英格兰或威尔士境内因犯下的可留案底罪

---

① 从涉嫌参与可留案底罪而被捕或被起诉犯有可留案底罪或被告知其因犯可留案底罪将被起诉的当事人获取的指纹、鞋印或 DNA 样本(及从中获取的信息)可以用作推测性分析的对象。这意味着可以将这些指纹、鞋印或 DNA 样本与英国境内或境外的警方及其他执法机关或其人员持有的指纹、鞋印或 DNA 记录做比对，或与涉及英国境内或境外的犯罪调查或从中得到的指纹、鞋印或 DNA 记录做比对。对涉嫌犯有可留案底罪但没被逮捕、起诉或告知将被起诉的当事人采集指纹、鞋印及 DNA 的样本只有在当事人出具书面认可时才可用于推测性分析。下面是同意书基本内容的范本："我同意将我的指纹、鞋印及 DNA 样本及从中获取的信息保留并只用于与在国内或国际上打击、侦查及调查犯罪或提起诉讼相关的用途。我清楚我的指纹、鞋印或 DNA 样本或被用于跟国内或国际上的相关执法机关或其人员持有的指纹、鞋印或 DNA 记录做比对。我清楚一旦我同意保留并使用我的指纹、鞋印或 DNA 样本，则此同意书将不可撤回。"关于经当事人同意之后以排除嫌疑为目的提取到的指纹及鞋印的保留及使用，参见附件 F。

② 参见第 4.3 条 CA 款。

③ 参见第 4.3 条 CB 款。

而接受有罪判决，权利告知、警告或训诫的人：①当事人被起诉后被确定有罪的，②采集指纹没有时间限制。当事人被起诉后未确定有罪的，自以下时间起两年内可提出申请：当事人接受有罪判决、权利告知、警告或训诫之日，或附件 2A 生效之日（如这个时间较晚），且当日起未采集指纹，或负责该案的警局的警察在获知之前采集的指纹不完整或不符合要求之日或附件 2A 生效之日（如这个时间较晚）。

(4)第 61 条 6D 款规定，在英格兰及威尔士以外地区因犯罪③而判有罪的④，没有采集指纹的时间限制。⑤

3. 在没有逮捕令的前提下，逮捕未能遵守要求的当事人

4.5 可以使用电子技术，如上提取当事人的指纹。

4.6 如有必要，可根据第 4.3 条和第 4.4 条批准不经当事人同意提取指纹。

4.7 在提取任何指纹之前：

A. 根据上述第 4.3 条和第 4.4 条批准不经当事人同意提取其指纹

---

① 参见第 4.3 条 D 款。

② 合格罪行是《警察与刑事证据法》第 65A 条中特指的罪行之一。涉及对他人使用或威胁使用暴力或非法武装的可公诉罪行、性罪行及侵犯儿童罪行包括：谋杀、过失杀人、非法监禁、绑架及下列条款中所列的其他罪行：1861 年《侵害人身罪法》第 4 条、第 16 条、第 18 条、第 20 条至第 24 条，或第 27 条；1968 年《火器管理条例》第 16 条至第 18 条；1968 年《盗窃罪法》第 9 条或第 10 条或该法中涉及致人死亡案件的第 12A 条；1971 年《毁弃罪法》第 1 条规定的应以纵火罪被起诉的罪行；1978 年《儿童保护法》第 1 条；及 2003 年《性罪行法》第 1 条至第 19 条、第 25 条、第 26 条、第 30 条至第 41 条、第 47 条至第 50 条、第 52 条、第 53 条、第 57 条至第 59 条、第 61 条至第 67 条、第 69 条至第 70 条。

③ 合格罪行是《警察与刑事证据法》第 65A 条中特指的罪行之一。涉及对他人使用或威胁使用暴力或非法武装的可公诉罪行、性罪行及侵犯儿童罪行包括：谋杀、过失杀人、非法监禁、绑架及下列条款中所列的其他罪行：1861 年《侵害人身罪法》第 4 条、第 16 条、第 18 条、第 20 条至第 24 条，或第 27 条；1968 年《火器管理条例》第 16 条至第 18 条；1968 年《盗窃罪法》第 9 条或第 10 条或该法中涉及致人死亡案件的第 12A 条；1971 年《毁弃罪法》第 1 条规定的应以纵火罪被起诉的罪行；1978 年《儿童保护法》第 1 条；及 2003 年《性罪行法》第 1 条至第 19 条、第 25 条、第 26 条、第 30 条至第 41 条、第 47 条至第 50 条、第 52 条、第 53 条、第 57 条至第 59 条、第 61 条至第 67 条、第 69 条至第 70 条。

④ 参见第 4.3 条 G 款。

⑤ 根据本规程第 4.3 条及《警察与刑事证据法》第 61 条的规定，对以上两种情况的当事人采集指纹之后，不得根据附件 2A 的规定要求当事人到警局再次提供指纹，侦查警督或以上级别的警官批准的除外。批准采集指纹的情况及批准的理由应尽快记录在案。

时,应告知当事人:

(1)采集其指纹的理由;

(2)根据哪项权力采集其指纹;及

(3)以下事实:如果第 4.3 条 C 款、D 款或 F 款适用,则已经被授予了相关的授权。

B. 在警察局或其他地方无论是否经过当事人的同意,应告知当事人:

(1)其指纹可能被用来与其他指纹作对照,以作推测性分析;①及

(2)其指纹可能会根据附件 F 的(A)条被保留,根据第 4.3 条 E 款批准采集的除外。在这种情况下,再次核对指纹之后应予销毁。②

4. 文件记录

4.8 如采集指纹时使用了强制力,则应记录下当时的情形及在场的人。

---

① 从涉嫌参与可留案底罪而被捕或被起诉犯有可留案底罪或被告知其因犯可留案底罪将被起诉的当事人获取的指纹、鞋印或 DNA 样本(及从中获取的信息)可以用作推测性分析的对象。这意味着可以将这些指纹、鞋印或 DNA 样本与英国境内或境外的警方及其他执法机关或其人员持有的指纹、鞋印或 DNA 记录做比对,或与涉及英国境内或境外的犯罪调查或从中得到的指纹、鞋印或 DNA 记录做比对。对涉嫌犯有可留案底罪但没被逮捕、起诉或告知将被起诉的当事人采集指纹、鞋印及 DNA 的样本只有在当事人出具书面认可时才可用于推测性分析。下面是同意书基本内容的范本:“我同意将我的指纹、鞋印及 DNA 样本及从中获取的信息保留并只用于与在国内或国际上打击、侦查及调查犯罪或提起诉讼相关的用途。我清楚我的指纹、鞋印或 DNA 样本或被用于跟国内或国际上的相关执法机关或其人员持有的指纹、鞋印或 DNA 记录做比对。我清楚一旦我同意保留并使用我的指纹、鞋印或 DNA 样本,则此同意书将不可撤回。”关于经当事人同意之后以排除嫌疑为目的提取到的指纹及鞋印的保留及使用,参见附件 F。

② 第 4.3 条 E 款中描述的《警察与刑事证据法》第 61 条 6A 款规定的权力准许使用移动设备采集与任何犯罪行为相关的(不管是不是可留案底罪)未被逮捕的嫌疑人的指纹,并当即将采集到的指纹与包含有全国指纹采集系统的数据库进行比对。根据此授权采集到的指纹在进行比对之后不能保留。根据核对结果可以在无应名称条件的基础上逮捕涉嫌犯罪的当事人(见《规程 G》第 2.9 条 A 款)及在不需要实施逮捕的前提下处理该罪行,例如,邮寄传票/起诉书、开具罚条通知或给予劝诫。如由于任何其他原因应因不可留案底罪逮捕当事人,则同样可以在警察局行使该权力。在行使该权力之前,警察需要做到以下几点:告知当事人其涉嫌所犯罪行的属性及为何他们会被怀疑犯有此罪。在当事人的名字未知并无法轻易确定或有合理根据怀疑当事人提供的姓名并非其真实姓名之前,应给予他们合理的时间以确定其真实姓名。如可行,告知当事人为何他们的名字未知及无法轻易确定或有何理由怀疑他们提供的姓名并非其真实姓名。这些理由包括:例如,为何当事人提供的用于核实其真实姓名的特定文件不够充分。

4.8A 在提取指纹之后，应尽快将以下内容记录在案：

第 4.7 条 A 款中(1)至(3)所列之事项及当事人已被告知这些事项的这一事实，及当事人已被告知第 4.7 条 B 款中(1)至(3)所列之事项这一事实。如采集指纹时当事人被羁押在警察局，则该记录应包含在当事人的拘留记录中。

4.9 废止。

(二)采集与移民查询相关的指纹

4.10 为了实施移民法及根据《警察与刑事证据法》以外的其他授权及程序加以管理，可以采集并保留当事人的指纹，这些应由英国边境管理局(而非警方)负责。1971 年《移民法》附件 2 及 1999 年《移民和庇护法》第 141 条中列出的这些权力及程序的相关细则，包括《警察与刑事证据法》工作规程的修订条款，都包含在由英国边境管理局发行的《运行说明及指南》手册的第 24 章中。[①]

4.11—4.15 废止。

(三)采集与犯罪调查相关的鞋印

1. 措施

4.16 只有经当事人同意或第 4.17 条适用时方可采集与犯罪调查相关的当事人的鞋印。如当事人在警察局则其同意应是书面形式。

---

① 按照以下条款的规定，警察及负责移民的官员以移民管理为目的，有权在未经当事人同意的前提下提取其指纹：(1)1971 年《移民法》附件 2 第 18(2)条，提取指纹用于该法附件 2 第 16 条(为便于检查移动中当事人而实施拘留的)，确认拘留的当事人身份的，及(2)1999 年《移民与庇护法》第 141 条第 7 款，当事人：在没有合理理由的前提下未能当场出具贴有照片的有效护照或其他足以确定其身份与国籍的证件；被拒绝入境但被暂时收容的，如果在这种情况下移民官有合理根据怀疑他可能违反了居住或申报规定；被处强制迁出英国令的；根据 1971 年《移民法》附件 2 第 17 条的规定已经被逮捕的；已经提出庇护请求的；上述情况中当事人的家属同意的。1999 年《移民与庇护法》第 142 条第 3 款还规定警察及移民官有权在没有逮捕令的前提下逮捕未遵守内政大臣要求到指定地点提供指纹的当事人。

4.17《警察与刑事证据法》第 61A 条规定不经同意对年龄在 10 岁以上的被羁押在警察局的人采集鞋印。根据这些条款规定，可以不经同意采集鞋印：

A. 因犯可留案底罪被逮捕且被羁押的，[1]或被羁押人员已被起诉犯有可留案底罪或获知其可能因该罪被起诉的；及

B. 在调查犯罪的过程中未曾采集被拘留人员的鞋印，除非先前采集到的鞋印不完整或不合格，无法进行分析、比对或匹配的（不管是正在办理的案件还是普通的案件中）。

4.18 如有必要，可根据第 4.17 条的授权不经当事人同意使用强制力提取其鞋印。

4.19 无论是否经过当事人的同意，在如上规定采集其鞋印之前，应将以下内容告知当事人：

A. 采集其鞋印的理由。

B. 其鞋印可能会被保留且可能被用来与其他鞋印作对照，以作推测性分析。[2] 根据附件 F 第（A）条的规定予以销毁的除外。及

---

① 本规程中所称的“可留案底罪”指的当事人因犯这些罪而被定罪、警示、训诫及警告的事实可以被记录在国家警方记录中的罪行。见《警察与刑事证据法》第 27 条第 4 款。在本规程生效后，可留案底罪是指那些在定罪时应判徒刑（不论刑期长短或罪犯的年龄或实际通过的判决）以及根据以下法规不应判徒刑的罪行：1824 年《流浪罪法》第 3 条及第 4 条（乞讨与持续乞讨），1959 年《街头犯罪法》第 1 条（以卖淫为目的在街头滞留或拉客行为），1988 年《道路交通法》第 25 条（随意改装机动车），1994 年《刑事诉讼和公共秩序法》第 167 条（兜售租车服务）及其他列于已经修正的 2000 年《国家警方记录（可留案底罪）条例》中的规定。

② 从涉嫌参与可留案底罪而被捕或被起诉犯有可留案底罪或被告知其因犯可留案底罪将被起诉的当事人获取的指纹、鞋印或 DNA 样本（及从中获取的信息）可以用作推测性分析的对象。这意味着可以将这些指纹、鞋印或 DNA 样本与英国境内或境外的警方及其他执法机关或其人员持有的指纹、鞋印或 DNA 记录做比对，或与涉及英国境内或境外的犯罪调查或从中得到的指纹、鞋印或 DNA 记录做比对。对涉嫌犯有可留案底罪但没被逮捕、起诉或告知将被起诉的当事人采集指纹、鞋印及 DNA 的样本只有在当事人出具书面认可时才可用于推测性分析。下面是同意书基本内容的范本：“我同意将我的指纹、鞋印及 DNA 样本及从中获取的信息保留并只用于与在国内或国际上打击、侦查及调查犯罪或提起诉讼相关的用途。我清楚我的指纹、鞋印或 DNA 样本或被用于跟国内或国际上的相关执法机关或其人员持有的指纹、鞋印或 DNA 记录做比对。我清楚一旦我同意保留并使用我的指纹、鞋印或 DNA 样本，则此同意书将不可撤回。”关于经当事人同意之后以排除嫌疑为目的提取到的指纹及鞋印的保留及使用，参见附件 F。

C. 如果应销毁鞋印资料，当事人可根据附件 F 第(A)条的规定见证销毁的过程。

2. 文件记录

4.20 应尽快记录未经当事人允许采集其鞋印的原因。如果在采集鞋印时使用了强制力，则还应记录下当时的情形及在场的人员。

4.21 在已经告知了当事人第 4.19 条 B 款所列的内容时，应记录下当事人的鞋印被用作推测分析的可能性。

五、核实身份及拍照

(一)羁押在警察局内的嫌疑人

1. 搜查或检查在警察局内的羁押人员

5.1《警察与刑事证据法》第 54A 条第 1 款允许搜查、检查在警察局的被羁押人员，以确定：(1)嫌疑人身上是否有任何标记、特征或伤痕可确认为犯罪当事人并为所有的识别标记拍照(参见第 5.5 条)；或(2)该人员的身份。① 上述规定不涉及根据法定的拦截与搜查权，对羁押在警察局的当事人进行搜查的情况。②

5.2 当事人拒绝检查或无法获取其同意的，③根据第 54A(1)(A)条的规定，经督察或以上级别警官的批准可对其搜查、检查。

5.3 被羁押人员拒绝告知其身份或批准搜查的警察有合理根据怀疑

① 关于在何种情况下可以提取指纹以协助确认当事人身份，参照第 4 条。

② 参见《规程 A》。

③ 当事人同意后(见第 2.12 条)，无法对其搜查、检查或拍照的情况包括：(1)在当事人酒醉或无法表示同意时；(2)在有合理根据怀疑如果当事人知道要对其搜查或检查或给其辨别标记拍照他们会采取诸如暴力反抗、遮盖或掩饰其标记等措施加以打击，且如此一来无法实施搜查或检查或为任何识别标记拍照时；(3)就未成年人而言，如果在足够的时间内无法与其父母或监护人取得联系以得到他们的允许对当事人进行搜查或检查或拍照。

当事人并非其自称身份的，经督察或以上级别的警官批准，根据第 54A 条 1B 款，可不经相对人的同意对其实施搜查或检查以确定嫌疑人的身份。

5.4 任何有助于确认被羁押人员的身份或有助于识别其为犯罪当事人的标记都是辨识标记。经被羁押人员同意，可以为这些标记拍照；①或者，被羁押人员拒绝检查或无法获取其同意的，可以不经同意拍摄这些标记。②

5.5 根据第 54A 条的规定，只能由与被羁押人员性别相同的警察搜查、检查及拍照。

5.6 英国国内及境外的警察机关、其他执法机关或公诉机关及其人员，为侦查与打击犯罪、开展犯罪调查或提起诉讼时，可以使用或公开根据第 54A 条的规定拍摄的识别标记照片。在使用或公开之后，可保留照片但不能以其他理由使用或公开。③

5.7 第 5.1 条规定的权力不影响 1996 年《刑事诉讼及调查法》针对保

---

① 参见第 2.12 条。

② 当事人同意后(见第 2.12 条)，无法对其搜查、检查或拍照的情况包括：(1)在当事人酒醉或无法表示同意时；(2)在有合理根据怀疑如果当事人知道要对其搜查或检查或给其辨别标记拍照他们会采取诸如暴力反抗、遮盖或掩饰其标记等措施加以打击，且如此一来无法实施搜查或检查或为任何识别标记拍照时；(3)就未成年人而言，如果在足够的时间内无法与其父母或监护人取得联系以得到他们的允许对当事人进行搜查或检查或拍照。

③ 旨在打击或侦查犯罪、调查犯罪活动或提起诉讼的实例包括：(1)将当事人的照片跟记录中已有的或与犯罪调查相关的或从犯罪调查中得到的照片作比对，以确认当事人是否会因其他罪行被捕。(2)在当事人与其他人同时被逮捕时，或在逮捕之时其他人也可能被逮捕的，需要拍照以帮助确定是谁在何时何地被逮捕。(3)在当事人的身份未知且无法直接确定或有合理根据怀疑当事人给出的姓名及其他个人信息非其真实姓名及个人信息时，可使用或公开其照片以帮助确认或核实其真实身份或确定他们是否因其他罪行被逮捕。例如，通过将其照片与记录中已有的或与犯罪调查相关的或从犯罪调查中得到的照片作比对。(4)需要安排第 3 条中规定的任何辨认程序，而当事人的照片对此有帮助的。(5)需要释放当事人，撤销对其起诉的，且释放有以下两种：①以到警局报到为前提下予以保释，如当事人按时缴纳保释金则可以使用其照片以帮助核实其身份，而如未能按时缴纳保释金，则其照片可以用来协助逮捕他们；或②在没有保释的前提下予以释放，其照片可以用来帮助核实其身份或协助确定其位置以传召他们出庭。(6)在当事人已经到警察局缴纳了保释金，但有合理根据怀疑他们不是先前准予保释的当事人时，其照片可以用来帮助确认或核实其身份。(7)在根据逮捕令被逮捕的当事人声称自己不是逮捕令上所指的那个人时，其照片可以用来帮助证实或否定上述言论。(8)在当事人因可留案底罪被起诉、被起诉或被定罪，且由于第(a)款至第(f)款所述的原因其照片还未记录在案或虽然其照片已经记录在案但是其外貌自拍照以来发生了改变且当事人还未被释放或带到法庭。

存与刑事调查相关资料制定的单项规定。

5.8 第 5.2 条与第 5.3 条规定的批准搜查、检查，可以为口头批准或书面批准。如系口头批准的，则批准警察应尽快以书面形式加以确认。对每种强制措施都应单独审查及批准。

5.9 确定当事人不愿意配合搜查、检查，导致无法拍照或照片不合适的，警察可以使用合理的强制力：(1) 不经被羁押人员的同意对其搜查、检查；及(2)不经被羁押人员的同意拍摄辨识标记。

5.10 根据第 54A 条批准的搜查、检查的强制程度及范围不得超出执法警察认为实现目的所需的必要范畴。任何需要当事人脱去外衣之外服装的搜查、检查，应按照《规程 C》附件 A 第 11 条的规定执行。

5.11 不得根据第 54A 条批准对隐私部位进行搜查。

2. 为在警察局的羁押人员及不在警察局的其他人拍照

5.12 根据《警察与刑事证据法》第 64A 条的规定，警察可以为以下人员拍照：

A. 任何被羁押在警察局的人。及

B. 任何不在警察局但存在以下情况的人：

(1)因犯罪被巡警逮捕的。

(2)因犯罪被巡警之外的其他警务人员逮捕后，交巡警关押的。

(3)根据 2002 年《警察改革法》附件 4 第 2 条第 3 款或 3B 款，社区服务警察要求等候问话的人。

(3A)根据 2006 年《减少暴力法罪法》第 27 条，巡警要求候命的人。

(4)根据 2001 年《刑事司法与警察法》第一编第一章，巡警已出具罚单的；根据 1996 年《教育法》第 444A 条，巡警已出具罚单或根据 1988 年《道路交通罪犯法》第 54 条出具定额罚单的嫌疑人。

(5)社区服务警察根据 2002 年《警察改革法》附件 4 第 1 条，出具定额罚单的嫌疑人。

(6)根据 2002 年《警察改革法》附件 5 第 1 条，代理人员出具定额罚单的嫌疑人。或

(7)根据 2006 年《减少暴力犯罪法》第 27 条，巡警要求离开某特定地点并且在 48 小时内不得回到该地点的。

5.12A 根据《警察与刑事证据法》第 64A 条，拍照(1)应经当事人同

意。但当事人拒绝同意或无法获得其同意的,可不经同意拍照;①且(2)只有英国国内及境外的警察机关、其他执法机关、公诉机关或其人员为了打击或侦查犯罪、调查罪行、提起诉讼或执行法院判决或命令时,才可以使用或公开照片。使用或公开照片之后,可保存照片但不得用于其他目的。②

5.13 为被羁押人员拍照的警察,可要求当事人摘掉全部或部分头上或脸上的穿戴。如当事人不遵守此要求,该警察可以实施摘除。

5.14 当事人不愿意配合,导致无法拍到合适的照片且无法秘密拍照的,警察可以使用合理的强制力,③即(1)不经当事人同意为其拍照;且(2)当事人拒绝摘除其头上或脸上的部分或全部穿戴时,警察将实施

---

① 无法获得当事人的同意(见第2.12条)的情况包括:(1)在当事人喝醉或无法表示同意时;(2)在有合理根据怀疑如果当事人知道要为其拍摄按照第5.6条的规定适合被使用或公开的照片他们会采取诸如暴力反抗、遮盖其脸部或使其脸部变形等方法加以逃避,且如此一来无法拍得合适的照片时;(3)在为了获取合适的照片而应秘密拍摄时;及(4)就未成年人而言,如果在足够的时间内无法与其父母或监护人取得联系以得到他们的允许为当事人拍照。

② 旨在打击或侦查犯罪、调查犯罪活动或提起诉讼的实例包括:(1)将当事人的照片跟记录中已有的或与犯罪调查相关的或从犯罪调查中得到的照片作比对,以确认当事人是否会因其他罪行被捕。(2)在当事人与其他人同时被逮捕时,或在逮捕之时其他人也可能被逮捕的,需要拍照以帮助确定是谁在何时何地被逮捕。(3)在当事人的身份未知且无法直接确定或有合理根据怀疑当事人给出的姓名及其他个人信息非其真实姓名及个人信息时,可使用或公开其照片以帮助确认或核实其真实身份或确定他们是否因其他罪行被逮捕。例如,通过将其照片与记录中已有的或与犯罪调查相关的或从犯罪调查中得到的照片作比对。(4)需要安排第3条中规定的任何辨认程序,而当事人的照片对此有帮助的。(5)需要释放当事人,撤销对其起诉的,且释放有以下两种:①以到警局报到为前提下予以保释,如当事人按时缴纳保释金则可以使用其照片以帮助核实其身份,而如未能按时缴纳保释金,则其照片可以用来协助逮捕他们;或②在没有保释的前提下予以释放,其照片可以用来帮助核实其身份或协助确定其位置以传召他们出庭。(6)在当事人已经到警察局缴纳了保释金,但有合理根据怀疑他们不是先前准予保释的当事人时,其照片可以用来帮助确认或核实其身份。(7)在根据逮捕令被逮捕的当事人声称自己不是逮捕令上所指的那个人时,其照片可以用来帮助证实或否定上述言论。(8)在当事人因可留案底罪被起诉、被起诉或被定罪,且由于第(a)款至第(f)款所述的原因其照片还未记录在案或虽然其照片已经记录在案但是其外貌自拍照以来发生了改变且当事人还未被释放或带到法庭。

③ 在警察局以外的其他地方使用强制力为嫌疑人拍照应仔细考虑。为了征得嫌疑人的同意及配合拍照并将其宗教头饰摘除的,巡警应考虑在当时的情况下是否应该由跟当事人性别相同的警察为其摘除头饰并拍照或者由普通民众来实施该行为更为恰当。

摘除。

5.15 就本规程而言,可以不经当事人同意在任何时候通过安装在警局内任何地方的摄影装置制作当事人的影像副本以获取其照片。

3. 告知当事人的信息

5.16 根据第5.1条、第5.12条对当事人实施搜查、检查或拍照时,应告知其以下信息:(1)搜查、检查或拍照的目的;(2)(可行时可告知)批准的根据;及(3)使用、公开或保存照片的规定。

以上信息应在开始搜查或检查之前或拍照之前告知,秘密拍照或根据第5.15条拍照的除外。上述情况下,在拍照或获取照片后应尽快告知当事人。

4. 文件记录

5.17 搜查、检查被羁押人员或在其体表发现辨识标记并拍照的,应予记录。该记录应包括:

A. 执行搜查、检查或拍照的警察的身份(根据第2.18条的规定);

B. 搜查、检查或拍照的目的及其结果;

C. 被羁押人员是否同意接受搜查、检查或拍照,或未经当事人同意对其进行搜查、检查或拍照的理由;

D. 根据第5.2条与第5.3条,批准搜查、检查和拍照的情况,批准的根据及批准的警官。

5.18 如果在根据本条规定进行搜查、检查或拍照时使用了强制力,则应记录下当时的情形及在场的人员。

(二)在警察局未被羁押的人员

5.19 当有合理根据怀疑某人参与了犯罪,但其自行到警局而未被拘留的,应适用第5.1条至第5.18条的规定,同时遵守以下修正条款。

5.20 上述情况,不可适用针对"被羁押人员"及第5.1条在警察局的被羁押人员的规定。

5.21 以下情况不可使用强制力:(1)搜查、检查当事人,查看其身上是否有标记可确认为犯罪当事人或为确认其身份的;[1](2)拍摄辨识标记的;[2]或(3)为当事人拍照。

5.22 按照第5.24条的规定,根据第5.1条或5.2条的规定拍到的嫌疑人或其辨识标记的照片(连同所有的底片及副本)应被销毁,除非当事人存在以下情况:

A. 被起诉犯有可留案底罪或被告知可能会因可留案底罪被起诉;

B. 因可留案底罪被起诉;

C. 因可留案底罪被警示或根据《刑事罪行及扰乱治安法》(1998年)的规定因某可留案底罪行被警告或训诫;或

D. 以书面形式出具同意书,同意将其图像或照片按照第5.6条的规定加以保留。

5.23 根据第5.22条的规定需销毁任何照片的,应允许当事人见证销毁的过程或如当事人在被告知要求销毁之后的5天之内申请获得该销毁行为的证明,则应提供给他们。

5.24 第5.22条中的任何规定都不影响1996年《刑事诉讼及调查法》对保留与刑事调查相关资料作出规定的任何单独条款。

六、通过人体样本和印痕辨认

(一)总则

6.1 关于指称:

A."体内样本"是指牙齿印模或从当事人生殖器的任何部位或从当事人除口腔以外的其他人体体腔部位提取的血液、精液或任何其他组织液、尿液、阴毛或用于擦拭的棉签样本;

B."非体内样本"是指:

① 关于在何种情况下可以提取指纹以协助确认当事人身份,参照第4条。

② 参见第5.4条。

(1)除阴毛以外的毛发样本,包括连根拔起的毛发;①

(2)从指甲或指甲下面提取的样本;

(3)除用棉签提取体内样本的部位以外,自当事人身体的任何部位提取到的用于擦拭的棉签样本;

(4)唾液;

(5)皮肤印痕,指除指纹以外,以任何形式通过任何方法生成的有关当事人足部或其他身体部位的皮肤纹理及其他物理特征的记录。

(二)措施

1. 体内样本

6.2《警察与刑事证据法》第 62 条规定可以根据以下规定提取体内样本:

A. 第 62 条第 1 款,只有在以下情况中才可以对被警方拘留的当事人提取体内样本:

(1)督察或以上级别的警官有合理根据认为此痕迹或样本有助于肯定或否定该嫌疑人曾参与可留案底犯罪的嫌疑,②并批准采集样本;且

(2)该嫌疑人书面表示同意。

B. 第 62 条 1A 款,如果有以下情况,可以对未被警方羁押但在调查犯罪的过程中已经提取了两个或以上非体内样本且样本虽属适当但不够充分的当事人提取体内样本:

---

① 在提取毛发样本以用作 DNA 分析(而非诸如进行视觉匹配之类的其他用途)的,应允许当事人合理地选择从其身体的哪个部位提取毛发。在拔取毛发时,应逐一拔下,除非嫌疑人选择其他方式,且拔取的毛发数量不得超出执行该行为的人合理地认为对于得到充分的样本而言的必要范围。

② 规程中所称的"可留案底罪"指的当事人因犯这些罪而被定罪、警示、训诫及警告的事实可以被记录在国家警方记录中的罪行。见《警察与刑事证据法》第 27 条第 4 款。在本规程生效后,可留案底罪是指那些在定罪时应判徒刑(不论刑期长短或罪犯的年龄或实际通过的判决)以及根据以下法规不应判徒刑的罪行:1824 年《流浪罪法》第 3 条及第 4 条(乞讨与持续乞讨),1959 年《街头犯罪法》第 1 条(以卖淫为目的在街头滞留或拉客行为),1988 年《道路交通法》第 25 条(随意改装机动车),1994 年《刑事诉讼和公共秩序法》第 167 条(兜售租车服务)及其他列于已经修正的 2000 年《国家警方记录(可留案底罪)条例》中的规定。

(1)督察或以上级别的警官批准提取;且

(2)当事人出具了书面同意。①

C. 第 62 条 2A 款,如果有以下情况,可以对在英格兰及威尔士境外被判有罪的当事人提取体内样本;如该罪行是在英格兰及威尔士境内犯下的,且属于《警察与刑事证据法》第 65A 条规定②的罪行,同时根据第 63 条 3E 款③所提取的两个或以上非体内样本已被证实不够充分:

(1)督察或以上级别警官确信提取样本有助于打击或侦查犯罪并予以授权的;且

(2)当事人出具了书面同意。

6.2A《警察与刑事证据法》第 63A 条第 4 款及附件 2A 允许实施以下行为:

A. 在行使第 6.2 条中所述的下列权力时,(根据附件 G)可要求当事人到警局提取体内样本。依法律规定或当事人未能遵守法律要求,在其被捕之后提取所需样本的:

(1)第 62 条 1A 款——对于已经提取了两个或以上非体内样本且已证实不足够的当事人,④并无要求其提供样本的时间限制。

(2)第 62 条 2A 款——对于在英格兰及威尔士境外被定罪且根据第

---

① (1)不充分样本指无论在数量上还是在质量上都不够提供足够的信息以进行诸如 DNA 分析之类的特定分析的样本。如果由于样本的丢失、破坏、损毁或污染或由于之前不成功的分析尝试导致无法从中提取足够的信息,则该样本也是不充分的。(2)不合适样本指的是就其性质而言不适合用于特定分析的样本。(3)第 6.2 条中的任何规定都不影响经当事人同意以排除嫌疑为目的提取体内样本,但应适用与合适的成年人作用相关的第 2.12 条的规定。但是,当非体内样本是之前根据 2000 年《反恐法》附件 8 第 10 条的规定提取的,第 6.2 条 B 款不适用。

② 合格罪行是《警察与刑事证据法》第 65A 条中特指的罪行之一。涉及对他人使用或威胁使用暴力或非法武装的可公诉罪行、性罪行及侵犯儿童罪行包括/例如,谋杀、过失杀人、非法监禁、绑架及下列条款中所列的其他罪行:1861 年《侵害人身罪法》第 4 条、第 16 条、第 18 条、第 20 条至第 24 条,或第 27 条;1968 年《火器管理条例》第 16 条至第 18 条;1968 年《盗窃罪法》第 9 条或第 10 条或该法中涉及致人死亡案件的第 12A 条;1971 年《毁弃罪法》第 1 条规定的应以纵火罪被起诉的罪行;1978 年《儿童保护法》第 1 条;及 2003 年《性罪行法》第 1 条至第 19 条、第 25 条、第 26 条、第 30 条至第 41 条、第 47 条至第 50 条、第 52 条、第 53 条、第 57 条至第 59 条、第 61 条至第 67 条、第 69 条至第 70 条。

③ 参见第 6.6 条 H 款。

④ 参见第 6.2 条 B 款。

63 条 3E 款[①]提取的两个或以上非体内样本已被证实不足够的，并无要求其提供样本的时间限制。

6.3 在要求嫌疑人提供体内样本之前，应：

A. 告知当事人：

(1)实施的理由，包括其涉嫌犯罪的属性(根据第 6.2 条 C 款对在英格兰及威尔士境外定罪的当事人提取的除外)。

(2)批准的事实及批准的法律依据。

(3)在警察局提取的样本可用于推测性分析。

B. 警告当事人无正当理由拒绝提供标本的，其行为将于审判时产生不利影响。[②] 如果其被羁押于警察局且没有法定代理人，警察应提醒其有权获得免费法律咨询。[③] 该提醒应记录在拘留记录上。如适用第 6.2 条 B 款，且当事人是自愿来到警察局的，则警察应说明根据《规程 C》第 3.21 条，其有权获得免费的法律咨询。

6.4 牙齿印模只能由注册牙科医师提取。其他体内样本，除尿液样本以外，只能由注册医师或注册护士或注册护理人员提取。

2. 非体内样本

6.5 经被拘留者书面同意或适用第 6.6 条规定的，可提取非体内样本。

6.6 在以下情况中可不经当事人同意提取非体内标本：

A. 根据第 63 条 2A 款的规定，当事人因可留案底罪被逮捕并被警方羁押的，但警方在调查案件过程中未对其身体同一部位提取相同类型的非体内样本，或已提取了样本但该样本被证实不足够的。

B. 根据第 63 条第 3 款的规定，警方根据法庭授权关押的当事人，侦查警督及以上级别的警官可批准提取身体样本。具体规定如下：

(1)如果负责批准的警官有合理根据怀疑当事人参与了某可留案底的犯罪且认为采集样本有助于肯定或否定嫌疑人的犯罪嫌疑，并

---

① 参见第 6.6 条 H 款。

② 根据第 6.3 条之规定，要求其提供体内样本的当事人作出警告时，可以使用以下警告词："你不是必须提供此样本/棉签样本或印痕，但应注意，如果没有正当理由拒绝此措施，在审判中该拒绝行为可能导致不利推断。"

③ 参见《规程 C》第 6.5 条。

(2)以书面批准或口头批准后尽快追加书面确认的,但是不得批准从当事人身体的同一部位提取多余的由皮肤印痕组成的非体内样本,之前提取的印痕不足的除外。

C. 根据第 63 条 3ZA 款的规定,对于因犯可留案底罪被逮捕且已被释放的当事人,如果有以下情况:

(1)被保释且在调查案件的过程中未曾从其身体的同一部位提取相同类型的样本;或

(2)在调查案件的过程中已经从其身上提取了这样的样本,但是被证实不合适或不够充分。

D. 根据第 63 条 3A 款的规定,对于因涉嫌某可留案底罪已被起诉或被告知会因此罪被起诉的当事人(不论是否被警方拘留或在法院授权的情况下由警方关押),如果有以下情况:

(1)在调查案件的过程中未曾从其身上提取非体内样本;

(2)已经从其身上提取了这样的样本,但是被证实不合适或不够充分;①

(3)在调查案件的过程中已经从其身上提取了某样本,且该样本已经被销毁,而在该案件的诉讼过程中发生关于涉案 DNA 图谱是否取自被毁样本的争议的。

E. 根据第 63 条 3B 款的规定,如果当事人:

(1)被判犯有可留案底的犯罪;

(2)因涉嫌某可留案底罪接受权利告知且在警告时认罪的;或

(3)根据 1998 年《刑事罪行及扰乱治安法》第 65 条,因某可留案底犯罪被警告或训诫,自其被定罪、警示、警告或训诫时起,未从其身上提取非体内样本或已经提取的样本被证实不合适或不够充分的,上述情况,经督察或以上级别的警官确信提取指纹有助于打击或侦查犯罪且批准的。

F. 根据第 63 条 3B 款的规定,可对当事人适用 1997 年《刑事证据(修订)法》第 2 条(被羁押的当事人因患精神病或无罪判决被释放)。

---

① (1)不充分样本指无论在数量上还是在质量上都不够提供足够的信息以进行诸如 DNA 分析之类的特定分析的样本。如果由于样本的丢失、破坏、损毁或污染或由于之前不成功的分析尝试导致无法从中提取足够的信息,则该样本也是不充分的。(2)不合适样本指的是就其性质而言不适合用于特定分析的样本。

G. 根据第 63 条 3E 款的规定，对于在英格兰及威尔士境外被定罪的当事人，而如该罪行是在英格兰及威尔士境内犯下的则根据《警察与刑事证据法》第 65A 条的规定属合格罪行，①如果有以下情况：

(1)之前从未根据该权力从其身上提取过非体内样本或除非按照该授权提取的某样本不合适或不够充分；且

(2)督察或以上级别的警官确信提取样本有助于打击或发现犯罪且批准提取的。

6.6A《警察与刑事证据法》第 63A 条第 4 款及附件 2A 授权以下行为：

在行使第 6.6 条中所述的下列权力时，(根据附件 G)要求当事人到警局提取非体内样本，而该权力适用于根据该要求提取所需样本时：

(1)第 63 条 3ZA 款所规定的因涉嫌犯可留案底罪被逮捕且已被释放的当事人，②自负责案件调查的警察被告知之前提取的样本不合适或不足之日起的 6 个月内提出。

(2)第 63 条 3A 款所规定的涉嫌犯可留案底罪被起诉的当事人，③应自以下日期起的 6 个月内提出：当事人被起诉或被起诉之日(如自那时起未曾从其身上提取过样本)，或负责案件调查的警察被告知之前提取的样本不合适或不足之日。

(3)第 63 条 3B 款所规定的涉嫌在英格兰及威尔士境内犯可留案底罪被定罪、警示、警告或训诫的当事人④，已确认当事人的罪行或其他行为系

---

① 合格罪行是《警察与刑事证据法》第 65A 条中特指的罪行之一。涉及对他人使用或威胁使用暴力或非法武装的可公诉罪行、性罪行及侵犯儿童罪行包括/例如，谋杀、过失杀人、非法监禁、绑架及下列条款中所列的其他罪行：1861 年《侵害人身罪法》第 4 条、第 16 条、第 18 条、第 20 条至第 24 条，或第 27 条；1968 年《火器管理条例》第 16 条至第 18 条；1968 年《盗窃罪法》第 9 条或第 10 条或该法中涉及致人死亡案件的第 12A 条；1971 年《毁弃罪法》第 1 条规定的应以纵火罪被起诉的罪行；1978 年《儿童保护法》第 1 条；及 2003 年《性罪行法》第 1 条至第 19 条、第 25 条、第 26 条、第 30 条至第 41 条、第 47 条至第 50 条、第 52 条、第 53 条、第 57 条至第 59 条、第 61 条至第 67 条、第 69 条至第 70 条。

② 参见第 6.6 条 C 款。

③ 参见第 6.6 条 D 款。

④ 参见第 6.6 条 E 款。

适格犯罪的[1],取样没有时间限制。当事人确定的罪行或其他的罪行非适格犯罪,则应在以下日期起的2年内提出要求:当事人被定罪、警示、警告或训诫之日,或附件2A生效之日(果自那时起未曾从其身上提取过样本),或隶属于负责案件调查的警察机关的警察被告知之前提取的样本不合适或不足之日或附件2A生效之日(如该时间较晚)。

(4)第63条3E款规定的在英格兰及威尔士境外被判犯适格犯罪[2]的当事人,根据第6.6条H款,取样没有时间限制。[3]

3. 无须逮捕令便可逮捕未能遵守该要求的当事人

6.7 根据第6.6条,必要时可以使用合理的强制力不经当事人同意从其身上提取非体内样本。

6.8 在提取任何非体内样本之前:

A. 未经当事人同意,实施第6.6条及第6.6A条中规定措施时,应告知以下内容:

(1)提取该样本的理由;

(2)根据哪项授权提取该样本;

(3)事实,即适用第6.6条B款、E款或H款的措施,且已获得授权。

B. 在警察局或其他地方无论是否经当事人同意,均应告知以下内容:

(1)提取的任何样本或衍生信息都可能被用来作推测性检验,及与其

---

① 合格罪行是《警察与刑事证据法》第65A条中特指的罪行之一。涉及对他人使用或威胁使用暴力或非法武装的可公诉罪行、性罪行及侵犯儿童罪行包括/例如,谋杀、过失杀人、非法监禁、绑架及下列条款中所列的其他罪行:1861年《侵害人身罪法》第4条、第16条、第18条、第20条至第24条,或第27条;1968年《火器管理条例》第16条至第18条;1968年《盗窃罪法》第9条或第10条或该法中涉及致人死亡案件的第12A条;1971年《毁弃罪法》第1条规定的应以纵火罪被起诉的罪行;1978年《儿童保护法》第1条;及2003年《性罪行法》第1条至第19条、第25条、第26条、第30条至第41条、第47条至第50条、第52条、第53条、第57条至第59条、第61条至第67条、第69条至第70条。

② 参见注释①。

③ 在上述与任何犯罪相关的情况中已经按照第6.6条及第63条的规定从其身上提取了非体内样本的,不得按照附件2A的规定要求其到警局再次按照提供样本,经督察或以上级别警官批准的除外。批准的事实及理由应尽快记录在案。

他样本或衍生信息进行比对，①及

(2)提取的任何样本或衍生信息都可根据附件 F 的 A 条予以保留。

4. 去除衣物

6.9 凡需要当事人脱掉衣服，且可能导致其感到窘迫的，则除注册医师或注册专业保健师外的异性不得在场(除非当事人是未成年人或者是患有精神失常或精神障碍者，特别要求某位能够到场的异性合适成年人在场)，任何其他人员均不得在场。但在当事人是未成年人的情况下，上述规定受另一重要条款的限制，即，只有当事人在合适的成年人的面前表明其不需要合适成年人在场，且该合适成年人亦表示同意的，才可在合适成年人不在场的情况下要求当事人脱掉衣服。

5. 文件记录

6.10 在提取样本之后，应尽快将以下内容记录在案：第 6.8 条 A 款(1)项至(3)项的规定事项及已经告知当事人事项的事实，及已经告知当事人第 6.8 条 B 款(1)项及(2)项规定事项的事实。

6.10A 如果使用了强制力，则记录下当时的情形及在场的人。

6.11 根据上述第 6.3 条的规定要求给予的警告应被记录在案。

6.12 废止。

---

① 对因涉嫌参与某可留案底罪被逮捕，或被以该罪名起诉，或被告知他会因该罪行被起诉的当事人提取指纹或 DNA 样本及衍生信息可作为推测性分析的对象。这意味着可以将这些指纹及 DNA 样本与英国境内或境外的警方及其他执法机关或其人员持有的指纹及 DNA 记录做比对，或与涉及英国境内或境外的犯罪调查或从中得到的指纹及 DNA 记录做比对。对其他当事人如涉嫌犯有可留案底罪但没被逮捕、起诉或告知将被起诉的当事人采集到的指纹及样本，只有在当事人出具书面认可时才可用作推测性分析。下面是同意书的基本内容："我同意将我的指纹/DNA 样本及从中获取的信息保留并只用于与在国内或国际上打击、侦查及调查犯罪或提起诉讼相关的用途。我清楚此样本或被用于国内或国际上的相关执法机关或其代表持有的其他指纹/DNA 记录进行比对。我清楚一旦我同意保留并使用此样本，则此同意书将不可撤回。"关于经当事人同意之后以排除嫌疑为目的提取到的指纹及样本的保留及使用，参见附件 F。

附件 A　录像辨认

(一)总则

1. 为获取一组适合用于录像辨认的图像及确保其有效性所做的安排,应由未直接参与本案调查的负责辨认的警官负责。

2. 该组图像应包含嫌疑人和至少另外 8 名年龄、身高、大致外貌及生活地位与嫌疑人尽可能相似的人员。每组图像中只应含 1 名嫌疑人,除非 2 名嫌疑人有着大致相似的外貌,在这种情况下,他们可以与至少 12 名其他人员同时出现。

2A 如果嫌疑人具有不寻常的身体特征,例如,面部疤痕、文身或独特的发型或头发颜色,而这些在可供使用的其他人的图像中没有,则可以采取措施以:

A. 在嫌疑人及其他人的图像上隐藏此特征的位置;或

B. 在其他人的图像上复制此特征。

为达到上述目的,可以使用电子或其他可行的方法隐藏或复制此特征,以确保嫌疑人的图像跟其他人的图像彼此相似。负责辨认的警官有权选择隐藏还是复制此特征以及使用的方法。如果证人已经描述了某种不寻常的身体特征,则负责辨认的警官应在可行的前提下将此特征复制。如果证人没有描述,则隐藏此特征会更合适。

2B 如果负责辨认的警官决定某特征应被隐藏或复制,则应记录下做此决定的理由及此特征在出示给证人看的图像上是被隐藏了还是被复制了。

2C 在某显著的身体特征已经被隐藏或复制时,如果证人要求看此特征未被隐藏或复制之前的图像,可以允许他们这么做。

3. 用于进行录像辨认的图像应尽可能在嫌疑人与其他人处于相同的位置或在做相同的动作时拍摄。还要显示出拍摄时嫌疑人与其他人处于完全相同的条件下,除非负责辨认的警官有合理根据认为:

A. 因嫌疑人未能配合或拒绝配合或其他原因,导致拍摄条件不能完全一致;且

B. 拍摄条件中存在的任何差异都不会将证人的注意力导向任何个人的图像。

4. 导致拍摄条件无法保持统一的理由应被记录在专用的表格上。

5. 每一名被拍摄的人应配有一个区别于他人的编号。

6. 如拍摄警察,任何代表其身份的符号或徽章应被遮蔽。如某一监狱犯人参加拍摄,无论其是否作为嫌疑人,所有被拍摄的人一律应穿狱服或一律不穿狱服。

7. 在给证人放映制成的完整录像之前,应先给嫌疑人或其律师、朋友或合适的成年人合理的机会观看此录像。如果嫌疑人对录像或其他任何参加录像的人有合理的反对意见,则应让他说明反对的理由。在条件允许时应采取一切措施以消除使他产生反对意见的因素。如不可行,则应向嫌疑人及/或其代表解释不能认同其反对意见的原因,并在专用表格上记录下他提出反对意见的理由及为何不能得到认同的原因。

8. 根据第 7 条的规定进行录像辨认之前,应向嫌疑人或其律师提供将要参与录像辨认的证人最初对嫌疑人所作的详细描述。如第 3.28 条规定制作了电视节目或出版物的,在可行及不会导致案件调查出现不合理延迟的情况下,还应允许嫌疑人或其律师查看警方为辨认或追踪嫌疑人向媒体提供的任何资料。

9. 凡可能的情况下,应通知嫌疑人的律师将在何时何地进行录像辨认,以便嫌疑人的代理人到现场观看录像。给证人放映录像时,嫌疑人不必在场。嫌疑人的律师不在场时,观看录像的过程应被录像。未经授权的,任何人均不得在场。

(二)录像辨认的进行

10. 在证人观看录像之前,负责辨认的警官负责做适当的安排以确保证人无法就有关案件互相交换意见,无法预先看到录像、看到或提到嫌疑人的任何照片或对其描述,或被给予任何与嫌疑人身份相关的提示,或偷听到已经观看过录像的其他证人的谈话。不得与证人讨论录像的内容,且不得向其透露前一个证人是否已作出任何辨认。

11. 证人只能逐一地单独观看录像。在即将进行录像辨认之前,应告知证人,之前某特定情况下见过的人可能会也可能不会出现在录像中;如果其无法作出肯定的辨认，应该如实说明。应向证人建议，任何时候都可以要求重看录像的某一部分或定格某一画面，以便仔细观看。此外，还应向其说明，观看整段或部分录像的次数没有限制。但应要求其至少将整段录像观看 2 遍之后才能判定见过的那个人是否在录像中。

12. 证人将整段录像观看了至少 2 遍以后，并表明不必再观看全部或任何部分的录像时，负责辨认的警官应要求证人说明其在之前的特定场合见到过的人是否出现在录像中，如果出现在录像中，则应指明其编号。负责辨认的警官会再次播放画面，以确认证人的辨认结果。①

13. 负责辨认的警官务求谨慎，以避免将证人的注意力引向录像中的任何人，或对嫌疑人的身份作出任何暗示。凡证人以前作过照片辨认或拼图辨认，根据本规程可以通过其他方式对嫌疑人做辨认的，不得利用这些照片、拼图或类似图片提示证人，也不得用任何有关对嫌疑人的描述对证人进行提示。

14. 在录像辨认之后，应询问每一位证人是否看见过与案件相关的电视节目或已发布的录像或照片，或对嫌疑人的任何描述，且应将其回答记录在案。

(三)录像的保密及销毁

15. 负责辨认的警官有责任作出安排以保证用于特定辨认程序的录像的所有相关资料被妥善保管，并对它们的去向作出解释。尤其重要的是，在证人观看录像之前，参与调查的任何人员均不得观看该资料。

16. 如情况允许，第 3.30 条与第 3.31 条适用于销毁或保留相关录像。

(四)文件记录

17. 警方知悉的所有参加录像拍摄或观看录像的人员姓名，均应被记录在案。

18. 录像辨认的执行过程应被记录于专用表格上。该记录应包括证人对辨认或程序的陈述，以及无法遵守本规程对录像辨认所作规定的理由。

---

① 参见第 17 条。

附件B　列队辨认

一、总则

1. 应给予嫌疑人合理的机会让其律师或亲友到场。负责辨认的警官应要求其在通知书的副本上表明是否愿意让他人到场。

2. 列队辨认可在普通房间或在装有屏幕的房间进行，以便证人在不被看见的条件下可以观察到参与列队辨认的人员。列队辨认的组成和执行程序在上述两种情况下相同，但不得违反第8条的规定(使用屏幕进行列队辨认的，嫌疑人的律师、朋友或合适成年人在场或列队辨认同步录像时才可进行)。

3. 进行列队辨认之前，应向嫌疑人或其律师提供任何参与列队辨认的证人最初对嫌疑人所作的详细描述。根据第3.28条的规定制作了电视节目或出版物，在可行及不会导致案件调查出现不合理延迟的情况下，嫌疑人或其律师应被允许查看警方为辨认或追踪嫌疑人向媒体提供的任何资料。

二、监狱犯人参加的列队辨认

4. 如需要某监狱在押犯人参加辨认，且离开监狱不会产生安全问题的，可以要求其前来参加列队辨认或录像辨认。

5. 列队辨认可在监狱中进行，但应尽可能按照一般列队辨认的规则执行。除有严格的安全或限制措施禁止进入的监狱外，可由普通民众担任列队辨认的组成人员。在这种情况下，或者已在监狱里安排了群体辨认或录像辨认，则可由其他监狱犯人参加辨认。如某监狱犯人是嫌疑人，则在列队辨认时其不应穿狱服，除非参加辨认的其他人都是穿狱服的同监犯人，或是愿意为此而穿着狱服的普通民众。

三、列队辨认的进行

6. 即将进行列队辨认之前，负责辨认的警官应提醒嫌疑人相关的程序，如条件允许应向其进行《规程 C》第 10.5 条或第 10.6 条的权利告知。

7. 未被授权参与辨认的人员不得在进行列队辨认的场所停留。

8. 参加列队辨认的人员排列妥善后，应在嫌疑人及翻译、律师、朋友或在场的合适成年人可以看到并听见的范围内进行列队辨认(使用屏幕的列队辨认除外。在该情况下，在进行列队辨认的场所、证人的陈述及对证人提问，应在嫌疑人的律师、朋友或合适成年人的听力和视力所及的范围内进行，或者进行同步录像)。

9. 列队辨认应不少于 8 人(除嫌疑人外)，组成人员在年龄、身高、大致外貌及生活地位方面与嫌疑人尽可能相似。每一列队中只应有 1 名嫌疑人，2 名嫌疑人外貌近似的除外。在该情况下，可另外安排不少于 12 名参加列队。任何情况下，不得将 2 名以上的嫌疑人列入同一列队，需要分别进行列队辨认时，每个列队应由不同的人组成。

10. 如果嫌疑人具有显著的身体特征(例如面部疤痕、文身、独特的发型或头发颜色)，且这些特征在参与列队辨认的其他成员的身上无法复制，则在嫌疑人及其律师或合适成年人同意的前提下，可以要求嫌疑人及其他列队辨认者遮盖身上有特征的位置(例如，涂上灰泥或戴上帽子)，从而使所有列队辨认的成员在外表上都大致相似。

11. 如果某团伙的所有成员都可能是嫌疑人，则应为这一团伙的每个成员分别进行列队辨认，2 名嫌疑人外貌近似的除外。在该情况下，可另外安排不少于 12 名参加列队。由穿制服的警察加入辨认列队的，应遮蔽任何编号或其他显示其身份的标记。

12. 当嫌疑人被带到列队辨认的地点时，负责辨认的警官应问他是否对列队辨认的安排或任何其他参加列队辨认的成员有任何异议，并请他说明理由。列队辨认开始之前，嫌疑人可向其律师或朋友(如在场)寻求法律建议。如果嫌疑人对列队辨认的安排或任何其他参加列队辨认的成员的异议是合理的，则在条件允许时应采取措施消除造成嫌疑人不满的因素。如无法做到，则负责辨认的警官应告诉其为何不能认同该异议，并在专用表格上记录异议的理由及不能认同的原因。

13. 嫌疑人可在列队中选择他的位置,但不得干涉其他成员的顺序。在有2名以上证人时,负责辨认的警官应在每一名证人离开房间后告知嫌疑人,如果其愿意可以重新调换位置。列队中的每一个位置应标有明显的号码,可以在每个人站立位置前面的地上放上编号,或使用其他方式进行编号。

14. 在证人参加列队辨认之前,负责辨认的警官应作出适当的安排以确保证人不得有以下行为:

(1)就案件情况互相交换意见,或偷听到已做过列队辨认的证人谈论有关情况;

(2)见到任何参与列队辨认的成员;

(3)看见或提示任何嫌疑人的照片或对嫌疑人的描述,或获得有关嫌疑人身份的提示;或

(4)在做列队辨认之前或之后见到嫌疑人。

15. 指挥证人做列队辨认的人员不得与证人谈论辨认的组成人员,尤其不得向其透露是否前一个证人已作出任何辨认结果。

16. 证人应逐一前来做辨认。在即将观察列队成员之前,负责辨认的警官应告知他,他在之前的某特定场合见到过的人可能在,也可能不在列队当中,如果他不能作出肯定的辨认,他应如实说明。还应告诉证人应至少对列队中的每个成员观察过2遍之后,才能判断他之前见过的那个人是否在辨认列队中。

17. 当执行辨认程序的警官或警察局工作人员①确信证人已对每一位列队成员都做了仔细观察时,应该询问证人在之前的某特定场合见到过的人是否在列队中。如果在,让其指出当事人的编号。②

18. 如证人希望听到任何一位列队成员讲话,或希望他作出某一特定姿势或进行走动,负责辨认的警官应询问证人是否能在观察外表的基础上进行辨认。当证人要求听一下列队成员讲话时,应提醒他参与列队辨认的成员只是基于外表挑选的。然后可以要求列队人员按照证人的请求去做,以便让证人听到、观察到其走动或特定姿势。

19. 如果证人要求某个列队成员拿掉根据第10条用于遮蔽身体特征位置的物品,则可以要求该人将其拿掉。

---

① 参见第3.1条。

② 参见第28条。

20. 如证人在列队辨认结束的事后才作出辨认，则嫌疑人及其律师(如在场)、翻译或朋友应被告知这一点。当这种情况发生时，需考虑是否再给证人一次机会对嫌疑人做辨认。

21. 在列队辨认进行完毕后，应询问每一名证人是否曾经收看过任何与该案件相关的电视节目、已发行的电影或照片或对嫌疑人的描述，且应将他们的回答记录在案。

22. 当最后一个证人离开辨认现场后，负责辨认的警官应询问嫌疑人是否希望对列队辨认发表任何意见。

四、文件记录

23. 通常应对列队辨认的过程同步录像。如不可行，则应拍下彩色照片。如当事方提出要求，则录像或照片的副本应在合理的时间内提供给嫌疑人或其律师。

24. 如条件允许，第 3.30 条或第 3.31 条应适用于按照第 23 条的规定拍摄到的任何照片或录像。

25. 如某人因干扰列队辨认而被要求离开辨认现场，当时的情况应记录在案。

26. 警方知悉列队辨认人员姓名的，应记录在案。

27. 如列队成员由监狱犯人组成，应被记录在案。

28. 列队辨认应记录于专用表格上。该记录应包括证人或嫌疑人讲过的与任何辨认或程序有关的陈述，以及无法遵守本规程条款的原因。

附件C　群体辨认

一、总则

1. 此附件的目的在于尽可能确保群体辨认根据列队辨认的原则及程序进行，以便测试证人辨认能力，保障嫌疑人的合法权益。

2. 群体辨认既可以在取得嫌疑的同意及合作下进行，也可以在没有取得其同意时秘密进行。

3. 负责辨认的警官有权决定群体辨认的地点，但应考虑嫌疑人本人、其合适成年人、律师或朋友的意见。

4. 进行群体辨认的地点应是无其他人经过或逗留的地方，嫌疑人应便于加入人群，且证人可以看到嫌疑人及其他人员（例如，走下电梯的人群、在购物中心走动的行人、在火车站及公交站排队等车的乘客或其他公共场合中站在一起或坐在一起的人群等）。

5. 秘密进行群体辨认的，辨认地点应为能找到嫌疑人，且有他人在场的地方。在该情况下，合适的位置可能是嫌疑人经常行走的线路，如汽车站或火车站或嫌疑人经常出没的公共场合。虽然负责辨认的警官无法控制在场的其他人员的数量、年龄、性别、种族、外表及服装样式，但在选择地点时仍应考虑到可能出现的人员的人数及其外貌。尤其重要的是，应合理判断证人在观察人群时能否看到与嫌疑人的外貌近似的其他人。

6. 负责辨认的警官认为由于嫌疑人的外貌特殊，为保证辨认的公平，未找到符合第6条规定的辨认地点的，可不进行群体辨认。

7. 群体辨认（无论是否经过嫌疑人同意）开始进行后，只要条件允许，应立即将辨认现场的大概场景用彩色胶片拍照或录像，以便对现场的场景及在场的人数进行记录；或者，在可行情况下对群体辨认的过程进行同步录像。

8. 无法根据第8条进行拍照或录像的，如果可行，负责辨认的警官应确定稍后的时间对辨认现场进行拍照或录像。

9. 在证人观察嫌疑人时，嫌疑人并非在一群人当中，而处于独自一人的状态,只要辨认是根据本规程进行的,则属于群体辨认。

10. 进行群体辨认之前,应向嫌疑人或其律师提供将要参加辨认的证人最初对嫌疑人所作的详细描述。根据第3.28条的规定制作了电视节目或出版物的,在可行且不会导致侦查延迟的情况下,应允许嫌疑人或其律师查看警方向媒体提供的任何资料。

11. 在群体辨认进行完毕后,应询问每一名证人其是否曾经收看过任何与该案有关的电视节目、已发行的影像、照片或对嫌疑人的描述,且应将他们的回答记录在案。

二、嫌疑人同意的辨认

12. 应给予嫌疑人合理的机会以通知其律师或朋友到场,应要求其在通知书的副本上写明是否愿意让其律师或朋友到场。

13. 证人、负责执行辨认的警官及嫌疑人的律师、合适成年人、朋友或证人的翻译在现场观察时,如负责执行辨认的警官认为有助于辨认的进行,应避开观察对象的视线。

14. 指挥证人进行群体辨认的人员不得与证人谈论参加人员的身份,尤其不得向其透露是否前一个证人已作出任何辨认结果。

15. 在辨认过程中,对证人的说明及证人关于辨认的陈述,应在出席辨认程序的所有人员可见、可闻的范围内进行。

16. 在证人参加群体辨认之前,负责辨认的警官应作出合适的安排以确保证人不得出现下列情况:

(1)就案件情况互相交换意见,或偷听到已经有机会在人群中看见嫌疑人的证人谈论有关情况;

(2)见到嫌疑人;或

(3)看见或被提示任何嫌疑人的照片或对嫌疑人的描述,或接受有关嫌疑人身份的提示。

17. 证人应被逐一带到要进行群体辨认的地点。在证人即将观察人群之前,负责执行辨认的警官应告知他:他以前见到过的人可能在、也可能不在人群中;如他不能肯定地作出判断,应如实说明。然后要求证人对包括嫌疑人在内的人群进行观察,观察的方式则取决于该人群是移动的还是静止不动的。

(一)移动的人群

18. 如嫌疑人夹杂在正在移动的人群中(例如正从电梯中走出来的人群),应按下文第 20 条至第 24 条的规定处理。

19. 如两名或两名以上的嫌疑人同意参加群体辨认,则对每个人的辨认应分别进行。几次辨认可在同一场合连续进行。

20. 负责执行辨认程序的警官应让证人观察辨认群组,并指出其认为之前某特定场合见到过的任何人。

21. 负责辨认的警官根据第 21 条对证人进行询问后,应允许嫌疑人根据意愿在人群中选择任何位置。

22. 当证人按照第 21 条的规定指出某人就是他之前见到过的人时,如实际可行,则应要求他于近处再仔细观察此人以确认其辨认结果。如不可行或证人无法确认辨认结果,则应询问证人对指认嫌疑人有多大把握。

23. 根据第 6 条的规定,证人应不间断地对辨认群体进行一段时间的观察,其时间的长短由负责辨认的警官决定,应是证人能够对嫌疑人与其他外貌近似的人作出所需要的合理时间。

(二)静止不动的人群

24. 当包括嫌疑人在内的辨认群组处于静止状态时(例如人们正在排队),应遵循下文第 26 条至第 29 条的规定。

25. 如两名或两名以上的嫌疑人同意参加群体辨认,应安排他们分别加入不同的辨认群组,同一群体中有 2 名外貌近似的嫌疑人的除外。分别进行群组辨认时,每一群体应由不同的人员组成。

26. 嫌疑人可随意选择在辨认群组中的位置。有 2 名以上证人时,应在不被证人看到或听到的情况下,告知嫌疑人可根据其自身意愿调换在辨认群体中的位置。

27. 负责辨认的警官应要求证人从辨认群组旁边或中间走过,并根据情况尽可能仔细地且不受时间限制地对人群中的每个人观看至少 2 遍后再作辨认。一旦证人作出辨认,负责辨认的警官应询问他,他之前在某特定场合下见到过的人是否在人群中,并让他用负责辨认的警官认为在当时的情况下比较恰当的方法指出那个人。如果这样做不切实际,应要求证人直接指出其在之前某特定场合下见到过的那个人。

28. 当证人根据第28条指出某人是他以前见到过的人时,如实际可行,负责辨认的警官应安排证人于近处再仔细观察此人以确认其辨认结果。如果这样做不切实际,则应询问证人他对于他所指出的那个人就是当事人这一点有多大把握。

(三)所有情况下

29. 如嫌疑人无正当理由而延迟参加群组辨认,或在加入辨认群体后故意从证人的视野中躲开,则其行为可被视为拒绝为群体辨认提供合作。

30. 如证人辨认出的人不是嫌疑人,应将这一事实告知此人,并问他是否愿意将他的姓名及地址留下。公民并无义务告知警方这些资料。警察也没有责任记录组成辨认群体,或出现在群体辨认场所的其他公民的详细资料。

31. 在群体辨认进行完毕时,应询问嫌疑人是否愿意对辨认程序的执行发表任何看法。

32. 应将证人所作的任何辨认结果告知嫌疑人(如在此之前,他未被告知任何结果)。

三、未经嫌疑人同意的辨认

33. 在暗中进行的、未经嫌疑人同意的群体辨认,应尽可能遵循经嫌疑人认可的群体辨认规则进行。

34. 嫌疑人无权要求律师、合适成年人或朋友前来辨认现场,因为这种辨认是在嫌疑人对辨认没有察觉的情况下进行的。

35. 同时接受辨认的嫌疑人的人数不限。

四、在警察局进行的辨认

36. 为了安全起见或由于在其他地方进行这种辨认不切实际时,可在警察局进行群体辨认。

37. 群体辨认可在一间装有屏幕的、以便证人能在暗中观察辨认群体的房间进行,或在负责辨认的警官认为适当的警察局内的其他地方进行。

38. 如负责辨认的警官认为在当时的情况下实际可行,应适用列队辨认的附加保障措施也应被遵循。

五、监狱犯人参加的辨认

39. 监狱犯人参加的群体辨认只能被安排在监狱或警察局进行。

40. 凡是有监狱犯人参加的群体辨认，无论是在监狱或在警察局进行，应根据本附件的第 37 条至第 39 条的规定进行安排。如群体辨认是在监狱内进行，其他同监犯人可以参加辨认。如果嫌疑人是监狱犯人，也可以不必穿狱服参加辨认，除非其他参加辨认的成员都穿同样的狱服。

六、文件记录

41. 根据第 8 条或第 9 条的规定对辨认过程进行了拍照或录像的，如嫌疑人或其律师提出要求，则应在合理的时间内向其提供一份照片或录像带的副本。

42. 适当时，第 3.30 条或第 3.31 条应适用于根据本附件第 8 条或第 9 条拍得的照片或录像中包含有嫌疑人的情形。

43. 群体辨认应在专用表格上作记录。记录应包括证人或嫌疑人所说的关于任何辨认或程序执行的所有内容，及本规程中对于群体辨认的任何规定因实际情况未被执行的原因。

附件 D 证人当面辨认

1. 在进行当面辨认之前,应告知证人,他将当面辨认的人可能是、也可能不是他以前见到过的人;如要不是那个人,应如实说明。

2. 在进行当面辨认之前,应向嫌疑人或其律师提供将要当面辨认嫌疑人的证人最初对嫌疑人所作的详细描述。当按照第 3.28 条的规定制作了电视节目或出版物时,嫌疑人或其律师应被允许查看警方为辨认或追踪嫌疑人向媒体提供的任何资料,前提是该做法实际可行,且不会使对案件的调查造成不合理的延迟。

3. 不得使用强制力使证人看见嫌疑人的脸。

4. 当面辨认应在嫌疑人的律师、翻译或朋友在场时进行,除非这样做会对辨认造成不合理的延迟。

5. 每个证人应独自当面辨认嫌疑人。届时,应向证人如此提问:"是否是这个人?"如果证人辨认出当事人但无法确认,则应询问证人对此人就是他之前所见人员的把握性。

6. 当面辨认一般情况下应在警察局进行,可以在普通房间进行,也可以在装有屏幕的房间进行,以便证人在安全条件下观察嫌疑人。这两种情况的执行程序相同。嫌疑人的律师、朋友或合适成年人在场时或当面辨认同步录像之外的情形,可使用装有屏幕的房间。

7. 在辨认程序进行完毕时,应询问每个证人他是否曾看到过任何与案件有关的电视节目、已发行的电影或照片或任何对嫌疑人的描述,并将其回答记录在案。

附件E 出示照片

一、措施

1. 警司或以上级别的警察负责监督和指导出示照片。出示照片的行为本身则可由另外的警察或警察局工作人员执行。①

2. 在向证人出示照片之前，负责监督的警察应确定证人最初对嫌疑人所作的描述已被记录在案。如不能确定该已记录在案，则应推迟出示照片。

3. 每次只能单独向一个证人出示照片，应尽可能给证人独处的机会，不得允许他与本案其他的证人有任何交流。

4. 每次向证人出示的照片不得少于12张，应尽可能保证所有这些照片的风格都相似。

5. 出示照片给证人时，应向他说明：他以前见到过的那个人的照片可能在、也可能不在其中，且如果不能作出确定的辨认应该如实说明。还应告诉证人应在看完至少12张照片之后才能作出决定。不得用任何方法对证人做任何提示或指点，应让他自己在没有任何帮助下进行选择。

6. 如某证人从照片中作出了肯定的辨认，不得再向其他证人出示照片，嫌疑人因其他原因不再属于被调查对象或照片已经无效的除外。应要求已经做了肯定辨认的那名证人参加录像辨认、列队辨认或群体辨认，对辨认结果没有争议的除外。

7. 如果证人作出了选择但无法确认其辨认结果，则负责出示照片的人应询问证人其辨认的把握性。

8. 使用面部拼图或类似的图片导致已知身份的嫌疑人可能被要求参加录像辨认、列队辨或群体辨认的，不得将该图片出示给其他证人。

9. 在参加列队辨认的证人之前曾被出示过照片、照片拼图、面部拼图或类似图片的（负责调查的人员有义务向负责辨认的警官说明该情况），在辨认程序开始之前，应告知嫌疑人及其律师该事实。

---

① 参见第3.11条。

10. 无论是否有辨认结果，一律不得销毁照片，因为在法庭上可能需要将这些照片作为呈堂证供。照片应被编号，在证人辨认时装在镜框或影集里的照片应拍照复制。

二、文件记录

11. 无论是否有辨认结果，出示照片的过程应被记录在专用的表格上。该记录应包括证人所说的关于任何辨认或程序执行的内容，本规程中对于出示照片的规定因实际情况未被执行的原因，以及负责监督的警官的姓名及警衔。

12. 负责监督的警官应尽快审查并在该记录上签名。

附件 F

指纹、鞋印及样本的销毁与推测性分析

一、侦查中从嫌疑人处提取的涉案指纹、鞋印及样本

1. 对于在刑事调查中从嫌疑人处提取的与该调查相关的指纹、鞋印及样本的保留与销毁应遵循《警察与刑事证据法》第64条的规定。

二、侦查中从非嫌疑人处提取的涉案指纹、鞋印及样本

2. 从与侦查相关但未涉嫌犯罪的当事人处提取到的指纹、鞋印或DNA样本，在完成其使命之后应被尽快销毁，有以下情况的除外：(1)因调查已定罪的犯罪行为；且(2)已从该案已定罪者处提取了指纹、鞋印或样本的。

3. 根据第2条的规定，不可将指纹、鞋印、样本及从样本中提取的信息用于调查任何犯罪活动或用作指证有权或被授权可以销毁指纹、鞋印及样本的当事人。①

4. 当事人出具了书面认可，同意继续保留并使用指纹、鞋印或样本的，可不适用第1条销毁指纹、鞋印、DNA样本及从样本中提取的信息的

① 第1条中与指纹、鞋印及样本的保留相关的条款规定在一个案件中提取的所有指纹、鞋印及样本都可以用于任何后续的对误判的调查。

规定。①

当应销毁当事人的指纹、鞋印或样本时：

A. 指纹和鞋印的任何副本应被同时销毁。

B. 在被告知需要销毁之后的 5 天内提出申请的；当事人可见证指纹、鞋印或副本的销毁过程。

C. 应尽快停止使用计算机指纹数据，且应在当事人提出要求之后的 3 个月内提交相关证明材料；且

---

① 为排除嫌疑，当事人自愿提供的指纹、鞋印及样本在许多警方调查中都起到了重要的作用。因此，确保志愿者的参与，并使其明白在自愿前提下提供指纹、鞋印及 DNA 用于案件调查。如果警方或志愿者在案件调查结束之后希望保留这些指纹、鞋印或样本，则在完全知情且自愿的前提下获得志愿者的同意非常重要。以下是同意书的例子：DNA、指纹、鞋印只能用于某特定调查；DNA、指纹、鞋印用于某特定调查且由警方保留以备后用。为避免产生混淆，每一份同意书应各自独立，且应该请当事人在每一份同意书上签字。(1)DNA：①为排除嫌疑或作为情报主导审查的一部分而提取的且只能用于该调查且在完成使命之后应被销毁的 DNA 样本："我同意提取我的 DNA、口腔采样棉签以用于法医检定。我知道此样本在本案结束之后会被销毁且只能将我的图谱与本调查中提取到的犯罪现场的污点图谱作比对。我已经被告知从我身上提取此样本的人可能需要作证且/或向警方提供一份与提取此样本相关的书面声明。"②要被保存在国家 DNA 数据库中以备后用的 DNA 样本："我同意将我的 DNA 样本及从中提取到的信息予以保留且只能用于在国内或国际上打击、调查和侦查犯罪活动或提起诉讼。""我知道此样本可能会被用于与本国或国际的相关执法部门或其代表持有的 DNA 记录作比对。""我明白一旦我同意将此样本保留并使用则无法再撤回此同意书。"(2)指纹：①为排除嫌疑或作为情报主导审查的一部分而被提取的并且只能用于该调查且在使用完毕后应被销毁的指纹："我同意提取我的指纹以用于排除嫌疑。我知道这些指纹在本案结束之后会被销毁且只能将我的指纹与本调查中提取的指纹进行比对。我已经被告知从我手上提取这些指纹的人可能需要作证且/或向警方提供一份与提取指纹相关的书面声明。"②要被保留以备后用的指纹："我同意将我的指纹予以保留且只能用于在国内或国际上打击、调查或侦查犯罪活动或提起诉讼。""我知道这些指纹可能会被拿来与本国或国际的相关执法部门或其代表持有的其他记录作比对。""我明白一旦我同意保留我的指纹以备后用则无法再撤回此同意书。"(3)鞋印：①为排除嫌疑或作为情报主导审查的一部分而被提取的且只能用于该调查且在使用完毕后应被销毁的鞋印："我同意提取我的鞋印以用于排除嫌疑。我知道此鞋印在本案结束之后会被销毁且只能将我的鞋印与本调查中提取的鞋印作比对。我已经被告知为我提取鞋印的人可能需要作证且/或向警方提供一份与提取鞋印相关的书面声明。" ②要被保留以备后用的鞋印："我同意将我的鞋印予以保留且只能用于在国内或国际上打击、侦察、调查犯罪活动或提起诉讼。""我知道我的鞋印可能会被拿来与本国或国际的相关执法部门或其代表持有的其他记录作比对。""我明白一旦我同意保留我的鞋印以备后用则无法再撤回此同意书。"

D. 任何这些指纹、鞋印、样本及从样本中提取的信息都不可用于调查任何犯罪活动或用作指证当事人的证据。

5. 未要求销毁从侦查中提取到的指纹、鞋印或样本以及从样本中提取的信息的,在完成其使命之后可予保留,但只能用于在英国国内及境外发现、调查或打击犯罪或起诉时才可被使用,并可用于推测性分析。包括将其英国国内及境外的警察、执法机关或其代表持有的其他指纹、鞋印及DNA记录作比对。

三、提取与移民局的调查相关的指纹

6. 为了实施移民法及根据《警察与刑事证据法》以外的其他授权及程序加以管理,可以采集并保留当事人的指纹,这些应由英国边境管理局(而非警方)负责。1971年《移民法》附件2及1999年《移民和庇护法》第141条中列出的这些权力及程序的相关细则,包括《警察与刑事证据法》工作规程的修订条款,都包含在由英国边境管理局发行的《运行说明及指南》手册的第24章中。①

① 按照以下条款的规定,警察及负责移民的官员以移民管理为目的,有权在未经当事人同意的前提下提取其指纹:(1)1971年《移民法》附件2第18(2)条,提取指纹用于该法附件2第16条(为便于检查移动中当事人而实施拘留的),确认拘留的当事人身份的,及(2)1999年《移民与庇护法》第141条第7款,当事人:在没有合理理由的前提下未能当场出具贴有照片的有效护照或其他足以确定其身份与国籍的证件;被拒绝入境但被暂时收容的,如果在这种情况下移民官有合理根据怀疑他可能违反了居住或申报规定;被处强制迁出英国令的;根据1971年《移民法》附件2第17条的规定已经被逮捕;已经提出庇护请求的;上述情况中当事人的家属同意的。1999年《移民与庇护法》第142条第3款还规定警察及移民官有权在没有逮捕令的前提下逮捕未遵守内政大臣要求到指定地点提供指纹的当事人。

附件G
要求当事人到警察局提供指纹及样本

1. 根据附件2A的规定,要求当事人到警察局提取其指纹或样本:

A. 应给当事人至少7天的时间,让他在这段时间之内到警察局;且

B. 可以要求他在一天中的某特定时间点或一天中的某段时间内到警察局。

2. 在指定当事人到场的期限及时间时,提出要求的警察应考虑到因其他理由要求当事人到警察局的时间是否能够合理地提取其指纹或样本。①

3. 如果因案件调查急需某人的指纹或样本,侦查警督或以上级别的警官可以批准一个少于7天的期限。批准的事实及其理由应被尽快记录在案。

4. 提出要求的巡警与该要求适用的当事人可以协商更改要求,以保证当事人在任何期限之内的任何日期或时间到场。但是,更改对于执行而言没有效力,除非巡警以书面形式确认了此更改。②

---

① 指定当事人到场的期限不必包含在对提出要求规定的许可期限之内(如果切合实际)。

② 为证明在没有逮捕令的前提下逮捕未能遵守要求的当事人是合法的,提出要求或确认更改的警察应准备好对以下问题加以说明:在何时何地及如何提出要求或确认更改以及采取了什么措施以确保当事人确实弄清楚了要做什么以及不遵守要求的后果。

规程 E

警察讯问嫌疑人录音工作规程

生效时间

本规程适用于 2010 年 5 月 1 日午夜后进行的讯问,讯问开始时间可能在此之前。

Code of Practice E

Police And Criminal Evidence Ac

一、总则

1.1 此规程需随时可被下列人员所咨询:警察、警务人员、被拘留人、公众。

1.2 本规程的"注释指南"不属于本规程条款。

1.3 本规程的任何条款均不得用于以任何方式弱化《规程 C》,即《进场拘留、对待和询问当事人工作规程》规定的各项要求。

1.4 本规程不适用于《规程 C》第 1.12 条所列人员。

1.5 术语:"适当成年人"与《规程 C》第 1.7 条中的相同词条同义;"律师"与《规程 C》第 6.12 条中的相同词条同义。

1.5A 讯问过程的录音应公开进行,以使人们信任该录音为讯问过程的可靠、公正而准确的记录。

1.6 本规程中:

(AA)"录音媒体"指任何可移动的、可播放及自制的实体音频录制媒体(如磁带、光盘或固体存储器)。

A."代理人员"是指根据 2002 年《警察改革法》第 4 部分的规定,被批准实施或强化警官特定权力和职责的非警察人员。

B. 本规程所称警察,均包括获准实施警察权力或履行警察职责的代理人。

C."安全数字网络"指可以使原始的讯问录音以单个多媒体文件或系列多媒体文件格式被存储在安全服务器上的计算机网络系统。此安全网络系统由国家警务改善局的警务信息系统认证,符合英国政府受保护标记方案。①

1.7 本规程第 2 条至第 6 条列出了适用于所有讯问的程序及要求,以及只适用于应用可移动媒体录制讯问的规定。第 7 条列举了应用安全数字网络录制讯问的要求,并指明了第 2 条至第 6 条中不适用于安全数字网络录制的要求。

---

① 参见本规程第 7 条。

1.8 在法律允许的情况下，羁押官或其他负责羁押的高级警官可以不根据本规程的规定，允许非代理人员的警务人员在警局单独开展工作或适用诉讼程序。但羁押官或负责羁押的警官需负责保证此程序或任务依照此规程正确进行。任何执行此类任务的警务人员必应是：

A. 由拥有警察部队的警务机构聘用，并受此警察部队总指挥官指挥。或

B. 由个人聘用，但此人与警务机构有合同关系，负责监管被拘捕者和其他被羁押的当事人。

1.9 代理人和其他警务人员必应遵守工作规程中的所有相关条款。

1.10 本规程所称"笔记簿"，包括任何向警官及警务人员发放的官方报告册。

1.11 羁押官包括《规程 C》第 1.9 条中提到的履行羁押官职责的人。

二、原始录音的录制与密封

2.1 废止。

2.2 应在嫌疑人离开现场之前密封一盘录音磁带，即本规程所称原始录音带。第二份录音带为工作用录音带。原始录音带可以是双卡录音机录制的录音带中之任意一盒，或是双硬盘机器录制的文件中的任意一份；也可以是由单卡录音机录制的磁带，或是单硬盘机器录制的文件。工作录音带可以是双卡录音机录制的第二或第三盘磁带，或是双硬盘机器录制的第二或第三份文件，或是单卡录音机或单硬盘机器录制的原始文件的复件。①

2.3 本规程不要求记录或公开实施下列讯问的警官或警务人员的身份：

A. 讯问涉及恐怖犯罪案件的；②或

B. 执行讯问人员有合理理由相信录制或公开其姓名会危及自身安全的。

在此类情况下，执行讯问人员需使用令状或其他可以身份号码及其所

① 嫌疑人在场的情况下密封原始录音，其目的是让嫌疑人相信录音文件的完整性。如果录制使用的是单卡录音机或单硬盘机器，则应在嫌疑人在场的情况下录制工作用录音，并使原始录音一直未曾离开过嫌疑人的视线。需要再次录制时，应使用工作录音录制。此条款不适用于以安全数字网络录制讯问，参见第 7.4 条至第 7.6 条。

② 参见第 3.2 条。

属的警察局名称。①

三、讯问的录音

3.1 在执行下文第3.3条及第3.4条规定的前提下，在警察局进行的任何讯问，如果涉及下列情况，应进行录音：

A. 根据《规程C》第10条，对因必诉罪及可诉罪接受权利告知的当事人进行讯问的②。

B. 当事人被起诉犯有上文A款的罪行或被告知可能被控犯有A款罪行后，讯问人员对嫌疑人进一步讯问的。

C. 当事人被起诉犯有上文A款的罪行或被告知可能被控犯有A款罪行后，讯问人员希望告诉当事人其他书证或他人的讯问口供的。③

3.2 根据2000年的《反恐法》第41条或附表7逮捕犯罪嫌疑人的，该法对讯问录音有另行规定。因此，本规程不适用于上述案件的犯罪嫌疑人。④

3.3 出现下列情况时，羁押官可授权执行讯问人员不予录音：

A. 因设备故障；或没有合适的讯问室或录音设备，而授权官员有合理理由认为讯问不应推迟而导致录音不可操作的。

B. 讯问开始阶段即发现不应起诉该当事人的。⑤

3.4 当事人拒绝接受讯问或拒绝在讯问室中等待的，⑥羁押官如有合理原因认为不应推迟讯问，经过慎重考虑后可安排在有移动录音设备的拘

---

① 第2.3(B)条是为了保护参与严重罪行调查或拘捕极其危险嫌疑人的有关人员，且有可靠信息指出被拘捕者或其同伙会对此相关人员造成危害。不确定的情况下，应向督察或更高级别警官咨询。

② 本规则的规定不排除在讯问因第3.1条规定之外的非法行为被追诉且接受了权利告知的当事人时，或已被起诉或被告知可能被起诉的嫌疑人进行辩解时，警察在符合本规则规定的前提下安排录音。

③ 参见《规程C》第16.4条。

④ 在依据本规程进行讯问的过程中，发现应根据《反恐法》对讯问进行录音的，应参照相关规程录音。

⑤ 在上述情况下，应依据《规程C》第11条的规定对讯问过程作书面记录。凡讯问未做记录者，羁押官应具体记录未做录音的原因。

⑥ 参见《规程C》第12.5条。

留间中进行讯问。如没有合适的拘留间，应参照《规程 C》第 11 条进行书面记录。在这种情况下，应记录采取上述措施的原因。

3.5 整个讯问过程都应被录音，包括收集和宣读口供。

3.6 应放置标志或指示使嫌疑人看到何时录音设备在录音。

四、讯问

（一）总则

4.1《规程 C》的条款：第 10 条、第 11 条及可操作性的注释指南适用于此规程下的讯问活动。第 11.7 条至第 11.14 条仅适用于需要书面记录的情况。

4.2《规程 C》第 10.10 条、第 10.11 条及附录 C 规定：(1)讯问时，应告知嫌疑人如其被起诉或被告知可能被起诉后未能或拒绝坦白罪行，则法官可以对其作出不利的推论；(2)这些不利推论涉及权利告知或根据 1994 年《刑事司法与公共秩序法》第 36 条和第 37 条作出的特别权利告知。

（二）开始讯问

4.3 当嫌疑人被带至讯问室后，讯问人员应立即在嫌疑人面前将新的录音媒体装至录音机器，并开始录音，其间不得延迟。录音媒体应是未经拆封的，或是当嫌疑人面打开的。①

4.4 讯问人员应告知嫌疑人录音程序，并向嫌疑人指明录音设备处于开启状态及正在录音的标识。② 讯问人员应：

A. 说明讯问正在被录音；

B. 根据第 2.3 条说明自己的姓名、级别及其他在场讯问人员的姓名、级别；

C. 要求嫌疑人及其他在场人员（如律师），说明身份；

---

① 本条不适用于利用安全数字网络进行录音的讯问，参见第 7.4 条及第 7.5 条。

② 参见第 3.6 条。

D. 说明讯问的日期、开始时间及地点；

E. 说明将通知嫌疑人录音文件的后续处理结果。①

4.5 讯问人员应：对嫌疑人进行权利警示；②提醒嫌疑人其有权获得免费法律咨询。③

4.6 嫌疑人有任何重要表述或保持沉默的，讯问人员均应予以记录。④

(三)讯问聋哑人

4.7 嫌疑人耳聋或可能有听觉障碍的，讯问人员应依据《规程 C》做书面记录并对讯问进行录音。⑤

(四)嫌疑人的反对和申诉

4.8 嫌疑人在讯问的开始、过程中或休息时，提出反对进行讯问录音的，讯问人员应说明讯问正在被录音，且根据本规程要求，嫌疑人的反对也应被录音。当嫌疑人的反对被录音后，或嫌疑人拒绝对其反对录音后，讯问人员应说明其正在关闭录音设备及关闭的原因并关闭设备。之后，讯问人员应当根据《规程 C》第 11 条的规定对讯问进行书面记录。然而，如果讯问人员有合理理由认为在录音进行的情况下，讯问亦能进行，则可以继续录音。此规定也适用于当嫌疑人反对对讯问录像的情形。⑥

4.9 如果在讯问过程中，被讯问人员或其代理人就本规程或《规程 C》

---

① 此条款不适用于运用安全数字网络录制的讯问，参见第 7.4 条、第 7.6 条及第 7.7 条。另外，为便于通过声音识别有关人员，讯问人员应要求嫌疑人及其他在场人员说出自己的身份。

② 参见《规程 C》第 10 条。

③ 参照《规程 C》第 11.2 条

④ 参照《规程 C》第 11.4 条。

⑤ 此规定旨在保障耳聋或有听觉障碍的当事人的知情权。《规程 C》第 13 条有关为耳聋者或理解英语有障碍者配备口译人员的规定同样适用。

⑥ 参见《规程 F》第 4.8 条。讯问人员同意对讯问录音的。另外，讯问人员应记住，违背嫌疑人的意愿而继续录音可能会接受法庭的质询。

提出不满申诉,讯问人员应依据《规程 C》第 12.9 条的规定执行。①

4.10 如果嫌疑人表示其想告诉讯问人员与此案无直接关系的内容,但不愿将此内容录音,则在正式讯问结束后,应给予嫌疑人这样的机会。

(五)更换录音媒体

4.11 当录音设备显示录音带或硬盘只剩很短的时间就要用完时,讯问人员应告知嫌疑人这一情况,并结束该部分讯问。讯问人员离开讯问室去取新的录音带或硬盘的,嫌疑人不应被单独留在讯问室。讯问人员应将原来的录音带或硬盘从录音设备中取出,并将新的录音带或硬盘在嫌疑人面前拆封。应设置录音设备,以使用新的录音带或硬盘录音。为避免混淆各盘录音带或各个录音硬盘,讯问人员应在磁带或硬盘用完取出后立即对其做标识(由于利用安全数字网络不需要可移动媒体,此段不适用于利用安全数字网络进行录制)。②

(六)讯问过程中间休息

4.12 如果讯问过程中有休息,则应在录音中说明进行休息的情况、原因及时间。

4.12A 如果讯问过程中休息时将嫌疑人带离讯问室,则应把录音带或硬盘从录音设备中取出,按讯问结束的程序处理。③

4.13 休息时间很短暂,嫌疑人与讯问人员都未离开讯问室时,可以停止录音,但无须取出录音磁带或硬盘。当讯问再次开始时,应在同一磁带或硬盘上进行录音。再次开始讯问的时间应记录在录音上。

4.14 在休息之后,讯问人员在开始讯问前应提醒被讯问人员之前的权

---

① 如果请羁押官来处理嫌疑人的不满申诉,则在羁押官进入讯问室并对被讯问人员讲话之前,保证录音设备处于工作状态。在督察或以上的警官按照《规程 C》第 9.2 条的规定处理嫌疑人的不满申诉前,由讯问人员酌情决定继续或是终止讯问。如果当事人的不满申诉与本规程及《规程 C》的规定无关,则由讯问人员酌情决定是否继续讯问。如果讯问人员决定继续讯问,应告知嫌疑人其申诉会在讯问结束后报告羁押官。讯问结束后,讯问人员应在情况允许下,尽快告知羁押官嫌疑人提出了申诉及申诉的性质。

② 参见第 1.6(C)条,第 7.4 条、第 7.14 条和第 7.15 条。

③ 参见第 4.18 条。

利告知仍然有效。如果有任何怀疑，讯问人员应再次重复进行权利告知。①

注：第 4.12 条及第 4.14 条不适用于使用安全数字网络进行录制的讯问。②

（七）录音设备障碍

4.15 如果录音设备出现了可以即刻修复的故障，如插入新录音媒体即可修复故障，则讯问人员应参照第 4.11 条采取适当的措施。当恢复录音时，讯问人员应解释发生了什么，并将讯问再次开始的时间进行录音记录。但如果不可能继续使用该录音设备录音，且没有备用录音设备，可以在不录音的情况下进行讯问。发生此种情况的，讯问人员应参照第 3.3 条的规定向羁押官请示。③

（八）从录音设备中取出录音媒体

4.16 如果在讯问过程中从录音设备中取出录音媒体，则应保留此录音媒体，并按下文第 4.18 条的程序执行。④

（九）结束讯问

4.17 结束讯问时，应给予嫌疑人对所讲内容作出解释或作出补充的机会。

---

① 讯问人员应记住，有必要向法庭表明在讯问中间休息或讯问之间，没有发生任何影响嫌疑人录音证据的事情。在中间休息结束或再次讯问开始之前，讯问人员应概述休息的原因，征求嫌疑人的确认，并对此进行录音。

② 参见第 7.4 条、第 7.10 条。

③ 讯问过程中，如果录音媒体或录音设备出现问题，进行讯问的警官应立刻停止讯问。如果前部分讯问录音未受影响，已录制在媒体上，则此媒体应在嫌疑人当面复制并密封；讯问应重新开始，并按要求用新的录音设备或媒体进行录制。如果前部分录音完整性已受影响，录音媒体应在嫌疑人当面密封，讯问再次开始。如果录音设备不能修复，且无其他设备即刻更换的，应依据《规程 C》第 11 条对讯问进行书面记录，但此条款不适用于使用安全数字网络进行录制的讯问，参见第 7.4 条、第 7.11 条。

④ 由于利用安全数字网络不需要可移动媒体，此段不适用于利用安全数字网络进行录制，参见第 1.6 条 C 款、第 7.4 条、第 7.14 条和第 7.15 条。

4.18 讯问结束时,收集和宣读书面陈述的,应录音记录结束时间,并停止录制。讯问人员应以原始带标签密封录音,并依警察局现行指令作为物证处置。讯问人员需要在标签上签名,并要求嫌疑人及任何在场的第三方在标签上签名。如果嫌疑人或第三方拒绝在标签上签名,根据第 2.3 条,则应要求督察或以上级别警官到讯问室签名。如果督察或以上级别警官不在,则由羁押官至讯问室签名。

4.19 应交给嫌疑人一份通知,说明使用及接触录音的程序。如果当事人已经起诉或被告知将会被起诉,根据嫌疑人与警方之间达成的共识或法庭的要求,在情况允许时应尽快提供给其一份录音副本。①

五、讯问之后

5.1 讯问人员应在其笔记簿上写明讯问已经进行,已对其过程进行录音、讯问时间、长度、日期及原始录音识别号码。

5.2 对当事人的讯问录音后,如果该案没有后续诉讼,则应按照此规程第 6.1 条对录音媒体进行安全保存。

六、媒体安全保管

6.1 对嫌疑人进行录音讯问后,讯问所在警察局的局长应作出安排,按警察局现行指令,将录音媒体同其他可作为证物的材料一样处置,进行安全保管,并对其去向进行登记。②

6.2 警官无权拆开用于一审或上诉审的原始录音封条。如果需了解原始录音内容,警官应安排在皇家检察厅代表在场的情况下打开原始录音封条,并应将此告知被告人或其诉讼代理人,给予其到场的合理机会。如果被告人或其诉讼代理人在场,应请其对原始录音媒体再次密封并签名。

① 第 4.17 条至第 4.19 条不适用于利用安全数字网络进行录制的讯问,参见第 7.4 条、第 7.12 条至第 7.13 条。

② 部分涉及讯问结束时密封的原始录音媒体的安全。应小心保护工作用的媒体,因为其丢失或毁损会导致需要拆封原始录音媒体。

如果被告人或其诉讼代理人拒绝，或二者都不在场，则此项工作应由皇家检察厅的人员代行。①

6.3 案件未被起诉或审判，或与讯问相关的上诉程序已完结的，需要时由警察局长负责打开原始录音媒体上的封条。

6.4 拆封原始录音媒体后，应记录之后的处置，包括日期、时间、地点及在场人员。②

七、利用安全数字网络进行讯问录音

7.1 安全数字网络不使用可移动媒体。此规程描述使用安全数字网络时适用的规定。

7.2 废止。

7.3 下述规定仅适用于使用安全数字网络录制讯问。

(一)《规程 E》第 1 条至第 6 条的适用性

7.4 除下列条款外，《规程 E》第 1 条至第 6 条均适用：

(1)“原始录音媒体的录制与密封”部分的第 2.2 条；

(2)“B 开始讯问”部分的第 4.3 条；

(3)“B 开始讯问”部分的第 4.4E 条；

(4)“E 更换录音媒体”、“F 讯问过程中间休息”、“G 录音设备故障”、“H 从录音设备中取出录音媒体”及“结束讯问”部分的第 4.11 条至第 4.19 条；

---

① 如果录音媒体已移交至皇家法院用于庭审，皇家检察官要拆封录音媒体时，需向皇家法院的文书中心主管书面申请取用并拆封录音媒体。此部分所指的皇家检察厅或皇家检察官包括任何具备法定起诉职责的组织或个人，警方进行讯问录音是其起诉工作服务的。

② 本规程第 6.1 条至第 6.4 条及注释 1 和注释 2 不适用于利用安全数字网络进行录制的讯问，参见第 7.4 条、第 7.14 条至第 7.15 条。

(5)“媒体安全保管”部分适用第 6.1 条至第 6.4 条。[①]

(二)讯问开始

7.5 当嫌疑人被带至讯问室,讯问人员应立即在嫌疑人面前打开录音设备,输入必要的信息以登录安全网络,之后开始录音。

7.6 讯问人员应告知嫌疑人讯问使用安全数字网络进行录制,且录制已经开始。

7.7 除上文第 4.4 条(A 款至 B 款)的要求外,讯问人员应告知当事人:

(1)他们已被起诉或被告知将被起诉的,当事人可获得讯问录音;他们没有被起诉的或未被告知会被起诉的,只有在警方同意或法庭命令的情况下,当事人才会获得讯问录音。

(2)讯问结束时,他们会得到一份书面通知,告知其获得此讯问录音的权利及此讯问录音的去向。

(三)讯问过程中间休息

7.8 如果讯问过程中有休息,则休息的情况、原因及时间都应记录在录音上。录音应停止,并依照第 7.12 条和第 7.13 条结束讯问。

7.9 讯问再次开始时,应依照第 7.5 条至第 7.7 条开始讯问,并创建新的文件录制继续的讯问。再次开始讯问的时间应记录在录音上。

7.10 休息之后,讯问人员在开始讯问前应提醒被讯问人员权利告知仍然有效。如果有任何怀疑,讯问人员应再次重复进行权利告知。[②]

---

① 本部分涉及讯问结束时密封的原始录音媒体的安全。应小心保护工作用的媒体,因为其丢失或毁损会导致需要拆封原始录音媒体。如果录音媒体已移交至皇家法院用于庭审,皇家检察官要拆封录音媒体时,需向皇家法院的文书中心主管书面申请取用并拆封录音媒体。此部分所指的皇家检察厅或皇家检察官包括任何具备法定起诉职责的组织或个人,警方进行讯问录音是其起诉工作服务的。

② 讯问人员应记住,有必要向法庭表明在讯问中间休息或讯问之间,没有发生任何影响嫌疑人录音证据的事情。在中间休息结束或再次讯问开始之前,讯问人员应概述休息的原因,征求嫌疑人的确认,并对此进行录音。

(四)录音设备故障

7.11 如果录音设备出现了可以即刻修复的故障,如开始新的安全数字网络录音即可修复故障,讯问人员应参照第 7.8 条至第 7.10 条采取适当的措施。当录音恢复时,讯问人员应解释发生了什么,并在讯问再次开始的时间进行录音记录。但如果不可能继续使用安全数字网络进行录音,应使用可移动媒体进行录音,除非没有所需的设备。如果发生此情况,可以不录制讯问的过程,同时讯问人员应根据第 3.3 条的规定请示羁押官。①

(五)结束讯问

7.12 结束讯问时,应允许嫌疑人对任何所讲内容作出解释或作出补充。

7.13 讯问结束时,包括收集和宣读任何书面陈述:

A. 结束时间应录音记录。

B. 如果当事人已经被起诉或已被告知将会被起诉,则应向其提供录音的电子版本或可移动媒体上的复制版本;如果当事人没有被起诉并未被告知其将会被起诉,则只有在警方同意或法庭命令的情况下才会让当事人接触到录音内容。②

C. 如果嫌疑人不接受或不确认收到通知,讯问人员应以录音记录已向嫌疑人提供了一份通知,但他或她拒绝接受或拒绝确认收到通知。

D. 讯问结束时间应以录音记录。讯问人员应在嫌疑人面前保存录音,并告诉嫌疑人录音正被保存到安全网络。然后,告知嫌疑人讯问结束。

---

① 讯问过程中,如果录音媒体或录音设备出现问题,进行讯问的警官应立刻停止讯问。如果前部分讯问录音未受影响,已录制在媒体上,则此媒体应在嫌疑人当面复制并密封;讯问应重新开始,并按要求用新的录音设备或媒体进行录制。如果前部分录音完整性已受影响,录音媒体应在嫌疑人当面密封,讯问再次开始。如果录音设备不能修复,且无其他设备即刻更换的,应依据《规程 C》第 11 条对讯问进行书面记录。

② 上文第 7.13 条所提到的通知应包括对安全数字网络的简要解释及对获取录音的严格控制。通知亦应说明嫌疑人及其诉讼代表、警方及公诉人获取讯问录音的权利。通知上应留有空栏以补充讯问日期及文件编号。

(六)讯问之后

7.14 讯问人员应在其笔记簿上记下讯问已经进行,已对其过程进行录音、讯问时间、长度、日期及原始录音识别号码。

7.15 对当事人采取录音讯问后,如果该案没有后续诉讼,则应按照此规程第 7.16 条及第 7.17 条对录音进行安全保存。①

(七)安全数字网络讯问录音安全保管

7.16 讯问录音文件应以只读形式保存在非移动存储设备上(如电脑硬盘),以确保其完整性。在被传输至移动网络设备前,录音首先应本地保存至非移动设备。如果因任何原因,网络未能连接,则录音可保留在本地设备上,在网络连接恢复后再传输。

7.17 严格控制并监督获取讯问录音(包括复制其到可移动媒体),以确保只有因特定目的并得到特别许可的人员才能得到录音。例如,警察、公诉人、已被起诉或被告知可能被起诉的当事人或其诉讼代理人。

① 应根据内政大臣批准的全国性准则及警察工作手册上的要求,对录音进行文字记录。

规程 F

对警察讯问嫌疑人进行录像的工作规程

生效时间

1984 年《警察与刑事证据法》未对讯问录像作出规定，因此本规程适用于警察自 2010 年 5 月 1 日午夜后对嫌疑人实施的有声录像工作。

Code of Practice F

Police And Criminal Evidence Act

一、总则

1.1 所有警察局应置备本工作规程,以供警察、被羁押人员及公众查询。

1.2 本规程的注释不属于本规程的条款,而是用于指导警察及其他人员适用和解释本规程。

1.3 不得以任何方式使用本规程的条款减损《警察拘留、对待和询问当事人工作规程》(即《规程 C》)的各项要求。①

1.4 第 3.1 条至第 3.3 条规定了本规程适用的讯问。

1.5 本规程所称"合适成年人"、"律师"和"讯问"与《规程 C》中的词条同义。《规程 C》中的规定和注释也应适用于本规程下的相应场合。

1.5A 讯问过程的录像应公开进行,以使人们相信该录像为讯问过程的可靠、公正而准确的记录。

1.6 本规程所涉及的任何"录像"都应当被理解为"有声录像",在本规程中:

1.6A "记录媒体"指的是任何可以移动的物理音频记录载体(例如磁带、光盘或者固态储存器),并且可以播放和复制。

1.6B "代理人员"指根据 2002 年《警察改革法》第 4 部分的规定,被批准实施或强化警官特定权力和职责的非警察人员。

1.6C 本规程所称警察,均包括获准实施警察权力或履行警察职责的代理人。

1.6D "安全数字系统"指可以使原始的讯问录音以单个多媒体文件或系列多媒体文件格式存储在安全服务器上的计算机网络系统。此安全网络系统由国家警务改善局的警务信息系统认证,符合英国政府受保护标记方案。②

1.7 本规程所称"笔记簿",包括任何向警官及警务人员发放的官方报告册。

---

① 在《规程 C》第 1.9 条所称执行拘留的警察包括任何一个行使执行拘留职能的人员。

② 参见本规程第 7 条。

二、原始录像带的录制与密封

2.1 废止。

2.2 录像机应放置在讯问室内,以确保讯问进行时录像能够覆盖整个讯问室。①

2.3 经过认证的记录载体应该是高品质的、全新的并且以前未使用过的。经过认证的记录载体被放入录像机并且开始录像时,在录像过程中将以秒为单位自动叠加日期和时间。②

2.4 经过认证的录像带,即本规程所称原始录像带,应在嫌疑人离开现场之前密封。第二盘录像带作为工作带。③

2.5 在以下两种情况下,本规程不要求录制或公开警官的身份:

A. 讯问或记录涉及根据 2000 年《反恐法》被拘留的人员的。

B. 执行讯问人员有合理理由相信录制或公开其姓名会危及自身安全的。

2.6 在上述情况下,警察可背对录像机,使用令状或者其他识别号码和他们所属的警局名称。此情形以及警察采取此措施的理由应该记录在拘留记录里。④

---

① 警察一般希望尽可能低调安排录像。应让嫌疑人清楚知道不可能干扰录像设备或媒体。

② 经过认证的记录媒体应该有与讯问过程相对应的累计日期和时间,及第 7 条关于使用安全的数字网络保存讯问记录的规定。

③ 在嫌疑人离开现场之前密封原始录像带,是为了保障记录的秘密性和完整性。根据第 3.21 条或《规程 D》的附件 E,讯问记录可用于识别程序。第 2.5 条 B 款旨在对有可靠信息表明被逮捕者或者其同伙可能会对警察、警察的家庭及其个人财产造成威胁或损害时,保护参与严重有组织的犯罪调查或逮捕特别严重的暴力犯罪嫌疑人的警察和其他参与人员。

④ 第 2.5 条 B 款旨在对有可靠信息表明被逮捕者或者其同伙可能会对警察、警察的家庭及其个人财产造成威胁或损害时,保护参与严重有组织的犯罪调查或逮捕特别严重的暴力犯罪嫌疑人的警察和其他参与人员。

三、讯问的录像

3.1 在执行下文第 3.2 条规定时，对下列情形，进行讯问的警察可决定进行录像：

A. 涉嫌必诉罪及可诉罪的犯罪嫌疑人。①

B. 当事人被起诉犯有上文 A 款的罪行或被告知可能被控犯有 A 款罪行后，讯问人员对嫌疑人进一步讯问的。②

C. 当事人被起诉犯有上文 A 款的罪行或被告知可能被控犯有 A 款罪行后，讯问人员希望告诉当事人其他书证或他人的讯问口供的。③

D. 聋哑、盲人或因语言障碍而使用手语进行交流的犯罪嫌疑人。

E. 被讯问人需要“合适成年人”在场的。

F. 嫌疑人或其代理人要求进行录像的。

3.2 根据 2000 年的《反恐法》第 41 条或附表 7 逮捕犯罪嫌疑人的，该法对讯问录音有另行规定。因此，本规程不适用于上述案件的犯罪嫌疑人。④

3.3 出现下列情况时，羁押官可授权执行讯问人员不予录像：

A. 因设备故障；或没有合适的讯问室或录像设备，而授权官员有合理理由认为讯问不应推迟而导致录像不可操作的。在这些情形下羁押官可批准讯问警官根据《规程 E》的规定，对讯问过程进行录音。

B. 讯问开始阶段即发现不应起诉该当事人的。

C. 当事人拒绝接受讯问或拒绝在讯问室中等待的，或者因其他原因使得当事人不能或拒绝到讯问室的，羁押官如有合理原因认为不应推迟讯

---

① 本规则的规定不排除在讯问第 3.1 条规定之外的非法行为被追诉且接受了权利告知的当事人时，或已被起诉或被告知可能被起诉的嫌疑人进行辩解时，警察在符合本规则规定的前提下安排录音。在决定是否对被羁押的嫌疑人进行讯问时，应考虑《规程 C》的规定。

② 《规程 C》列举了犯罪嫌疑人在被起诉后应实施讯问的情形。

③ 《规程 C》列举了根据他人供述对嫌疑人提出起诉后的程序性事项。可通过向嫌疑人播放讯问录像来告知其起诉的内容。

④ 根据本规程进行讯问时，发现应按照《反恐法》的要求对讯问过程进行录像的，后续讯问程序就应遵循反恐法规。

问的。在上述情况下,执行拘留的警官应该在拘留记录上作出书面记录,说明未进行录像的原因。①

3.4 被讯问人系主动到警察局投案,且警察有理由相信其为犯罪嫌疑人的(即根据《规程C》第10.1条对当事人作出了权利告知),应对后续讯问实施录像,执行拘留的警官根据上文第3.3条决定不予录像的除外。

3.5 整个讯问过程都需录像,包括收集和宣读口供。

3.6 应放置标志或指示使嫌疑人看到何时录音设备在录音。

四、讯问

(一)总则

4.1《规程C》的注意事项、讯问的相关规定以及相关的注释指南均适用于本规程下的讯问行为。

4.2《规程C》规定讯问时,应告知嫌疑人如其被起诉或被告知可能被起诉后未能或拒绝坦白罪行,法官可以对其作出不利的推论。同时,这些不利推论涉及权利告知或根据1994年《刑事司法与公共秩序法》第36条和第37条作出的特别权利告知。

(二)开始讯问

4.3 当事人被带进讯问室时,执行讯问的警官应从见到当事人时起立即在录像机上装好空白带,并设置到录像状态。录像媒体必应是未经拆封的,或者在嫌疑人面前打开。②

4.4 之后,执行讯问的警官应该正式告知嫌疑人录像的事项,并且向

① 警察因任何原因而决定对讯问不予录音的,可能会在法庭上接受质询。因此,批准不予录音的人员应准备说明其决定的理由。

② 警官应预估讯问可能需要的时间,并保证讯问室备有若干空白带和封存原带的标签条。

嫌疑人指明录像设备正在运行的标识或者指示。① 执行讯问的警官应该：

A. 说明讯问是被录像的；

B. 根据第 2.5 条，说明其自身及其他在场警员的姓名与警衔；

C. 询问嫌疑人以及其他在场人员（如嫌疑人的律师）的姓名；

D. 陈述讯问开始的日期、时间以及讯问地点；

E. 陈述有关录像带今后的处理将通知嫌疑人。

4.5 其后，执行讯问的警官应告知嫌疑人必应遵守《规程 C》的有关规定，提醒其有权获得免费和单独的法律咨询服务，并告知其根据《规程 C》第 6.5 条可以通过电话与律师交谈。

4.6 接下来，执行讯问的警官应针对讯问录像开始之前所做的任何重要供述或沉默（即没有回答、拒绝回答或未按要求回答问题），询问嫌疑人是否确认或否认先前的供述或保持沉默，抑或是想要增加任何内容。所谓“重要”供述或沉默，是指可以被用作证据且不利于嫌疑人的供述或沉默，尤其指承认犯罪的自白或没有回答、拒绝回答或未按要求回答问题的情况。根据 1994 年《刑事司法与公共秩序法》第 3 条，嫌疑人拒绝供述的，法庭可作出不利于嫌疑人的推断。

（三）讯问耳聋人

4.7 如果嫌疑人耳聋或对其听觉能力有怀疑，应适用《规程 C》中关于为耳聋或理解英语有困难的嫌疑人提供翻译的相关规定。

（四）嫌疑人的反对和申诉

4.8 嫌疑人在讯问开始、讯问过程中或讯问中间休息时，提出反对将讯问实施录像的，警察应说明讯问过程正在被录像，且按本规程的要求嫌疑人的反对也应被录像。嫌疑人的反对被录像后，或嫌疑人拒绝将其反对行为录像时，警察可以关掉录像设备。此时，警察必应说明其正要关掉录像机，并说明为什么要这样做，然后关掉录像机。如果保留独立的录音文件，警察应当让嫌疑人录下其拒绝接受录像的理由。《规程 E》第 4.8 条在

① 参见第 3.6 条。

嫌疑人反对讯问录音的情况下亦可适用。警察对接下来的讯问应当做文字记录。但如果警察有合理理由认为可以再次打开录像设备向嫌疑人提问,则可以继续录像。①

4.9 在讯问过程中,如果被讯问人或其代理人就本规程或《规程 C》提出申诉,执行讯问的警察应根据《规程 C》在讯问记录中予以记录并通报给执行拘留的警察。②

4.10 如果嫌疑人表示希望向警察陈述与其非法嫌疑行为无直接关系的事情,且不愿意接受录像,则在讯问正式结束后,应给予其陈述的机会。

(五)换带

4.11 如果录像机显示磁带只剩下很短的时间就要用完,警察应告诉嫌疑人录像带快要用完,并结束该部分讯问。如果警察希望继续讯问而手头又没有第二套经过认证的录像带,应去取一套新的录像带。嫌疑人不得被单独留在讯问室里。警察可以拿出已录完的录像带,并装上嫌疑人在场时当面拆封或拆开的新录像带。装上新带后的录像机应重新设定在录像状态。必应特别注意,在已经用完若干套录像带之后,要确保录像带之间不要出现混淆。可以在每盘录像带用完取出时,立即标注连续的识别序号。

(六)讯问中间休息

4.12 讯问过程安排中间休息,嫌疑人要离开讯问室的,应在录像带中记录中间休息的事实、原因和时间。此时,应关掉录像设备并取出录像带,按下文第 4.19 条的规定结束讯问程序。

4.13 如果中间休息时间较短,嫌疑人和警察都不离开讯问室,也应在

---

① 执行讯问的警察应注意,如果违背嫌疑人意愿而继续实施录像,可能将接受法庭的质询。

② 如果请羁押官来处理嫌疑人的不满申诉,则在羁押官进入讯问室并对被讯问人员讲话之前,保证录音设备处于工作状态。在督察或以上的警官按照《规程 C》第 9.1 条的规定处理嫌疑人的不满申诉前,由讯问人员酌情决定继续或是终止讯问。如果当事人的不满申诉与本规程及《规程 C》的规定无关,则由讯问人员酌情决定是否继续讯问。如果讯问人员决定继续讯问,应告知嫌疑人其申诉会在讯问结束后报告羁押官。讯问结束后,讯问人员应在情况允许下,尽快告知羁押官嫌疑人提出了申诉及申诉的性质。

录像带上记录中间休息的事实、原因和时间。此时,可以关掉录像机,但不必取下录像带。讯问重新开始时,应使用同一盘录像带继续录像。讯问重新开始的时间也应记录在录像带上。

4.14 在休息之后,讯问人员在开始讯问前应提醒被讯问人员之前的权利告知仍然有效。如果有任何怀疑,讯问人员应再次重复进行权利告知。①

(七)录像设备故障

4.15 如果录像设备出现了可以即刻修复的故障,则应根据上文第4.12条的程序进行处理。当重新开始录像时,警官应解释发生了什么,并录下重新开始讯问的时间。如果不可能继续使用出故障的录像机继续录像,而又没有安排备用录像机,其他讯问室也没有现成的录像机可以替代,则可以在不录像的状态下继续进行讯问。在这种情况下,应根据上文第3.3条的程序向负责执行拘留的警官申请准许。②

(八)从录像机里取出录像带

4.16 在讯问过程中,如从录像机里取出录像带,则应保存该录像带,并按下文第4.1条的规定处理。

(九)结束讯问

4.17 结束讯问时,应赋予嫌疑人对所讲的任何内容作出澄清或补充的机会。

---

① 在中间休息后,考虑是否重新进行权利告知时,警官应注意其将来可能需要让法庭相信,当事人知道讯问开始时的权利告知仍然有效。讯问人员应记住,有必要向法庭表明在讯问中间休息或讯问之间,没有发生任何影响嫌疑人录音证据的事情。在中间休息结束或再次讯问开始之前,讯问人员应概述休息的原因,征求嫌疑人的确认,并对此进行记录。

② 如果讯问过程中录像机断带,应作为原始带当着嫌疑人的面密封。讯问应从中断的地方开始继续往下进行。未断带的录像带应予复制,已断带的录像带应作为原始带在嫌疑人面前密封,必要时这些工作也可以在讯问结束后进行。如果现场没有复制断带的设备,则两盒带都应在嫌疑人的面前密封,然后再继续进行讯问。

4.18 讯问结束时，包括收集和宣读任何书面陈述，都应记录录像结束时间，然后关闭录像机。录像原始带应以原始带标签密封，并根据警察局现行指令作为物证处理。警官应在标签上签名，并要求嫌疑人和第三方在场者在标签上签名。如果嫌疑人或第三方在场者拒绝在标签上签名，则应要求督察或以上级别警官到讯问室签名；督察级警官不在时，由负责执行拘留的警官到讯问室按照第2.5条的规定签名。

4.19 应向嫌疑人提交一份通知，解释接触和使用录像带的法律程序。如果当事人已被起诉或被告知将被起诉，在情况允许时应立即向其提供一盘复制带。

五、讯问之后

5.1 警官应在工作笔记上记录讯问的情况、讯问过程实施录像的情况，并记下讯问的时间、长度、日期和原始带识别号码。①

5.2 对当事人的讯问过程实施录像后，如果该案没有后续诉讼，则录像带应按第6.1条的规定加以安全保存。②

六、原始录像带保管

(一)总则

6.1 对嫌疑人进行录像讯问后，警察局长应作出安排，按所属警察局现行指令，将录音带安全保存，与其他可用作证据的物品一样，其转移、使用均应登记。③

---

① 有关录像讯问的任何文字记录，应按照经内政大臣批准的全国性准则执行。同时，参照《文件的准备、处理和加工的指导手册》的规定。

② 本部分涉及讯问结束时密封的原始录音媒体的安全。应小心保护工作所用的媒体，因为其丢失或毁损会导致需要拆封原始录像媒体。

③ 参见注释②。

(二)拆开刑事程序用途的原始录像带封条

6.2 警察无权拆开用于刑事程序的原始录音带封条。如果有必要了解录音带的内容,警察应安排有皇家检察厅的人员在场时再拆开,还应通知被告人或其代理人,并给予他们到场见证的合理机会。如果被告人或其代理人在场,应要求其请重新将录音带密封并签名。如果遭到二者的拒绝,或二者都不在现场,这项工作应由皇家检察厅的人员来完成。①

(三)拆开刑事程序之外用途的原始录像带封条

6.3 案件未被起诉或审判,或与讯问相关的上诉程序已完结的,需要时由警察局长负责打开原始录音媒体上的封条。应向被讯问人和其他希望使用或查阅讯问记录的当事人公开警察局长的安排,以表明录像带原件没有被篡改及讯问记录的完整性。②

6.4 根据 6.6 条之规定,当拆开原始录像带封条、复制原始录像带,以及重新密封原始录像带时,应允许当事人双方现场见证。

6.5 当原始录像带被拆封时,如果因为联系不上当事人或者是当事人拒绝出席或者是因适用第 6.6 条导致一个或多个当事人未能到场,应安排独立的第三人到场见证,例如可要求羁押监督员参加。作为一种方式或程序性保障措施,应对拆封的过程加以录像或拍照。

6.6 在以下情形下,第 6.5 条并未赋予当事人到场见证的权利:

A. 为了更加准确及有效地对本罪或他罪开展进一步的调查,而必应拆开原始录像带的。且

B. 负责调查的警官有合理根据怀疑允许当事人见证可能会导致对调

---

① 如果录像带已移交至皇家法院用于庭审,皇家检察官要打开录像带封条时,需向皇家法院的文书中心的主管书面申请取用和拆封录像带。本规程所称皇家检察厅或皇家检察官,包含任何具备法定起诉职责的组织或个人,警方进行讯问录像是其起诉工作服务的。

② 常见的取用原始录像带的情况包括:不附带刑事诉讼的民事行为、对警察提出申诉的、因警方调查犯罪的活动导致的公民之间的民事纠纷等。

查产生偏见或损害他人权益的。①

(四)文档

6.7原始录像带被拆封,复制和重新密封之后,应记录相关处置的日期、时间以及在场的人员。

七、通过安全的数字网络进行询问录像

7.1如果警官希望通过不使用可移动媒体的安全数字网络来制作一个本规程第3条要求的讯问录像时,适用以下条款。②

7.2本规程的第1条至第6条的规定只适用于可移动的媒体,因此不适用于安全数字网络录像。

7.3《规程E》第7条关于使用安全数字网络对讯问进行录音的要求和规定,也包括在本规程第3条的有声录像。

---

① 第6.6条可适用于以下情况。例如,根据一个或多个调查结果,当事人为:(1)检察机关指控的某个或多个犯罪嫌疑人的;(2)检察机关之前没有怀疑的人,包括本案的证人;(3)原来作为控方证人的犯罪嫌疑人,由于警方的行动身份被过早曝光,特别是通过与当事人的接触,可能导致调查受损和危害证人安全的。

② 参见第1.6条C条。

规程 G

警察依法行使逮捕的规程

生效时间

本规程适用于警察自 2005 年 12 月 31 日午夜后开始执行的所有逮捕行动。

Code of Practice G

Police And Criminal Evidence Act

一、总则

1.1 本规程适用于警察对参与刑事犯罪的嫌疑人依法行使逮捕权的行为。

1.2 人身自由权是1998年《人权法》的重要原则。行使逮捕权意味着对这一权利的重大、明显侵犯。

1.3 使用逮捕权应有充分的合法性，警察在行使逮捕权时，应该考虑是否有其他侵扰程度较低的手段能够达到行为的必要目的。可以使用逮捕权，但决不能轻易行使。在违法的情况下行使逮捕权，可能导致法院审理案件时出现困难。行使逮捕权的要素是不应有歧视且应以适当的方式进行。

1.4 1984年《警察与刑事证据法》第24条（现由2005年《严重有组织犯罪和警察法》第110条取代）规定了法定逮捕的权力。没有遵守上述法令和本规程的，逮捕及其后续侦查活动均会受到公众的质询。

1.5 所有警察局都应置备本规程文本，以便警察、嫌疑人和公众随时查询。

1.6 注释部分不属于本规程的条款，而是用于指导警察与其他人员适用和解释本规程的条款。附件内容属于本规程的组成部分。

二、1984年《警察与刑事证据法》规定的逮捕要件

2.1 合法的逮捕应该包括两个要件：(1)某人已经参与或者被怀疑参与抑或是预谋参与刑事犯罪活动；(2)有合理的理由相信对嫌疑人实施逮捕是必要的。

2.2 即使显而易见，执行逮捕的警察也应告知被逮捕人员其已被逮捕并告知符合逮捕的两个要件之一。之后，应在将犯罪嫌疑人移送警察局之

前将逮捕的必要性告知执行拘留的警察。①

(一)参与实施犯罪

2.3 警察可以在没有任何针对犯罪令状的情况下实施逮捕,但注释指南 1 所列情况除外。警察可以逮捕下列人员:准备实施犯罪或者是正在进行犯罪的人;警察有合理的理由怀疑其准备实施犯罪或者是正在进行犯罪的人;警察有合理的理由怀疑其准备实施犯罪或者现行违法行为构成犯罪的人;因实施犯罪行为而被认定有罪或者是警察有合理的理由怀疑他(她)有罪的人。

(二)逮捕的必要性标准

2.4 警察有合理的理由相信有必要进行逮捕的,可以行使逮捕权。第 2.9 条列举了必要的标准。执行逮捕的警察可斟酌决定以下事项:应该采取什么行动与当事人接触;(可能情况下)实施逮捕的必要性或条件;实施逮捕、传唤嫌疑人、同意对嫌疑人保释、处以定额罚款或其他警察可采用的侦查措施。

2.5 适用这些标准时,执行逮捕的警察应具备至少一个逮捕理由。

2.6 随着逮捕权的扩大,有权限的警察在任何情形下可以对任何犯罪嫌疑人实施逮捕。但是,根据必要性标准,警察应查实并证明为什么要将嫌疑人带到警察局,且应由执行拘留的警察来决定是否将其拘留在警察局内。

2.7 1984 年《警察与刑事证据法》第 24 条(现由 2005 年《严重有组织犯罪和警察法》第 110 条取代)制定了以下标准。这些标准非常详尽,但是在满足法定标准的情况下,个别警察的裁量仍存在问题。下文包括了一些可能出现的情形。

2.8 在考虑案情时,警察应考虑受害者的情况、犯罪的性质、犯罪嫌疑人的情况以及侦查过程中的各种需要。

2.9 实施逮捕应具备以下必要条件:

A. 在讯问中确认了被讯问人姓名的(即警察之前不知道和不能确定

① 参见《规程 C》第 3.4 条。

被逮捕者的身份，或者有合理理由怀疑被逮捕者提供的姓名不真实的)。

B. 如上规定，确认了被讯问人住址的；符合要求的地址可以是送达传票的地址，即被逮捕人在该处居住期间可以保证传票能够顺利送达的；或者被逮捕人提供的地址有其代理人负责接收传票的。

C. 防止被逮捕的人：自伤或伤害他人；受到人身伤害；造成财产丢失或者损毁；实施有伤风化行为的(仅指正常的社会活动而无法合理预期被逮捕人行为的)；非法制造道路阻塞。

D. 保护儿童或其他弱势人群，避免受到被逮捕人的伤害。

E. 为及时、有效地开展犯罪侦查的，包括以下情形：

(1)有合理理由相信被逮捕的人作虚假陈述的；其供述无法得到证实的；提供了虚假证据的；可能会窃取或者毁灭证据的；可能会与共同犯罪嫌疑人或同谋取得联系的；可能会威胁、恐吓、胁迫证人或者与其接触的；必须通过讯问获取证据的。

(2)在对某犯罪行为人实施逮捕时，可附随以下行为：进入并搜查嫌疑人使用或控制的任何处所；搜查嫌疑人的人身；阻止其与他人的接触；采集指纹、鞋印、犯罪嫌疑人的生理样本或拍摄照片。

(3)根据法定要求进行药物测试。

F. 为防止被逮捕人去向不明而影响罪行起诉的。如果有合理的理由相信，可能出现下列情况：如果不对相对人实施逮捕，他(她)将不会出庭的；或逮捕后的保释措施不足以防止犯罪嫌疑人逃避起诉的。

三、逮捕时应告知的信息

必须进行权利告知的情况①

3.1 有根据怀疑某人犯罪时，在对其参与犯罪或涉嫌参与犯罪的提问之前(或其之前的回答形成了犯罪嫌疑，有必要进一步讯问的)，其回答或沉默(即嫌疑人没有回答、拒绝回答或未按照要求回答问题)在起诉时可能

① 参见《规程 C》第 10 条。

作为庭审证据的,必须向嫌疑人进行权利告知。因其他目的而向嫌疑人提问的,可不必进行权利告知。例如:

A. 仅为确认其身份或对车辆的拥有权的;

B. 依据有关法规需要获得某些信息的;

C. 出于适当、有效地开展侦查活动的需要(如行使拦截与搜查权时,考虑是否需要对他进行搜查或要求他配合搜查的);

D. 根据第11条和第13条需要核实某一书面记录的;

E. 根据2000年《反恐法》附件7和本规程附件14第6款,参照《检察人员实务守则》,检查嫌疑人身体的。

3.2 嫌疑人的逮捕取消后,其已被告知权利或权利告知依然有效的,应立即告诉其逮捕已被解除,因此没有义务再留在警察局。

3.3 嫌疑人被逮捕或即将被逮捕的,应告知或随后告知他们已经被逮捕以及逮捕的理由。①

3.4 对涉嫌犯罪而被逮捕或即将被逮捕的嫌疑人,应进行权利告知,以下情况除外:

A. 由于当时的条件或行为,不可能进行权利告知的;或

B. 根据第3.1条,在逮捕之前已经进行了权利告知;

C. 权利告知的内容。②

3.5 在执行逮捕的时候必须进行以下警告:"你可以保持沉默。但如果你在被问及将来作为你庭审抗辩依据的问题时保持沉默,则可能对你的辩护产生不利影响。你所说的每一句话都可能作为呈堂证供。"③

3.6 只要不改变警告的主旨,措辞上的细微差异不属于违反本规程。④

3.7 尽管嫌疑人已被警告,但其不与警方合作会立即导致不利后果

---

① 应向被逮捕嫌疑人充分公开信息,使他们明白其已经被剥夺自由以及他们为什么被逮捕。例如,当一个人因涉嫌犯罪被逮捕时,应告知他们涉嫌犯罪的性质,以及实施罪行的时间和地点。也应告知犯罪嫌疑人逮捕的理由或者逮捕的必要性。应避免使用模糊或技术性的用语。

② 参见《规程C》第10条。

③ 如果当事人不能理解权利告知的含义,执法人员应该用自己的语言向当事人解释。

④ 执行逮捕的警察的权利——例如,进入和搜查处所、对当事人进行隔离、设置路障,只能用于可提起公诉的案件,并受1984年《警察与刑事证据法》和相关的操作准则的规制。

的，应向其说明相关后果，并强调并非因权利告知而产生这些后果。例如：嫌疑人被起诉时，如拒绝提供姓名、地址，可能导致被依法拘留；根据法律（如 1988 年《道路交通法》），嫌疑人拒绝提供个人信息，可能构成犯罪或可能被依法逮捕。

四、逮捕记录

(一)总则

4.1 负责执行逮捕的警察应该在其工作笔记簿上或用其他的记录方法记录以下信息：犯罪行为的性质和情况；实施逮捕的必要理由；是否进行了权利告知；嫌疑人被逮捕时的任何陈述。

4.2 除非现场条件不许可，否则应该在逮捕时完成逮捕记录。如果在逮捕现场不能及时完成记录，此记录应该在逮捕之后尽快完成。

4.3 到达警察局之后，执行拘留的警察应开始制作拘留记录。① 执行逮捕的警察所做的逮捕情况和原因的记录，属于拘留记录的一部分。可以把执行逮捕的警察根据上述第 4.1 条完成的逮捕记录的副本，作为拘留记录的附件。

4.4 拘留记录将纳入逮捕记录并予保存。同时，应根据《规程 C》第 2.4 条和第 2.4A 条的规定向当事人提供拘留记录的副本。根据《规程 C》第 3.4 条和第 10.3 条的规定，有关人员有权查阅记录原件。

(二)讯问和逮捕

4.5 讯问记录、重要的陈述和沉默，与《规程 C》和《规程 E》第 10 条、第 11 条（讯问的录音记录）规定的录音记录作同等处理。

---

① 参见《规程 C》第 1.1A 条和第 2 条。

规程 H

警察根据 2000 年《反恐法》第 41 条及附件 8 的规定羁押、对处及讯问当事人的工作规程

生效时间

本规程适用于根据 2000 年《反恐法》第 41 条实施逮捕,2006 年 7 月 24 日午夜之后被羁押的人员,逮捕的时间可能在此之前。

Code of Practice H

Police And Criminal Evidence Act

一、总则

1.1 本工作规程仅适用于根据2000年《反恐法》第41条实施逮捕，并根据该法附件8的被警方羁押的人员。适用本规程之规定的，不再适用《规程C》对警察羁押、对处及讯问当事人的规定。

1.2 被拘留人员有下列情况的，不适用本规程：(1)被起诉的；(2)被无罪释放的；(3)被移送监狱关押的。①

1.3 本规程中所指的犯罪包括实施、准备或教唆进行恐怖活动。

1.4 本规程不适用于根据其他反恐法律实施羁押的人员。包括：

(1)根据2005年《预防恐怖活动法》第5条第1款羁押的人员；

(2)根据《反恐法》附件7羁押审查且适用《反恐法》附件14第6条的人员；

(3)根据拦截和搜查的权力被拘留以被搜查的人。

除根据《反恐法》第41条逮捕并羁押的嫌疑人外，警察羁押、对处及讯问其他嫌疑人应遵守1984年《警察与刑事证据法》第66条第1款及《规程C》的规定。

1.5 对所有被羁押的嫌疑人应从速处理，如无羁押的必要，必须立即释放。

1.6 根据《反恐法》，嫌疑人在起诉之前无明确规定可予保释。

1.7 警察必须尽快履行本规程所指定的具体职责。发生延迟的，如能作出合理解释并且采取合理步骤避免不必要的延迟，则不属于违反本规程的规定。应在拘留记录中说明出现延迟的时间及原因。②

1.8 所有警察局应置备本规程，以便警察、警务人员、被羁押人及公众查询。

1.9 本规程的条款包括附件条款，但注释不属于规程内容。

---

① 参见第14.5条。

② 第1.7条包括羁押嫌疑人过程中可能发生的各种延迟情况。例如，多个嫌疑人被同时带进警察局并被羁押的；所有的讯问室都被占用的；联系合适成年人、律师或翻译人员遇到困难的。

1.10 如警察怀疑或被善意告知嫌疑人(可为任何年龄)可能有精神失常或精神障碍的疾病,若没有明显证据可以消除此疑虑,则根据本规程应视之为患有精神失常或精神障碍的人。①

1.11 根据本规程,未成年人指年龄在 17 岁以下的人员。如果当事人看起来不超过 17 岁,且没有明显证据证明其为 17 岁或以上,则根据本规程应视之为未成年人。

1.12 如当事人看似为盲人或有严重视觉障碍,或耳聋,或无阅读能力,或无讲话能力或由于言语障碍存在表达困难,在没有明显证据证明事实与上述情况相反的情况下,则根据本规程此当事人应被当作确有上述情况的人对待。

1.13 本规程中所称"合适成年人":

A. 在涉及未成年人时,是指:

(1)其父母或监护人,或者如果未成年人受到地方当局或自愿组织的照顾或根据《儿童法》(1989 年)的规定被照料,则是指代表该当局或组织的人;

(2)来自地方当局社会服务部门的社会工作者;

(3)非上述两种情况的,其他年满或超过 18 岁的有责任能力的成年人,但不能是警察或受雇于警察局的人。

B. 在涉及患有精神失常或精神障碍的人时,是指:②

(1)亲属、监护人或其他负责照顾或监护他的人;

(2)在与精神失常或精神障碍患者打交道方面有经验的人,但不能是警察或是受雇于警察局的人;

(3)非上述两种情况的,其他年满或超过 18 岁的有责任能力的成年人,但不能是警察或受雇于警察局的人。

---

① "精神障碍"适用于任何因其精神状态或能力而可能无法理解其被告知的内容、被问到的问题或其回答的被羁押者。1983 年《精神卫生法》第 1 条第 2 款将"精神失常"定义为"精神疾病、智力障碍或智力发育不健全、心理病态错乱及其他任何智力能力的错乱或丧失"。执行拘留的警察对被羁押者的智力状态或能力有任何怀疑时,该被羁押者应被视为精神障碍者,且应与合适成年人联系。

② 如果当事人患前精神失常或精神障碍,则在一定情况下,由有经验照料这类人员的人或接受过这方面训练的人担任合适成年人,可能比由缺乏这些资格的亲属担任合适成年人更符合要求。但如果被羁押者本人希望其亲属而非陌生人(即使更能胜任)担任合适成年人,或反对某人来担任其合适成年人,则条件允许时应尊重其意愿。

1.14 根据本规程，应告知嫌疑人某些信息但其无法理解告知内容、有暴力行为或暴力行为倾向，或急需就医的，可暂不予告知；但在条件允许时，应立即告知嫌疑人这些法定事项。

1.15 本规程所称执行拘留的警察包括以下任何人：(1)警察；或(2)获准实施警察权力或履行警察职责的代理人员。①

1.16 根据本规程应由督察或警司以上级别的警官授权或批准的事项，根据《反恐法》及《警察与刑事证据法》第107条，可由警长或总督察代为作出授权或批准。

1.17 在本规程中：

A.“代理人员”指2002年《警察改革法》第4章规定的，除警察之外接受指派任何人，他们或被授予或被加诸特定的警察权力和职责；

B. 本规程所称警察，包括获准实施警察权力或履行警察职责的代理人员。

1.18 代理人员有权行使以下合理强制力：

A. 警察根据职权可以使用合理的强制力的，代理人员有权采取同等的强制力。

B. 其他履行职责必要的合理强制力，例如：在警察局履行职责看管被羁押者并协助警察或其他代理人员看管被羁押者以防止其逃跑的；协助其他警察或代理人员将嫌疑人羁押在警察局的；陪同或协助警察或代理人员押送被羁押者的；为拯救生命及防止财产损失的。

1.19 法律另有规定的，本规程中的任何条款不影响执行拘留的警察或羁押被拘留者的其他警察批准非警察人员在警局执行单独的程序或任务。但是，该警察应负责确保程序或任务在《工作规程》的要求下得到正确而适当地执行。此类非警察人员应是：

A. 受雇于具有常备警力的警察当局，且接受该警察局局长的管理，服从其指示的；

B. 受雇于某人，而此人与警察当局签订了处置被逮捕人员或被拘留人员的合同的。

1.20 代理人员和其他警察人员应遵守《工作规程》中的相应的条款。

1.21 所谓的“笔记簿”包括发放给警官或警局工作人员的官方记录本。

---

① 指派警务人员执行拘留仅限特定的警区。根据《警察改革法》(2002年)第38条及附件4A的规定，可将特定的警区内的警务人员指派为执行拘留的人员。

二、羁押记录

2.1 在当事人被带到警察局时系根据《反恐法》第 41 条的规定被逮捕的；或来警察局投案自首后根据《反恐法》第 41 条实施逮捕的，在到达之后或条件允许时应尽快将其移交执行拘留的警察。① 当事人身处该警察局内任何建筑或封闭的庭院内的，可被认定为其“已到达警察局”。

2.2 对每个逮捕后送交警察局或来警察局投案后被逮捕的人，必须尽快为其建立单独的拘留记录。所有本规程要求记录的内容都必须在尽可能短的时间内写入拘留记录，法律另有规定的除外。所有在拘留处制作的录音及录像均不属于拘留记录。

2.3 根据第 2.8 条的规定，如要求特定级别警官的批准采取强制措施，应在拘留记录中予以注明。

2.4 执行拘留的警察负责保证拘留记录的准确和完整，且如果被拘留者被移交给另一个警察局，则执行拘留的警察须确保拘留记录或其副本随同被拘留者一同移交。拘留记录须记录以下内容：移交的时间及原因、被拘留者被释放的时间。

2.5 当律师或合适成年人到达警察局后，在当事人被拘留的任何阶段均应尽快允许律师或合适的成年人查看被拘留者的拘留记录。安排他们查看记录，必须经过执行拘留的警察的同意，且不得无理干涉执行拘留的警察履行其职责或干涉该案件调查。

2.6 被拘留者获得释放或被庭审时，如提出要求，则应尽快向其、法定代理人或合适的成年人提供拘留记录。获得这份记录的有效期为被拘留者被释放后的 12 个月。

2.7 根据《反恐法》第 41 条及附件 8 的规定，对被拘留者解除羁押后，其本人、合适的成年人或法定代理人在事先合理告知警察局的，可查阅原始拘留记录。此查阅行为应在拘留记录上予以记录。

2.8 拘留记录中的每一项记录必须由记录人写明时间并签名。本规

① 就根据《反恐法》第 41 条实施的逮捕而言，审查官负责批准拘留（见第 14.2 条与第 14.2 条）。《反恐法》附件 8 的第 2 条对审查官的职责作出了解释。在实施逮捕之后的第一次审查期间可以拘留当事人，而该审查须在当事人被捕之后尽快进行。

程不要求在调查恐怖犯罪的询问中强制记录或公开警察或其他警务人员的身份。在此类情况下，需使用令状或其他身份号码。如将记录输入电脑，输入时间和操作员的身份应同时录入。①

2.9 如根据本规则的规定要求被拘留者在拘留记录上签字而遭拒绝，则应记录该事实及发生时间。

三、初期措施

(一)处理被拘留人员的一般措施

3.1 在当事人被逮捕后送交警察局或自愿前来警察局自首而被逮捕的，执行拘留的警察必须确保明确告知当事人下述权利，且可以在拘留期间的任何阶段行使这些权利：

(1)根据下文第 5 条，通知他人其被逮捕的权利；

(2)单独咨询律师及免费法律咨询的权利；

(3)查询本工作规程的权利。②

3.2 除此之外，还须向被拘留者出具以下材料：书面通知(包含上述的三项权利；对获取法律咨询的安排；根据第 2.6 条的规定获得拘留记录的权利；根据第 10 条的规定相应的权利告知词)③、附加书面通知(列明在被

① 第 2.8 条旨在保护参与恐怖犯罪调查或对恐怖犯罪嫌疑人实施抓捕的人员，防止他们受到被逮捕的人、其同伙或其他个人或组织的威胁或伤害。

② 当事人享有查询本规程或其他相关工作规程的权利，但并未赋予他在行使这项权利时可以无理拖延任何必要的调查或行政行为的权利。不必无理拖延执行的行为包括：在警察局对被羁押者进行搜身；为取证不经当事人同意提取他的指纹或非体内样本。

③ 应要求被拘留者在拘留记录上签字以证实收到书面通知；如其拒绝签字，则必须将此行为记录在案。

拘留期间享有的权利)。①

3.3 独立的英联邦国家的公民或外国公民(包括爱尔兰共和国)应尽快告知其有权与本国高级专员公署、大使馆或领事馆取得联系。②

3.4 执行拘留的警察必须:在拘留记录中记录根据《反恐法》第 41 条逮捕当事人及逮捕他的理由。③ 同时,应在拘留记录上注明被拘留者对实施逮捕警察的情况陈述的意见,但不应主动询问其意见。被拘留者被带到警察局时逮捕警察不在现场的,必须将实施逮捕的警察所做的陈述转述给执行拘留的警察或代替警察实施逮捕的第三方。

此外,应将被拘留者对拘留决定的意见记录在拘留记录上,但同样不应主动询问其意见。不得就以下问题向当事人提出具体询问:当事人与犯罪的牵连、其对逮捕人员的情况陈述的意见、对拘留决定的意见。④ 这种谈话可能构成第 11.1 条所指称的讯问,因此需要符合第 11 条的程序性保障规定。⑤

如果此时对拘留进行初次审查,应参照第 14.1 条、第 14.2 条及关于执行审查的警察之行为规定的 2000 年《反恐法》附件 8 第 2 章。

3.5 执行拘留的警察必须:

---

① 对权利的通知应列出本规程规定的权利,包括探视以及与拘留所之外的各方(含对英联邦国家公民和外国公民的特殊规定)取得联系的权利;享有合理标准的生理舒适条件的权利;享有足够的食物和饮料的权利;享有使用厕所和盥洗设备、穿衣及接受医疗护理的权利以及在条件允许时进行身体锻炼的权利。同时,应提及:与进行讯问相关的法律规定;在哪些情况下需要合适的成年人到场为被拘留者提供协助以及每次重新审核拘留案时被拘留者进行陈述的法定权利。除英文通知外,只要可能起到帮助作用,就应提供威尔士语、主要少数民族语言及主要欧洲语言的翻译文本。还应提供通知的音频版本。

② 参见第 7 条。

③ 只有当警察有合理根据怀疑当事人是"恐怖分子"时才可以根据《反恐法》第 41 条的规定对其进行逮捕。这不同于《警察与刑事证据法》中规定的逮捕权,在后者中逮捕权不必与某特定罪行有关。也许在某些情况下根据《反恐法》实施的逮捕是基于某些不可公开的敏感信息作出的,在这些情况下,可以按照《反恐法》第 41(1)(A)条或第 40(1)(B)条对"恐怖分子"的解释给出逮捕的根据。也可参见第 10.2 条。

④ 就根据《反恐法》第 41 条实施的逮捕而言,审查官负责批准拘留(见第 14.1 条与第 14.2 条)。《反恐法》附件 8 的第 2 条对审查官的职责作出了解释。在实施逮捕之后的第一次审查期间可以拘留当事人,而该审查须在当事人被捕之后尽快进行。也可参见第 14.1 条与第 14.2 条。

⑤ 参见根据《反恐法》附件 8 第 3 条发布的工作规程第 5.9 条,有关未经征求的意见的规定。

A. 询问被拘留者是否需要法律咨询,①或需要通知其家人朋友等其已被拘留(参见第 5 条);

B. 要求被拘留者在拘留记录上签名确认上述 A 款的决定;

C. 确定被拘留者是否需要医务治疗或医疗看护,②或需要合适的成年人、协助查阅文件、翻译人员;

D. 记录当事人作出的上述 C 款的决定。

3.6 在确定被拘留者是否有上述需求时,执行拘留的警察须负责进行评估以考虑被拘留者是否会给执行拘留的人员、可能与被拘留者有接触的个人(例如法律顾问、医务人员)或其自身带来的危险。该评估应包括,尽快通过全国警察网核实并发现被拘留者的明显风险。虽然该评估主要是执行拘留的警察的职责,但是也有案件调查小组、③执行逮捕的警察或专业医护人员处获取必要的信息。④ 启动或推迟该评估的,必须记录在案。

3.7 警察负责人应确保在其管辖范围内的警察局的所有被拘留者,均实施了上述第 3.6 条规定的风险评估。

3.8 风险评估必须遵循系统化流程,即明确界定风险的类别,且评估结果必须写入被拘留者的拘留记录里。执行拘留的警察有责任确保向负责拘留被拘留者的人员说明相关的风险。不得将当事人的风险评估及风险等级分析等公开或提供给被拘留者或任何其代理人。如果该评估没有发现特定的风险,亦应记录在案。⑤

3.9 执行拘留的警察负责对风险评估作出应对安排,包括:减小自身伤害的几率、联系专业医护人员、加强监控或监视、降低与被拘留者接触的人员的风险。⑥

---

① 参见第 6 条。

② 参见第 9 条。

③ 案件调查小组包括涉及审问嫌疑人、采集或分析与被羁押者涉嫌犯下的罪行相关的证据的所有警察。如执行羁押的警察需要从案件调查小组处获取信息,则须首先联系主管案件调查的警官。

④ 参见第 9.15 条。

⑤ 《英国内政部通告》(2000 年)第 32 页为风险评估提供了更详细的指导并且确定了应考虑的关键风险事项。该文件应与英国国家警察服务中心连同内政部及英国警官协会共同发布的《拘押安全及处理被警方羁押的当事人之指导手册》一起阅读。也可参见注释 2。

⑥ 参见第 9.15 条。另见注释⑤。

3.10 风险评估是一个不间断的过程，如情况发生变化有变，应审查评估的结果。

3.11 羁押处所如安装有摄像机，则应用醒目标志提醒该装置的使用状态。任何要求关闭摄像机的请求应不予许可。

3.12 巡警、狱警或其他内务大臣授权的人员可以实施以下必要的措施：

A. 为被拘留者拍照；

B. 为被拘留者量身高；或

C. 实施嫌疑人辨认程序。

3.13 上述第 3.12 条属于《反恐法》附件 8 第 2 条的规定。《反恐法》附件 8 第 2 条不包括提取指纹、体内样本或非体内样本，相关规定可参照《反恐法》附件 8 第 10 条至第 15 条。

(二)被拘留者为特殊人员的

3.14 如被拘留者疑似耳聋，或对其听说能力及听懂英文的能力有疑问，且执行拘留的警察不能与之进行有效的沟通，则执行拘留的警察应尽快联系翻译人员，以协助采取上述第 3.1 条至第 3.5 条所述之行动。①

3.15 如被拘留者是未成年人，执行拘留的警察在情况允许时必须确定该未成年人的责任人。此人可以是他的父母或监护人。如果未成年人正在接受地方政府或自愿机构的照顾，或根据 1989 年《儿童法》的规定受到照料，则可由该政府或机构指派责任人或临时责任人。必须尽快通知该未成年人被捕的事实、理由及被拘留的地点。除第 5 条规定的当事人享有的不得被单独监禁的权利之外，上述权利为未成年人的附加权利。②

3.16 如未成年人受法院监管令的限制，且该令状授权某人或某组织监管或监控职责，则应采取合理手段通知该人或该组织(即“负责人”)。负责人通常是青少年犯罪工作组的成员，如法院对签发未成年人宵禁令并要求电子监控，通常由实施监控的合同方担任负责人。

---

① 参见第 13 条。

② 如果未成年人处在地方当局或自愿组织的照料中，但又与父母或其他对其负责的成年人生活在一起，则尽管警方没有法律义务要通知其父母或负责成年人，但也应同他们以及地方当局和自愿组织正式联系，除非他们涉嫌参与有关的犯罪。即使被照料的未成年人没有与父母生活在一起，也应考虑通知他们。

3.17 被拘留者是未成年人、精神失常或精神障碍的，执行拘留的警察必须尽快告知其合适成年人未成年人被拘留的原因及被拘留的地点（根据第 3.15 条，该合适成年人可以是、也可以不是责任人），且应通知该合适成年人前来警察局探视被拘留者。

3.18 如果合适成年人已到达警察局的，应在其在场时实施上述第 3.1 条至第 3.5 条的程序；如实施上述程序时，合适成年人不在警察局，则必须在其到达警局后在其见证下重新执行程序。

3.19 应告知被拘留者：合适成年人的职责（提供建议及帮助）；他可以随时与合适成年人单独会谈。

3.20 如被拘留者或其合适成年人要求会见律师以进行法律咨询，应适用本规程第 6 条的规定。

3.21 如被拘留者是盲人、有严重视觉障碍或无阅读能力，则执行拘留的警察应确保他的律师、亲属、合适成年人或其他可能关心他且与本案调查无关的人帮助其查阅文件。如根据本规程规定，应征得嫌疑人书面同意或签字的，则经其协助人可以代签。对于非未成年人或未患有精神失常或精神障碍的当事人，本款不要求仅为协助当事人核对及签署文件而通知合适成年人到场。①

（三）文件记录

3.22 如情况允许，应在被拘留者在场时记录拘留的理由。

3.23 根据第 3.14 条至第 3.22 条的规定，所采取的任何行动均须记录在案。

四、被羁押者的财产

（一）措施

4.1 执行拘留的警察应负责：

---

① 参见第 3.17 条。

A. 查明(1)被拘留者初次到警察局及被移送到警局时随身携带的物品;(2)被拘留者在羁押期间因非法或伤害目的获得的物品。

B. 保管所有从被拘留者身上收缴并扣押的物品。

执行拘留的警察可以对被拘留者进行或批准进行必要的搜身。但对身体隐私部位搜查或除去外衣搜查的,应根据本规程附件 A 进行。只可由与被羁押者性别相同的人员实施搜身。①

4.2 一般情况下,被羁押者可自己保存自身衣物及私人物品,执行拘留的警察认为其可能利用这些物品自伤或伤人、干扰证据、毁坏财物或逃跑,或该物品为证据的除外。在上述情况下,如执行拘留的警察认为有必要,可以扣留这些物品,且应告知扣押的理由。

4.3 私人物品是指被羁押者在羁押期间需要、使用或查阅的物品,但不包括现金和其他贵重物品。

(二)文件记录

4.4 执行拘留的警察负责决定是否登记被拘留者的随身物品或逮捕时没收的物品。② 该登记并非拘留记录,但应在拘留记录中写入该登记的保存地点。登记后应允许被拘留者其正确性并签字确认。拒绝签字的,应记录在案。

4.5 如不允许被拘留者保留衣物或私人物品,应记录理由。

---

① 《警察与刑事证据法》第 54 条第 1 款及第 4.1 条规定,执行拘留的警察负责监管嫌疑人或有必要清查嫌疑人资产的,可对被拘留者进行搜身。但上述条款并不要求对每一位被拘留者都进行搜身,例如当事人系短暂扣押且无羁押必要的,执行拘留的警察可决定不对其进行搜身。在此情况下,应在拘留记录上明注“未搜身”。但第 4.4 条不适用,并由被拘留者在记录上签字。如被拘留者拒绝签字,则执行拘留的警察有义务根据第 4.1 条的规定查明其携带的财物。

② 《反恐法》第 43 条第 2 款允许巡警对根据《反恐法》第 41 条被逮捕的当事人进行搜身,以发现是否携带了可以证明系恐怖分子的物品。

五、与外界通信联系的权利

(一)措施

5.1 根据逮捕后羁押在警察局或其他地点的嫌疑人的要求,警察应尽快将其关押地点告知其关系人或关心其权益的人并由政府承担相关通知费用。如无法与嫌疑人取得联系,嫌疑人可再提出另外两个联系对象。如仍然无法与他们取得联系,则由负责拘留或侦查的人员酌情决定与何人联系,直至外界获知相对人的情况为止。①

5.2 除本规程附件B规定的情形外,不得拖延与每个关系人取得联系。

5.3 嫌疑人被移交到另一个警察局时,可再次行使上述权利。因受到《监狱规则》的规制,根据本规程,移交给监狱的嫌疑人不享有上述权利。②

5.4 在被羁押者同意的前提下,由执行拘留的警察酌情决定是否允许其朋友、家人或其他可能关心其利益的人对其进行探视。执行拘留的警察应与案件调查小组③保持密切的联系,以对被拘留者会见特定的探视者或探视者提出的会见申请进行风险评估。如因案件的性质无法批准上述申请,应与相关组织的代表共同协商,酌情考虑提高独立的探视机构的探视

---

① 被羁押者不认识任何可以联系以进行咨询或获取帮助的人或者无法联系到其朋友或亲属的,执行羁押的警察应留意可能提供帮助的地方志愿者团体或其他组织。如需法律咨询,可适用第6.1条。在某些情况下,不适合使用电话传达第5.1条及第5.5条规定的相关信息。

② 参见第14.8条。

③ 案件调查小组包括涉及审问嫌疑人、采集或分析与被羁押者涉嫌犯下的罪行相关的证据的所有警察。如执行羁押的警察需要从案件调查小组处获取信息,则须首先联系主管案件调查的警官。

次数。①

5.5 除本规程附件 B 规定的情形外,被拘留人的朋友、亲属或关心其权益的人询问其下落的,经嫌疑人同意后应告知羁押情况。②

5.6 除因条件所限外,被拘留人提出要求的,应提供纸和笔,并准许去在合理时间内与他人电话联系。③ 督察或以上级别警官认为写信或电话联系可能会造成不良后果的,尤其是当事人使用受控电话④通话且警察无法听懂通话的语言时,可拒绝或推迟嫌疑人行使通信权。此规定不影响对第 5.1 条和第 6.1 条权力所做的规制。

5.7 在嫌疑人邮寄信件、传递口信或打电话联系之前,应告知其在信件、电话或口信中所讲内容(与律师的交流除外)都可能被检阅或监听,并可能成为证据。嫌疑人过度使用电话的,警察可切断该通信⑤。经羁押警官批准,通讯费用由政府承担。

5.8 延迟或限制嫌疑人行使本条规定之权利应适当且不可超出必要的限度。

---

① (经被羁押者同意之后)执行羁押的警察可酌情考虑在可行的情况下允许被羁押者的朋友、家人或其他可能关心其利益的人对其进行探视,但首先要考虑是否有足够的人员对探视进行监管以及探视是否会影响案件调查。执行羁押的警察应注意,根据《恐怖法》延长拘留的特殊情况,并考虑探视可能会对延长羁押期的嫌疑人的健康及状况有益。政府官员要求探视嫌疑人的,应经嫌疑人同意,且与负责案件调查的警官协商之后经其允许才可进行。该探视行为不得危害他人的安全,不得对案件调查进程造成不合理的延迟或干扰。还应要求政府官员提供身份证明并在羁押地点接受适当的盘查。政府官员包括:经认可的宗教人士;议员;根据职责需要探访嫌疑人的公务人员;其他经负责案件调查的警官批准的人员;附件 F 规定的领事官员。"独立羁押探访者协会"的成员所做的探访应根据《独立羁押探访工作规程》处理。

② 在某些情况下,不适合使用电话传达第 5.1 条及第 5.5 条规定的相关信息。

③ 当事人可以请求翻译人员翻译电话的通话内容或信件内容。第 5.6 条中规定的电话通话不属于第 5.1 条及第 6.1 条规定的通信范畴。其他的电话通话应由执行羁押的警察酌情决定。调查恐怖犯罪的特殊性要求警察应特别注意嫌疑人试图传递可能会有害公共安全的信息的可能性。

④ 参见第 5.7 条。

⑤ 调查恐怖犯罪的特殊性要求警察应特别注意嫌疑人试图传递可能会有害公共安全的信息的可能性。

(二)文件记录

5.9 对下列内容必须做记录：

A. 嫌疑人根据本条规定所提的要求及警方的应对措施。

B. 发出或收到的信件和口信、打出或接到的电话、接受的探视；和

C. 被羁押人不愿意向外界提供羁押信息的，警察应要求其在记录上签字。如其拒绝签字，应将相关情况记录在案。

六、获得法律咨询的权利

(一)措施

6.1 除本规程附件 B 规定的情形外，所有被警方羁押的人，应被告知他们在任何时候都有权以会面、书信或电话的方式与其律师取得单独联系，还可以与政府值班律师单独进行法律咨询。当合适的成年人在场时，亦应告知其该权利。①

① 根据本规程第 6 条的规定，羁押警官必须提醒合适成年人和被羁押者有权进行法律咨询。如果当事人放弃这一权利，则应记录理由。1J. 指派警务人员执行拘留仅限特定的警区。根据《警察改革法》(2002 年)第 38 条及附件 4A 的规定，可将特定的警区内的警务人员指派为执行拘留的人员。另外，应准许要求进行法律咨询的被拘留者与某特定的律师、该律师所在律所的其他律师或政府指定的律师会见。如无法通过上述方式进行法律咨询，或被拘留者不愿意咨询政府指定律师的，应允许其从愿意提供法律咨询的律师名单中挑选合适人员。如他选择的律师无法到场，则还可进行两次选择。如上述方法均无法实现，则执行羁押的警察可酌情决定是否进一步寻找律师，直至联系合适的人选且该律师同意提供法律咨询。除上述情况外，警察不得向嫌疑人推荐任何特定的律师事务所。被羁押者向律师咨询或与律师沟通时，应准许其单独进行。单独进行咨询或沟通为基本人权。未征得被拘留者同意下窃听、监听或监视被拘留者与其律师的会见、咨询和交流，将导致嫌疑人的人权受到侵害，2000 年《反恐法》附件 8 第 9 条规定的情况除外。被拘留者可单独与律师进行电话交流，属 2000 年《反恐法》附件 8 第 9 条规定的情况而签发监听令状，或羁押处所的格局或电话的位置导致无法做到的除外。正常情况下，所有警察局应设置会见室或电话设备，以方便被拘留者与律师会见或电话联系。另外，可参见第 3.1 条。

6.2 所有警察局应将被羁押人有权进行法律咨询的标识放置在其管辖区域内显著位置。①

6.3 任何警察不得在任何时候以任何语言或行为阻止被羁押人获得法律咨询。

6.4 除本规程附件 B 规定的情形外，被拘留人有权毫不迟延地行使法律咨询权。被羁押人提出要求的(附件 B 的情形除外)，羁押警官应毫不拖延地保证嫌疑人获得法律咨询。当告知或提醒被拘留人有权获得法律咨询后，如被羁押人拒绝与律师会面的，警察应告知他获得法律咨询的方式包括与律师通电话。② 如被拘留人再次表示放弃获得法律咨询的权利，执行拘留的警察应询问其理由。应将上述理由记录于拘留记录或讯问记录上。根据本规程第 3.5 条、第 11.2 条及《规程 D》第 3.19 条第 2 款和第 6.2 条的规定，执行拘留的警察应向被拘留人提示获得法律咨询的权利。被拘留人明确表示既不愿意与律师会面也不愿意与律师通话的，警察应不再继续询问其理由。③

6.5 指挥官或助理警察局长级别的警官可以根据《反恐法》附件 8 第 9 条指令被拘留者只能在有资格的警察视线及听闻范围内咨询律师。当该警官有合理根据认为不如此可能会导致《反恐法》附件 8 第 8 条第 4 款或第 8 条第 5C 款所述后果之一时，才可以作出上述指令。④

“有资格的警察”，指符合以下条件的警察：(1)督察以上级别；(2)隶属指令警官所在警区的制服警员；且(3)指令警官认为他与被拘留者的案件没有关联。拥有上述权力的警官应优先参考 2003 年《内政部通告》第 40 页的规定。

---

① 除英文标识外，在可行并有效的前提下可在必要位置使用威尔士语、主要少数民族语言及主要欧洲语言的标识牌。

② 参见第 5.6 条。

③ 被羁押者没有义务说明放弃法律咨询的理由，且不受强迫。

④ 被羁押者向律师咨询或与律师沟通时，应准许其单独进行。单独进行咨询或沟通为基本人权。未征得被拘留者同意下窃听、监听或监视被拘留者与其律师的会见、咨询和交流，将导致嫌疑人的人权受到侵害，2000 年《反恐法》附件 8 第 9 条规定的情况除外。被拘留者可单独与律师进行电话交流，属 2000 年《反恐法》附件 8 第 9 条规定的情况而签发监听令状，或羁押处所的格局或电话的位置导致无法做到的除外。正常情况下，所有警察局应设置会见室或电话设备，以方便被拘留者与律师会见或电话联系。也可参见附件 B 的第 3 条。

6.6 在未成年人的案件中，合适成年人应考虑是否需要向律师咨询。未成年人表示不需要法律咨询的，为实现当事人的利益最大化，合适成年人有权请求律师到场。但是，被羁押者坚持己见的，不得强迫其与律师会面。

6.7 申请咨询律师的被拘留人在获得法律咨询后，方可接受讯问或继续讯问。

A. 本规程附件 B 规定的情形除外(未批准嫌疑人咨询律师的，不得适用附件 C 中自沉默得出不利推论的规定)；或

B. 督察或以上级别警官有合理根据相信：

(1)因会见律师导致犯罪证据受到损毁或不良影响的、导致他人受到人身伤害或不良影响的、有严重财产损失或破坏危险的、导致未归案的犯罪嫌疑人产生警觉的、阻碍发现犯罪非法财产的；或

(2)律师(包括值班律师)虽然表示愿意在警察局会见，但等待律师前来会不合理地延误本案的侦查活动的。①

C. 被拘留人所选择的律师或从值班律师名单里选的律师：

(1)联系不上；

(2)表示他不愿接受案件；或

(3)联系上之后拒绝前来警察局的。

已向被拘留人说明值班律师制度，但其拒绝值班律师的。

此种情况下，经督察或以上级别警官同意可以开始或继续讯问，不必拖延。②

D. 被拘留人起初要求法律咨询，后来改变了主意的；可以开始或继续讯问，不必拖延。即：

(1)被拘留人按照《规程 E》或《规程 F》的要求，以书面或录音形式表示同意在没有事先获得法律咨询的情况下接受讯问；且

(2)督察或以上级别警官在了解了被拘留人改变主意的理由后，批准同意的。

根据第 2.6A 条，应书面记录或按照《规程 E》和《规程 F》的要求记录被羁押人同意接受讯问、改变主意的事实及理由(对其说明情况后)和批准

---

① 在以上情况下，不批准被羁押人会见律师的，不得适用附件 C 中自沉默得出不利推论的规定。

② 因为未允许被羁押人咨询律师，不得适用附件 C 中自沉默得出不利推论的规定。

警官的姓名等。①

6.8 第 6.7 条 A 款的情况，如批准拖延的理由已消失，在没有另行批准前不得再次推迟嫌疑人会见律师的时间，第 6.7 条 B 款、C 款、D 款所定情况除外。

6.9 被准许咨询律师的被拘留者有权要求律师在他被讯问时到场，除非上述第 6.7 条所述的例外适用。

6.10 律师的行为导致侦查人员无法正常向嫌疑人提出问题的，可以要求该律师离开讯问现场。②

6.11 如侦查人员认为律师确有上述行为，应中断讯问并（如有可能）向警司或以上级别警官请示。如无法联系到上述警官，可请示督察或以上级别且与本案调查无关的警官。该警官与律师交流后，可决定是否允许该律师继续参与讯问。如该警官决定停止讯问，嫌疑人可在讯问重新进行之前向另一名律师进行咨询，应允许新的律师在讯问过程中在场。③

6.12 在讯问过程中要求律师离开属于严重事件。如发生此种情况时，作出此项决定的警司或以上级别警官可考虑是否应将此事件向律师协会报告。如要求律师离开系警司以下级别警官的决定，他应将此决定报告给警司或以上级别的警官，后者同样再考虑是否应将此事报告律师协会。如该律师为值班律师，则应考虑同时向律师协会和法律援助委员会报告。

---

① 适用第 6.7 条 B 款的，警察应在条件允许的情况下，要求律师预估前来警察局所需时间并将此与批准拘留的具体时间、重要时刻（例如临近第 12.2 条规定的休息期间等）以及其他调查案件所需时间加以考量。如该律师正在路上或即将出发，通常不得在其到达前开始讯问。如有必要在其到达之前开始讯问的，应告知该律师警方有限的等待时间，从而有时间安排其他人提供法律咨询。本规定不影响警方在逮捕当事人后立即查明是否存在公共安全威胁（参见第 11.2 条）。另外，由于未允许被羁押人咨询律师，不得适用附件 C 中自沉默得出不利推论的规定。

② 被羁押者有权获得免费的法律咨询并聘请代表律师。其律师的职责是保护及增进当事人的合法权益。有时需要律师可能建议当事人不向检方提供于己不利的证据。为证实当事人的清白或针对不合理的问题及提问方式不当的，律师可以进行干预，即建议当事人不回答某特定问题或为当事人提供更多的建议。在讯问阶段，律师的工作方式或表现不合理地影响或妨碍警方讯问或记录嫌疑人的回答时，可适用第 6.9 条。所谓律师不当行为包括：代替嫌疑人回答问题、将自己的回答写下来让嫌疑人照本宣科等。作出决定要求律师离开讯问现场的警官，必须向法庭证实其决定正确性。因此应在现场见证。

③ 作出决定要求律师离开讯问现场的警官，必须向法庭证实其决定正确性。因此应在现场见证。

6.13 第6.12条所称“律师”，是指持有法定执业证书的律师或法律援助委员会批准并注册的法律代理人或实习代理人。

6.14 律师可以指派法律代理人或实习代理人代替他到警察局提供法律咨询，警察机关应同意该代理人前来会见嫌疑人，督察或以上级别警官认为其会见妨碍该案侦查而作出其他安排的除外。① 同意代理人前来警察局会见的，适用第6.7条至第6.11条的规定。

6.15 警察根据第6.12条作决定时，应考虑下列因素，即：未取得资质或正在实习期的法律代理人的身份或资质是否符合要求？他是否能够提供适当的法律咨询（例如，有犯罪记录的人可能不适合，除非所犯的为轻罪并且不是近期发生的）及委托律师的授权文书中的其他事项。②

6.16 督察或以上级别警官拒绝接受未取得资质的代理人或实习代理人的，或要求该代理人离开讯问现场的，该警官应立即通知委托的律师以便其有机会另作安排。同时也应通知被羁押人，并在拘留记录上备案。

6.17 律师前来警察局会见相对人时（附件B规定的情形除外），不论嫌疑人是否正在接受讯问，警察都应通知嫌疑人其律师已到达，并询问他是否愿意与律师会面；被羁押人已经放弃咨询律师，或开始要求法律咨询但后又同意在未获得法律咨询的情况下接受讯问的，也应获知律师到场的情况。律师的到场和被羁押人的决定应记录在拘留档案中。

(二)文件记录

6.18 嫌疑人要求获得法律咨询及根据该要求采取的行动应记录在案。

6.19 如被羁押人要求获得法律咨询，而在律师或律师代理人不在场时已开始进行讯问的，或者律师或律师代理人被要求离开讯问现场的，应记录在案。

---

① “妨碍该案侦查”不包括根据上页注释②的规定向被拘留人提供法律建议。

② 督察或以上级别的警官认为某律师或律师事务所多次委派不适合提供法律服务实习代理人的，可将此情况告知警司或以上级别的警官，由后者决定是否要将该情况告知律师协会。

七、独立英联邦国家公民或外国公民[①]

(一)措施

7.1 任何独立英联邦国家公民或外国公民(包括爱尔兰共和国)可在任何时候与适当的专员公署、大使馆或领事馆取得联系。应尽快将上述权利告知被羁押者。如提出要求,其有权使专员公署、大使馆或领事馆获悉其羁押地点及原因。这种要求必须在条件允许的最短时间内予以满足。

7.2 如被羁押人所属的独立的英联邦国家或其他国家与英国之间签订了有效的双边领事公约或协议,规定其公民被拘留应予通知,则在执行下文第 7.4 条规定的前提下,应在情况允许的最短时间内通知有关的专员公署、大使馆或领事馆。从 2003 年 4 月 1 日起适用本规定的国家列于附件 F。

7.3 领事馆官员可前来警察局探视被拘留的本国国民,同其交谈并应其要求安排法律咨询。探视时,警察不应在可听到谈话内容的距离内逗留。

7.4 尽管有上述外交公约的规定,如被拘留人是政治难民(由于种族、民族、政治观点或宗教信仰的原因)或正在寻求政治避难,则不得将其被捕情况或其他有关情况通知该国领事馆人员,被羁押人本人提出要求的除外。

(二)文件记录

7.5 根据本条规定告知被羁押者其享有的权利,及任何与有关专员公署、大使馆或领事馆进行的沟通,均应记录在案。

---

① 适用附件 B 时,本部分规定的权力不受影响。

八、羁押条件

(一)措施

8.1 只要条件允许,一间囚室内在押的人数不得超过1人。

8.2 所有囚室应有足够的暖气,清洁且通风;应是有足够的光线,除非为了保证被羁押人夜间的睡眠和安全而需要光线暗淡。除非绝对必要,上锁的囚室内不得给囚禁者另加禁锢;考虑到被羁押人的行为及为确保其及他人的安全,警察局长认为合理和必要的,可批准使用禁锢械具。在决定是否给聋人、有精神障碍或精神失常者使用械具时,尤其要考虑周到。

8.3 分发给被羁押人的毛毯、床垫、枕头及其他床上用品应符合标准及卫生条件。

8.4 羁押场所应设有厕所及盥洗设备。

8.5 如果为了案件调查、健康或清洁原因需要更换被拘留人的衣服时,配给的衣服应达到合理程度的舒适和清洁标准。被羁押人只有穿着足够的衣物后,才可进行讯问。

8.6 每24小时之内至少应为被羁押人提供两顿便餐和一顿主餐。①供餐同时要有饮品。供餐之外的时间,也应根据合理要求提供饮品。必要时,应向警方医生取得医疗和饮食方面的建议。② 只要情况允许,所提供的食物应有可选择性,以满足被拘留人可能有的忌食或特殊宗教信仰要求;被羁押人也可以接受家人或朋友送来的食物(由自己或家人、朋友付费)。③

8.7 如果条件允许,每天应有短时间的户外运动。如果户外条件无法

---

① 可能的情况下,应在常规的吃饭时间提供食品或根据被拘留人上次用餐时间在其他时间提供餐食。

② "专业医生",是指由相关专业机构确定的在某一业务领域医术合格的人。一名专业医生是否"适当"取决于其行使职责的情况。

③ 在决定是否允许被羁押者的家人或朋友为其提供食物时,执行拘留的警察应考量将物品隐藏在食物或包装中的风险以及食品处理法上警察职责。如警察在决定之前需要对食品或物品先行检查。则应向物品带入者告知该事实及其理由。

进行适度的运动(例如严寒或酷暑天气),或根据被羁押者的要求或为安全起见,在有条件的情况下可选择进行室内运动。①

8.8 如果条件允许,应为被羁押者提供宗教仪式所需的物品。应考虑提供单独的房间作为祷告室,还应考虑提供适当的食物及衣物以及合适的祷告设施,比如干净的宗教书籍。②

8.9 未成年人不得被监禁在警察局的监禁室内,除非因为没有其他安全的场所,并且羁押警官认为关押在监禁室有利于监管,或认为监禁室的条件比警察局内其他安全场所更舒适的。不得将未成年人与成年被羁押人关在同一监禁室内。

8.10 警察局应为被羁押者提供适当的阅读资料,包括但不限于主要的宗教文献。③ 应该让被羁押者知道可使用上述材料且根据合理要求可尽快获得上述阅读材料,但干扰案件调查或影响或拖延警察实施法定职责或本规程中规定职责的除外。如因上述原因拒绝提供阅读材料,警察应将该情况记录在案,并在例外情形消失后尽快满足嫌疑人的要求。

(二)文件记录

8.11 提供给被羁押人的衣服及食品应记录在案。

8.12 监禁被羁押人期间使用械具的,使用原因和使用械具后为加强监管被拘留人所作的安排(在可能情况下),应记录在案。④

---

① 当事人可能被长期羁押的,应首先考虑提供一段运动时间,妨碍案件的调查,导致推迟被拘留者的保释或起诉程序的,或被拘留者明确拒绝的除外。

② 警方应咨询主要宗教团体的代表,以确保为宗教仪式所做的准备是充分的,并且就适当保有及处理宗教文献或其他宗教物品征询其建议。

③ 警方应咨询主要宗教团体的代表,以确保为宗教仪式所做的准备是充分的,并且就适当保有及处理宗教文献或其他宗教物品征询其建议。

④ 参见第 3.9 条。

九、对被羁押者的照料及对待方式

(一)一般规定

9.1 除本规程的医疗看护要求外,对羁押时间超过 96 小时的嫌疑人,应在每 24 小时内安排至少一次专业医护人员的看视。

9.2 本条并不排除警方医生或其他护理医生为被羁押人检查时,发现被拘留人的涉案证据。①

9.3 如被羁押人或其代理人对被捕后的处理方式提出申诉或警察注意到被拘留人遭到不恰当的对待,应在条件允许时尽快向与本案无关的督察或以上级别警官报告。如果事关相对人可能遭到人身侵犯或不必要且不合理的虐待,应请警方医生尽快到场。

9.4 每小时应至少巡视被羁押人一次。如果经风险评估不存在明显的风险,②没必要唤醒睡眠中的被拘留人。根据警方医生所给的医疗指导,疑似出现酒精或药物作用、吞食了药物③或其清醒程度存疑的,应至少每半小时巡视一次并被唤醒;根据附件 H 评估其状况;必要时为其安排医疗处理。④

9.5 为被羁押人安排治疗时,执行拘留的警察应确保警方医生可以获得所有可能帮助被拘留人治疗的信息。(无论警方医生是否提出要求)持

---

① “专业医生”是指在相关专业机构确定的在某一业务领域医术合格的人。专业医生是否“适当”,取决于其行使职责的情况。

② 参见第 3.6 条至第 3.10 条。

③ 参见第 9.15 条。

④ 在可能的情况下,青少年和精神失常的被羁押人应有更多探视的机会。疑似醉酒或行为失常的被羁押人可能正在经受某种疾病、药物或伤情的影响,特别是不明显的头部伤痛。一个需要或依赖某种药物(包括酒精)的被拘留人脱离药物后会出现短暂的有害反应。在这些情况下,警察如存疑则应立即请合适的专业医生或叫救护车。第 9.5 条不适用于无须照顾的轻微病痛和伤害。但所有病痛或伤害都应写入拘留记录,任何疑问都要请合适的专业医生来决定。据观察,嫌疑人可以提供案件证据的,可不根据第 9.15 条和第 9.16 条在拘留记录中记录有关伤害、伤病或状况的原因。

有相关信息的警察和警务人员应在条件允许时尽快告知羁押警官。

(二)临床治疗及护理

9.6 如果被带到警察局的人或在警察局被羁押的人出现下列情况,则羁押警官应立即请警方医生到场,即:

A. 疑似患病;或

B. 受伤;或

C. 疑似精神失常;或

D. 需要医疗护理的。

9.7 凡出现上述情况,即使嫌疑人没有要求医疗护理,且无论他是否已在其他地方接受治疗,均适用上述规定。在紧急情况下,如当出现附件 H 所指情况时,应立即请离现场最近的医护人员或救护车前来救治。

9.8 羁押警官亦应考虑是否根据相关的要求,①对受酒精或药物影响的被拘留人采取医疗护理。

9.9 如根据执行拘留的警察自己的观察或被告知,被逮捕进警察局的某人可能患有某种传染病,则他必须采取合理的措施保护该被羁押者以及在警察局的其他人的健康。在决定采取何种措施时,他必须向适当的专业医护人员征询建议。② 执行拘留的警察有权酌情决定在接到医生指示之前是否要一直将此人及其物品隔离。

9.10 被羁押人要求做健康检查的,情况允许时应立即请医生到场。如果不能提供安全及合适的护理计划,应征求警方医生的建议。此外,也可由被拘留人自费聘请选定的医生为他做检查。

9.11 嫌疑人被羁押之前遵医嘱服药的,被拘留后要使用该药品前,执行拘留的警察应咨询警方医生。根据第 9.12 条,执行拘留的警察负责保

---

① 疑似醉酒或行为失常的被羁押人可能正在经受某种疾病、药物或伤情的影响,特别是不明显的头部伤痛。一个需要或依赖某种药物(包括酒精)的被拘留人脱离药物后会出现短暂的有害反应。在这种情况下,警察如存疑则应立即请合适的专业医生或叫救护车。第 9.5 条不适用于无须照顾的轻微病痛和伤害。但所有病痛或伤害都应写入拘留记录,任何疑问都要请合适的专业医生来决定。

② 在现实的情况下,应根据 1983 年《精神健康法》第 136 条安排被羁押的嫌疑人送院评估。根据第 136 条,不得将被羁押的嫌疑人从安全的地方转移到另外一个地点进行评估。

管所有药品并保证被羁押人服用经警方医生所开的处方或批准的药品。咨询及结果应记录在案。

9.12 警察不得自行对被羁押人施用任何药品，包括 2001 年《滥用药品法》附件 2 或附件 3 规定的受控药品。被拘留人只有在警方医生亲自监督下才可服用受控制药品。符合亲自监督的要求是指，经执行拘留的警察向警方医生咨询（电话咨询亦可）之后，警方医生和执行拘留的警察均确信，在任何情况下，被羁押人服用受控制药品不会使其本人、警察或其他任何人有受到伤害的危险。符合要求的，警方医生才可授权执行拘留的警察同意被羁押人服用受控制药品。

9.13 适当的专业医生施用药剂或其他药物，或者监督被羁押人自行服药的，应符合最新的药物法规和专业机构指定的业务范围。

9.14 如被羁押人随身带有药品或声称由于心脏病、糖尿病、癫痫病或其他类似的严重病情而需要此类药品，即使不适用第 9.5 条，也应征求警方医生的意见。

9.15 警方医生对被拘留人进行检查或治疗的，羁押警官应向医生询问：继续关押嫌疑人有何风险或问题；何时可以开展讯问；需要何种安全设施。

9.16 羁押警官对警方医生所给开的处方（口头或书面）有疑问或不清楚的，都应询问清楚。尤其应确保就医频度清楚、精确且可以实施。①

（三）文件记录

9.17 以下内容应被记录在案：

A. 根据第 9.5 条规定由警方医生实施检查的任何安排，以及根据该条提出的申诉和执行拘留警察的意见；

B. 根据第 9.5 条规定的任何安排；

C. 根据第 9.8 条规定相对人提出的医疗申请及所作安排；

D. 需要作出上述三项安排（A 款到 C 款）的伤害、疾病、状况或其他原因；②

① 尊重嫌疑人的隐私很重要，有关他们身体健康的信息应保密。只要在经过其同意的情况下或按照医生指示，为保护被羁押人或与其接触过的他人的身体健康，才可以公布信息。

② 据观察，嫌疑人可以提供案件证据的，可不根据第 9.15 条和第 9.16 条在拘留记录中记录有关伤害、伤病或状况的原因。

E. 警方医生给警察的照顾和治疗被拘留人的医疗指示或意见(包括后续指引),这些指示或意见应与上述 A 款到 C 款安排有关;①

F. 采用附件 H 的唤醒程序时嫌疑人的反应。②

9.18 如警方医生未在羁押记录中记录其诊疗所见,该记录应指明诊疗所见的记录存放何处。③ 但羁押记录应记录执行拘留的警察为确保被拘留人有效治疗和身体健康所采取的措施。④

9.19 在执行上述第 4 条规定的前提下,拘留记录不但应登记被羁押人初到警察局时随身所带的药品,而且应记录其表示需要但未随身携带的药品。

十、权利告知

(一)何时作出告示

10.1 有理由怀疑某人犯罪时,⑤在询问其参与犯罪或涉嫌参与犯罪的问题或进一步的问题前(其之前的回答加深犯罪嫌疑的),嫌疑人的供述或保持沉默(即没有回答、拒绝回答或未按照要求回答问题)可能在起诉时成为证据的,应向其作出权利告知。

10.2 当事人被逮捕或释放后再次逮捕的,应尽快告知其已经被逮捕

① 羁押警官应明确指示对被拘留人需要持续观察和巡视,应该请专业医生精确地解释需采取何种行动。

② 使用附件 H 规定程序唤醒嫌疑人时,记录嫌疑人反应的目的是能够记录下相对人清醒水平的变化和调整医疗安排。

③ 羁押警官应明确指示对被拘留人需要持续观察和巡视,应该请专业医生精确地解释需采取何种行动。

④ 参见第 3.8 条及附件 G 的第 7 条。

⑤ 怀疑某人犯罪应有合理、客观的理由。这些理由应以犯罪行为和嫌疑人的已知事实或信息为基础。

的事实及理由。①

10.3 根据《规程 G》第 3 条，被逮捕或即将被逮捕的嫌疑人应接受权利告知。以下情况除外：

A. 由于当时的条件或嫌疑人的行为，无法进行警告的；或

B. 在逮捕之前已根据第 10.1 条作出了警告的。

(二)权利告知的内容

10.4 在以下情况下应进行警告：

A. 逮捕时；

B. 嫌疑人被起诉或被告知可能被起诉的其他情况。②

除因保持沉默而导致不利推论的，③应告知嫌疑人以下内容："你可以保持沉默。但如果你在被问及将来作为庭审抗辩依据的问题时保持沉默，则可能对你的辩护产生不利影响。你所说的每一句话都可能成为呈堂证供。"④

10.5 因保持沉默而导致不利结论的，所使用的权利告知词。⑤

10.6 在不改变警告内容主旨的情况下，措辞的细微变化不属于违反本规定。⑥

10.7 作出权利告知后中断讯问的，执行讯问警察应保证被讯问人知

---

① 只有当警察有合理根据怀疑当事人是"恐怖分子"时，才可以根据《反恐法》第 41 条的规定对其进行逮捕。这不同于《警察与刑事证据法》中规定的逮捕权，在后者中逮捕权不必与某特定罪行有关。也许在某些情况下根据《反恐法》实施的逮捕是基于某些不可公开的敏感信息作出的，在这些情况下，可以按照《反恐法》第 41(1)(A)条或 40(1)(B)条对"恐怖分子"的解释给出逮捕的根据。另外，应向被羁押的嫌疑人提供足够的信息，以使他们能够理解被剥夺人身自由和被逮捕的理由。另外，可参见第 3.4 条。

② 参见《规程 C》第 16 条。

③ 参见附件 C。

④ 此规程不要求在告知未被逮捕的嫌疑人其将被起诉时，也作出权利告知。但是，如果嫌疑人没有接受警告，法庭不能根据 1994 年《刑事司法与公共秩序法》第 34 条得出任何推论。

⑤ 参见附件 C 第 2 条。

⑥ 嫌疑人似乎不理解权利告知的，作出警告的人员应用口语化的表述进行解释。

道权利告知仍旧有效。如有任何疑问,讯问重新开始时,应再次进行警告。①

10.8 嫌疑人接受警告后,如不合作或不回答问题会导致警方采取一定措施的,应告知其可能出现的任何相关后果,并说明这些后果不受警告的影响。这些后果包括:嫌疑人被起诉时,如果拒绝提供姓名、地址,可能导致被依法拘留;如果拒绝提供(如根据 1988 年《道路交通法》)法规规定的任何详细情况,可能构成犯罪或可能导致被依法逮捕。

(三)根据 1994 年《刑事司法与公共秩序法》第 36 条及第 37 条作出特殊告示

10.9 嫌疑人被逮捕后在警察局或其他法定羁押场所接受讯问时,没有回答、拒绝回答或者未按要求回答问题的,向其作出告示后,②法庭或陪审团可以根据 1994 年《刑事司法与公共秩序法》第 36 条及第 37 条作出推论。本规定仅适用于下列情况:

A. 禁止对嫌疑人沉默作出不利结论③的例外情形;或

B. 巡警逮捕嫌疑人时,在其身上、衣着内外、鞋子内外、携带物品或逮捕地点发现任何物品、痕迹、物质或附着在物品上的痕迹或物质的,嫌疑人没有或拒绝对这些物品、痕迹或物质作出解释的;或

C. 警察发现嫌疑人的时间和地点与犯罪发生地和时间吻合,而嫌疑人不能说明或拒绝说明身处犯罪现场的理由的。

禁止对沉默作出不利结论的,警察可要求嫌疑人对上述 B 款和 C 款的事项作出解释,但无须实施第 10.10 条规定的告知。

10.10 根据嫌疑人的上述行为(即没有回答、拒绝回答或未按要求回答问题)作出不利推断前,执行讯问的警察应使用通俗易懂的语言告知嫌疑人:

---

① 有必要向法庭说明,在讯问中断期间或讯问间隔期间嫌疑人的供述记录未被篡改。在讯问中断后或后续讯问开始时,负责讯问的警察应概述中断的理由并取得嫌疑人的确认。

② 此规程不要求在告知未被逮捕的嫌疑人其将被起诉时,也作出权利告知。但是,如果嫌疑人没有接受警告,法庭不能根据 1994 年《刑事司法与公共秩序法》第 34 条得出任何推论。

③ 嫌疑人似乎不理解权利告知的,作出警告的人员应用口语化的表述进行解释。

A. 正在进行何种犯罪调查；

B. 要求嫌疑人对哪些事实作出解释；

C. 嫌疑人因参与犯罪而接受调查；

D. 如嫌疑人没有回答、拒绝回答问题，法院可以酌情作出推论；

E. 讯问的内容正被录音，该录音在法庭上可作为证据使用。

（四）未成年人、精神失常或精神障碍患者

10.11 未成年人、精神失常或精神障碍者在合适成年人不在场时已接受权利告知的，合适成年人到场后，应再次进行告示。

（五）文件记录

10.12 根据本条进行权利告知的，应写入警察的工作笔记簿或讯问记录。

十一、讯问的一般规定

（一）措施

11.1 讯问指根据第 10.1 条之规定，向嫌疑人作出权利告知后，对涉嫌恐怖犯罪而被逮捕的嫌疑人进行的口头质询。讯问嫌疑人时，应告知其被逮捕的理由。①

11.2 根据 2000 年《反恐法》附件 8 的第 1 条，在决定逮捕嫌疑人之后，

① 只有当警察有合理根据怀疑当事人是“恐怖分子”时，才可以根据《反恐法》第 41 条的规定对其进行逮捕。这不同于《警察与刑事证据法》中规定的逮捕权，在后者中逮捕权不必与某特定罪行有关。也许在某些情况下根据《反恐法》实施的逮捕是基于某些不可公开的敏感信息作出的，在这种情况下，可以按照《反恐法》第 41(1)(A)条或 40(1)(B)条对“恐怖分子”的解释给出逮捕的根据。3H. 就根据《反恐法》第 41 条实施的逮捕而言，审查官负责批准拘留（见第 14.1 条与第 14.2 条，及注释 14A 与 14B）。《反恐法》附件 8 的第 2 条对审查官的职责作出了解释。在实施逮捕之后的第一次审查期间可以拘留当事人，而该审查须在当事人被捕之后尽快进行。

不得在指定羁押地之外的其他地方对其进行讯问，延迟讯问导致以下后果的除外：

A. 导致取证受到干扰或破坏证据的、对他人造成骚扰或人身伤害的及造成严重财产损失或破坏的；或

B. 引起其他涉案但未被抓获的嫌疑人警觉的；或

C. 影响将涉案财物归还原主的。

相关的危险消除后，或为消除危险已讯问嫌疑人的，不得以上述任何一项为由继续在非法定地点进行讯问。

11.3 在法定羁押场所开始或重新开始讯问之前，执行讯问的警察应提醒嫌疑人有权获得免费的法律咨询，且为了保障其该项权利可以推迟进行讯问(适用第 6.7 条的除外)。执行讯问的警察应负责保证将所有类似提醒写入讯问记录。

11.4 讯问开始时，执行讯问的警察进行权利告知之后，①应提醒嫌疑人其之前已经对警察或警务人员作出重要供述或之前一直保持沉默(且在之前嫌疑人未被告知这些重要供述或沉默)。② 之后，警察应询问嫌疑人是否认可这些供述或沉默，及是否需要补充供述。

11.5 重要供述，是指可能被作为证据使用的供述，特别是承认犯罪的自白。重要沉默是指嫌疑人在被告知法律权利后，没有回答、拒绝回答或不能按要求回答问题，且法庭可根据 1994 年《刑事司法与公共秩序法》第 3 章自沉默得出不利结论的情况。

11.6 警察不得使用任何强制手段要求相对人回答问题或引诱其供述。除第 10.8 条规定的情形外，无论嫌疑人选择回答问题、作出供述或拒绝回答或供述，警察均不得向其暗示警方的后续行动(嫌疑人直接询问警方拟采取什么行动的，警察可予回答)。警方的后续行动适当且已获批准的，执行讯问的警察可将警方拟采取的行动告知他。

11.7 在以下情况下，不得针对嫌疑人未被起诉或未被告知会被公诉的犯罪进行讯问：

A. 负责侦查案件的警察认为，为了解案情及获得准确、可靠的信息已向嫌疑人提出所有相关问题，这些问题包括允许被嫌疑人作无罪辩解及对

---

① 参见第 10 条。

② 第 11.4 条并不禁止警察在下一阶段或在后续讯问中获取嫌疑人的重要陈述或记录其保持沉默。

辩解的准确性和可信性所作的检验(如消除歧义或澄清嫌疑人所述事实);

B. 负责侦查案件的警察通过其他途径获得了有效证据的;

C. 负责侦查案件的警察或(在嫌疑人被羁押的情况下)羁押警官,①合理地认为已获得了充分的起诉犯罪证据的。②

(二)讯问记录

11.8 在法定的羁押场所进行讯问的,应根据《反恐法》附件 8 的第 3 条的工作规程制作讯问记录。

(三)未成年人、精神失常或精神障碍患者

11.9 未成年人、精神失常或精神障碍的人,无论是否被怀疑犯罪,在没有合适成年人在场的情况下,不得对其进行讯问或要求其提供并签署任何书面陈述,第 11.2 条,或第 11.11 条至第 11.13 条规定的情形除外。③

11.10 讯问时合适成年人在场的,应告知其并非旁观者;其在场的目的首先是为被讯问的人提供意见并观察讯问是否公正,其次是为协助该未成年人与警察沟通。如果合适成年人的行为造成执行讯问的警察无法合适地向嫌疑人提问,则可以要求该合适成年人离开讯问现场。即合适成年人的方法或行为影响或不合理地妨碍向嫌疑人提出适当的问题或记录嫌疑人的回答内容的情况。如果执行讯问的警察认为合适成年人有上述行为,应停止讯问,(可及时联系的)向警司或以上级别的警官,或者(无法联系的)向督察或以上级别且与案件调查无关的警官报告。在与合适成年人谈话之后,该警官可决定在该合适成年人不在场的情况下是否继续进行讯问。如果决定不继续进行,在进行讯问之前应再找一位合适成年人,下述

---

① 参见《规程 C》第 16.1 条。

② 1996 年《刑事程序和调查法实施规程》第 3.4 条规定:"无论线索是否指向嫌疑人,侦查人员应寻找案件的所有合理线索。什么是合理的线索取决于个案情况。"在讯问中选择问题时,讯问者应考虑上述规定。

③ 尽管未成年人、精神失常或有精神障碍的人有时能够提供可信证据,但在特定情况下,他们也会在不知情或不自愿的情况下作出不可靠的、错误的或自证其罪的供述。讯问此类嫌疑人时,应特别注意;如果对嫌疑人的年龄、精神状况或能力有任何疑问,应咨询合适成年人。为避免证据的风险,在可能时补强证据非常重要。

第 11.11 条规定的情况除外。

(四)在警察局对易受伤害嫌疑人进行紧急讯问

11.11 不得讯问以下人员。但警司或以上级别警察认为延迟讯问会导致第 11.2 条 A 款到第 11.2 条 C 款所述后果，且讯问不会对嫌疑人的生理或心理状况造成重要伤害(参见附件 G)的除外：

A. 未成年人或患精神失常或有精神障碍的人，合适成年人在讯问时未到场的；

B. 除 A 款情况外，任何在被讯问时看起来不能理解问题及其回答的重要性的嫌疑人，或由于酒精、药物、疾病或病痛的影响认识模糊的嫌疑人；

C. 任何理解英语有困难或有听力障碍的人(如果讯问时翻译不在场)。

11.12 已知可避免第 11.2 条 A 款至第 11.2 条 C 款所述后果的，不得继续讯问嫌疑人。

11.13 应记录根据第 11.11 条所做决定的理由。

十二、在警察局进行的讯问

(一)措施

12.1 如警察意欲讯问被羁押人，或侦查案件时需要被羁押人在场，则执行拘留的警察要负责决定是否将被羁押人交给该警察监管。

12.2 每 24 小时期间，应保障被羁押人享有连续 8 小时的休息时间，休息期间不应受到讯问、转移或警察调查案件的打扰。休息时间一般应在夜间，或其他视被羁押人上次睡眠或休息时间而定的合适时间。如嫌疑人前来警察局自首而被逮捕，24 小时的计算应从其被逮捕时开始(如果根据《反恐法》附件 7 逮捕嫌疑人时其正处于羁押中，则该时间为附件 7 规定的调查开始的时刻)，而非从到达警察局时算起。休息期间不得受到干扰，不得被拖延，除非：

A. 有理由认为会导致下列后果的：(1)存在伤害他人、严重损毁或破坏财物的风险；或(2)对释放被拘留人造成不必要的延迟；或(3)会对侦查结果产生不利影响。

B. 被羁押人本人或合适成年人或法律代理人另有请求。或者

C. 根据第14条履行唤醒的义务和责任；或根据第9条或遵医嘱采取治疗措施的，可延迟或影响嫌疑人休息。如根据以上A款影响了嫌疑人休息，则应提供新的休息时间。根据B款和C款影响休息的，可不提供重新休息。

12.3 在被羁押人接受讯问前，羁押警官在咨询负责侦查的警察且在必要时咨询专业医生后，可决定是否适合讯问被羁押人。应考虑被羁押人的身体或精神状况的风险并安排警力。羁押警官如认为讯问会对被羁押人的身体或精神造成重大伤害，则不能批准讯问被羁押人。第11.11条所列的易受伤害嫌疑人在讯问过程中应被视为持续存在危险，且只有符合第11.11条到第11.13条之规定才可讯问这些嫌疑人。

12.4 在实际情况允许时，讯问应在暖和、有充足光线和通风的讯问室进行。

12.5 根据《反恐法》附件8，为获得嫌疑人的犯罪证据而进行讯问的，有必要对其进行羁押。未被起诉的在押嫌疑人可以选择不回答问题，但警察为获得犯罪证据，无须征得嫌疑人的准许或同意即可进行讯问。如果嫌疑人采取行动抵制讯问或后续讯问(如拒绝离开拘留室前往讯问室，或试图离开讯问室)，应告知其讯问无须经过他们的准许或同意。根据第10条，应对嫌疑人进行权利告知，并说明如果没有或拒绝合作可在拘留室进行讯问且其行为会成为对其不利的证据。随后应要求嫌疑人配合并进入讯问室。

12.6 不得要求被讯问人员或供述人员处于站立状态。

12.7 讯问开始前，讯问者应向被讯问者通报其本人及其他在场人员的姓名及警衔。

12.8 正常进餐时间应停止讯问或根据被讯问者前次用餐时间而停止讯问。讯问的过程中应安排短暂的休息时间，大约每隔两小时一次。有合理根据认为休息时间会出现以下后果的，执行讯问的警察可酌情推迟休息时间：(1)存在伤害他人、严重损毁或破坏财物的风险；或(2)对释放被羁押

人造成不必要的延迟;或(3)会对侦查结果产生不利影响。①

12.9 在延长的羁押期内,在警方由于需要搜集进一步的证据或分析已有的证据而没有安排讯问时,须告知被羁押者及其法定代理人对相关犯罪活动的调查依然在进行。如果条件允许,还应让被羁押者及其法定代理人知道讯问之间之所以有长时间中断的大概原因。在此期间,应考虑允许探视,允许被羁押者参与更频繁的锻炼,或允许他阅读或为他提供用于书写的文具。②

12.10 在讯问过程中,如被讯问者本人或其代理人提出申诉,执行讯问的警察应:(1)将此申诉写入讯问记录:且(2)根据本规程第 9 条的规定,通知负责处理此事的执行拘留的警察。

(二)文件记录

12.11 应记录:被羁押人不在执行羁押的警察监管之下的时间和原因以及拒绝将被羁押人交其监督的原因。

12.12 应记录:(A)不能使用讯问室的原因;和(B)根据第 12.5 条采取的任何措施。上述内容应同步写入羁押记录或讯问记录中备案,并在羁押记录中简要说明该措施带来哪些影响。

12.13 任何延迟讯问休息时间的决定应在讯问记录上备案并写明其原因。

12.14 嫌疑人接受权利告知后,在警察局写下的书面陈述均应记录在专用表格上。

12.15 嫌疑人接受权利告知后,写下的书面陈述应根据本规程附件 D 加以记录。嫌疑人接受权利告知后,在其书写书面陈述之前,应向他们说

---

① 正餐休息时间通常应至少持续 45 分钟。每 2 小时后的短时休息应不少于 15 分钟。执行讯问的警察根据第 12.8 条延长讯问的,亦应延长休息的时间。当讯问时间较短,且还有另外一个预期很短的讯问时,如果有合理理由相信为避免第 12.8(1)条和第 12.8(3)条所述后果应缩短休息时间,可以缩短休息时间。

② 在超过 24 小时没有进行讯问的,应参考第 12.9 条的规定。其目的是确保在未告知被羁押者的前提下延长羁押时间,不会对被羁押者的利益产生不良影响。另外,可参见第 5.4 条、第 8 条。

明法律意见的权利。①

十三、翻译人员

(一)一般规定

13.1 警察局长负责保证安排为耳聋人或听不懂英语的人提供适当、有资质的翻译人员。可能的情况下,应从全国公共口译服务名录(NRPSI)或交流促进理事会(CACDP)的英国手语及口译人员目录中挑选相应的人员。

(二)外语

13.2 在下列情况下,如没有翻译人员在场,不得讯问嫌疑人,第11.2条、第11.11条至第11.13条规定的情况除外。

A. 嫌疑人听不懂英语;

B. 执行讯问的警察与嫌疑人语言不通;且

C. 嫌疑人要求有翻译在场的。

13.3 执行讯问的警察应确保使用被讯问人的母语记录讯问的内容(以便需要出示证据时使用),并确保其准确性。在提出每一个问题、回答问题和进行翻译后,执行讯问的警察应给翻译人员充分的时间记录问题及对问题的回答。被讯问的人应被允许阅读或请他人为他阅读上述记录,并签名确认其正确性或指出其认为不正确之处。如讯问被录音或录像,适用2000年《反恐法》附件8第3条工作规程的规定。

13.4 嫌疑人向警察或其他警务人员供述时未使用英语的:

A. 翻译人员应用原始供述语言记录;

B. 供述人应签署此供述记录;且

---

① 通常情况下,如果讯问已被记录在案且根据《反恐法》附件8第3条的工作规程要求嫌疑人在记录上签字的,不必再要求书写书面陈述。在上述情况中,通常只有当事人明确表示愿意并经过权利告知后才可取得其供述,但可以询问当事人是否愿意供述。

C. 应及时制作一份正式英文译本。

(三)聋人及讲话有困难的人

13.5 嫌疑人疑似耳聋或对其听力或讲话能力有疑问的，在无翻译人员在场的情况下，不得进行讯问，嫌疑人以书面形式同意在此情况下接受讯问或第 11.2 条或第 11.11 条至第 11.13 条规定的情况除外。

13.6 讯问未成年人的，如作为其合适成年人的父母或监护人疑似耳聋或其听力或讲话能力有疑问，也应请翻译人员到讯问现场，嫌疑人以书面形式同意在这种情况下进行讯问或第 11.2 条、第 11.11 条至第 11.13 条规定的情形除外。

13.7 执行讯问的警察应允许翻译人员阅读讯问记录并证实其准确性，以便以后需要其出面作证时使用。如对讯问过程录音或录像，适用《反恐法》附件 8 第 3 条工作规程的规定。

(四)对被拘留人的附加条款

13.8 应尽一切合理努力使被拘留人明白，翻译的费用由政府负担。

13.9 符合第 6.1 条规定且嫌疑人有语言、听力或表达障碍无法与律师沟通的，应请翻译人员到场。如需要通过翻译人员获得法律咨询时，该翻译不得为警察或其他警务人员。取得被羁押人(或合适成年人)的书面同意，或者根据《反恐法》附件 8 第 3 条的工作规程对讯问进行录音或录像的，可由警察当翻译。

13.10 被起诉的嫌疑人貌似耳聋或听力、表达能力，或听懂英语的能力存疑，且执行羁押的警察不能与其进行有效的交流的，条件允许时，应立即安排翻译人员向其解释起诉的罪名及其他执行羁押的警察应说明的内容。

(五)文件记录

13.11 根据本条款安排翻译及对没有翻译在场的情况下接受讯问的安排，均应记录在案。

十四、羁押的复核与延期

(一)拘留的复核与延期

14.1 2000年《反恐法》附件8第2条对负责复核的警察的权力及职责作了规定。负责复核的警官应到关押被羁押人警察局办公,并且在履行职责时如有必要可与被羁押者会面。

14.2 在复核中,警察不得询问被羁押者是否参与了某项犯罪;或对其供述及因继续羁押或延长羁押期而表达的意见作出回应。此种交流可能构成第11.1条所指称的"讯问",并受到第11条的权利保障条款及第16.5条对被起诉的嫌疑人的处置条款的规制。①

14.3 根据2000年《反恐法》附件8第3条的规定,羁押时间超过48小时的,警司或以上级别的警官或检察官应申请继续拘留令。

14.4 在根据附件8第29条或第36条申请对继续拘留或延长拘留时,应告知被羁押者及其代理人相关的权利。即:

A. 获得书面的或口头的批准通知书的权利。②

B. 有权向司法机关作出口头或书面的陈述。

C. 有权出席或由其法定代理人代表出席申请听证会,司法机关不允许其参会的除外。

D. 有权获得免费的法律咨询。③

(二)将被拘留者移送至监狱

14.5 嫌疑人被逮捕后签发14日以上的羁押令的(根据《反恐法》附件

---

① 参见《规程C》第16.8条及参见第11.13条。

② 《反恐法》附件8第31条规定申请继续羁押的应通知被羁押人,且必须在申请进行司法审理之前提交申请。通知的内容必须包括:(1)应提交申请;(2)提交申请的时间;(3)申请受理的时间;(4)申请继续羁押的理由。每次申请延长现有的羁押令时均须进行上述通知。

③ 参见本规程第6条。

7 逮捕并羁押的,以附件 7 规定的案件调查日起算),应尽快将被羁押者移交指定监狱进行关押:(1)被羁押者明确要求留在羁押警察局且认可该要求的。或(2)有合理根据相信将嫌疑人移送至监狱会严重妨碍调查恐怖犯罪;延迟起诉或释放嫌疑人;或影响及时、准确调查案件的除外。存在上述第 B 款中所述理由的,必须向司法机关汇报以申请延长拘留期至 14 日以上的令状。①

14.6 根据第 14.5 条的继续羁押令将当事人继续羁押在警察局内的,如该条第 B 款所述的理由不再消失后,应尽快将其移送监狱。

14.7 警方应与国家罪犯管理署(NOMS)签订协议,由后者负责根据本规定将嫌疑人移送监狱。该协议旨在确保被羁押者的利益及便于调查案件,并将嫌疑人移送到合适的监狱。协议中应包括移送男性、女性及未成年嫌疑人的相关规定。警方应确保接受嫌疑人的监狱负责人收到情况通知。如条件允许,送达此通知的时间不应迟于申请 14 日以上的拘留令的时间。

14.8 将被羁押者移送至指定监狱之后,应根据附件 8 及《监狱规章》对其进行管理,且在当事人羁押在监狱的时间内不再适用本工作规程。如嫌疑人从监狱转回警察局羁押,则再次适用本规程。为便于监狱长安排将嫌疑人还押,警方应尽快将还押的决定告知监狱长。监狱跟警察局之间的移送由警方负责执行,且在运送被拘留者的过程中适用本规程。② 被羁押者在被移送回警察局之后,警方对其羁押的时间不能超过案件调查所需的必要时限。

14.9 案件调查小组及执行羁押的警察应提供尽可能多的信息以便监狱机关为嫌疑人提供适当的设施。包括但不限于:医疗评估、安全与风险评估、被拘留者的法定代理人的详细资料、被拘留者请求探视或申请探视被拘留者的人员的详细资料。

14.10 嫌疑人被移送至监狱的,执行羁押的警察应提前告知被羁押者的律师移送的事实(包括移送监狱的名称)。执行羁押的警察还应尽一切

---

① 将被羁押者移送至监狱是为了确保被延期羁押的当事人被关押在用于关押羁押期比警察局的羁押时间长的当事人的地方。监狱将为被羁押者提供更大更适合长期羁押的条件。另外,根据《反恐法》附件 7 逮捕并羁押的,以附件 7 规定的案件调查日起算。

② 在移送被羁押者期间,本规程只有在适合羁押条件时才适用。显然在监狱与警察局之间的路途上,不需要为被羁押者提供诸如床上用品或阅读资料之类的物品。

合理的努力以通知下列人员：之前已告知羁押情况的家属或朋友，及第5.1条规定的嫌疑人已提供的联系人。

（三）文件记录

14.11 根据第14.4条进行权利告知的警察应负责确保上述告示及嫌疑人的陈述均被记录在拘留记录上。

14.12 推迟进行复核的理由及延迟程度应记录在案。

14.13 必须保留所有书面陈述。

14.14 复核结果、对未起诉嫌疑人延期羁押的决定，或继续羁押、延长羁押的申请情况，均应记录在案。

14.15 根据上述第14.5条不将嫌疑人移送指定监狱的决定以及理由应记录在案。如果第14.5条A款所述的要求无法实现，也应记录理由。

十五、起诉被羁押人

15.1《警察与刑事证据法》以及由检察长根据《警察与刑事证据法》发布的工作指导对起诉被羁押人作了详细的规定。①

十六、检测当事人体内是否含有特定的A类毒品

16.1《警察与刑事证据法》第63B条［按照《刑事司法法》（2003年）第5条及《毒品条例》（2005年）第7条对其的修正］对毒品检测的规定不适用于根据《反恐法》第41条及附件8执行的羁押。②

① 对起诉被羁押人的一般性指导可参见《规程C》第16条。

② 对这些规定的指引可参见《规程C》第17条。

附件 A
对身体隐私部位的搜查及脱衣搜查

一、对身体隐私部位的搜查

1. 对身体隐私部位的搜查包括对除口腔之外的人体其他开口部位进行的身体搜查。此类搜查所具有的侵害性的特点意味着不得低估对身体隐私部位搜查相关的实际存在的或潜在的风险。

(一)行动

2. 对除口腔之外的其他人体开口部位的搜查,只有得到督察或以上级别的警官的批准才可进行,并且该警官要有合理根据相信被羁押者在其体内隐藏了可以或可能用以伤害其自身或警察局内其他人员的物品,且有合理根据相信对身体隐私部位的搜查是唯一可移除该物品的方法。

3. 在开始搜查之前,警官、指定执行羁押的警察或警务人员必须告诉被羁押者以下内容:

A. 执行该搜查已获批准;

B. 批准的理由以及认为若不对身体隐私部位进行搜查便无法移除上述物品的根据。

4. 对身体隐私部位的搜查只能由注册医生或护士执行,除非督察及以上级别的警官认为这样做不切实际,而在这种情况下警察可以执行该搜查任务。①

5. 任何建议由非注册医生或护士根据上文第2款的规定执行搜查的，均视为最后的手段，并且批准的警官须确信将上述物品留在被羁押者身上的风险要大于将该物品移除相关的风险。②

6. 在警察局对未成年人、精神失常或精神障碍的人进行身体隐私部位的搜查的，必须有与当事人性别相同的合适成年人在场，被羁押者明确要求某一位现成的异性合适成年人在场的除外。对未成年人的搜查可以在无合适成年人在场的情况下进行，但只能是在该未成年人当着其合适成年人的面表示他不愿搜查时该合适成年人在场，且该合适成年人对此表示同意的。未成年人的这一决定须被记录在案，并由其合适成年人签名。

7. 如果根据上文第2款的规定由警察执行对身体隐私部位的搜查，则该警察必须与被羁押者性别相同。除了被羁押者之外，在搜查过程中至

---

① 在批准对身体私隐部位的搜查之前，决定批准的警官必须尽一切合理的努力说服被羁押者自愿交出上述物件而不需要被搜查。如果被羁押者同意这么做，则只在可能的情况下应请注册医生或护士到场对相关风险进行评估且在必要时尽量协助被羁押者。如果被羁押者不同意不经搜查自己交出上述物品，则决定批准的警官在批准对其身体隐私部位的搜查之前必须仔细查审所有相关因素。特别是该警官必须考虑认为被羁押者可能藏有物件的根据是否可靠。如果根据上文第2款的规定批准进行搜查，则凡有可能应向注册医生或护士咨询。前提应是该搜查将由该注册医生或批准护士执行，且决定批准的警官须尽一切合理的努力说服被羁押者允许该医生或护士执行该搜查。只有在所有其他的方法都失败之后，才可批准巡警将搜查作为最后手段执行。在这种情况下，决定批准的警官应确认被羁押者可能使用上述物品以达成第2款中所述的一项或多项意图，且可能造成的人身伤害足够严重以证明批准巡警执行搜查是合法的。如上述警官对是否批准由巡警执行对身体隐私部位的搜查有任何疑问、则应征询警司或以上级别的警官的意见。

② 在批准对身体私隐部位的搜查之前，决定批准的警官必须尽一切合理的努力说服被羁押者自愿交出上述物件而不需要被搜查。如果被羁押者同意这么做，则只在可能的情况下应请注册医生或护士到场对相关风险进行评估且在必要时尽量协助被羁押者。如果被羁押者不同意不经搜查自己交出上述物品，则决定批准的警官在批准对其身体隐私部位的搜查之前必须仔细查审所有相关因素。特别是该警官必须考虑认为被羁押者可能藏有物件的根据是否可靠。如果根据上文第2款的规定批准进行搜查，则凡有可能应向注册医生或护士咨询。前提应是该搜查将由该注册医生或批准护士执行，且决定批准的警官须尽一切合理的努力说服被羁押者允许该医生或护士执行该搜查。只有在所有其他的方法都失败之后，才可批准巡警将搜查作为最后手段执行。在这种情况下，决定批准的警官应确认被羁押者可能使用上述物品以达成第2款中所述的一项或多项意图，且可能造成的人身伤害足够严重以证明批准巡警执行搜查是合法的。如上述警官对是否批准由巡警执行对身体隐私部位的搜查有任何疑问，则应征询警司或以上级别的警官的意见。

少有另外 2 人必须在场见证。

8. 在遵照上文第 6 款规定的前提下，不是医生或护士，且与被搜查人性别不同的人，以及其他任何不必要的人员，均不得在场。执行搜查时，须适当顾及被羁押者在这种情况下的敏感性和易受伤害的特性。

（二）文件记录

9. 在根据上文第 2 款的规定进行搜查的情况下，须尽快将以下内容记录在被羁押者的羁押记录中：

对执行该搜查的批准；

给出批准的理由；

认为如不对身体隐私部位进行搜查便无法移除上述物品的根据；

被羁押者身体的哪些部位被搜查过；

由谁执行的搜查；

有哪些人在场；

搜查的结果。

10. 如果对身体隐私部位的搜查是由警察执行的，则应将为何无法由注册医生或护士执行搜查的原因记录在案。

二、脱衣搜查

11. 脱衣搜查指的是需要脱去不止外衣的衣服的搜查。在本规程中，外衣包括鞋子和袜子。

（一）行动

12. 脱衣搜查只有在有必要移除不允许被羁押者保留的物品且警察有合理根据认为被羁押者身上藏有该物品时进行。如没有理由认为他藏有该物品，则脱衣搜查不应被当作例行搜查而进行。

脱衣搜查的执行

13. 在执行脱衣搜查时：

A. 执行脱衣搜查的警察必须与被搜查的人性别相同。

B. 搜查须在任何没必要在场的人或其他异性人员（除被搜查者特别要求其在场的合适成年人外）看不到被羁押者的场所进行。

C. 除非被羁押者或其他人有受到严重伤害的危险等紧急情况，否则脱衣搜查涉及暴露被拘留者身体的隐私部位时，至少须有另外 2 人在场见证，如果被搜查的对象是未成年人、精神失常或精神障碍患者时，上述另外 2 人之一必须为其合适成年人。除上述紧急情况外，对未成年人的搜查可以在无合适成年人在场的情况下进行，但只有在该未成年人当着其合适成年人的面表明他不愿搜查时其合适成年人在场，且该合适成年人同意这样做之后才能搜查。未成年人的这一决定应被记录在案，且由该合适成年人签名。只有在极其特殊的情况下才能允许搜查在有不是合适成年人的 2 个以上的人在场时进行。

D. 在执行脱衣搜查时应适当顾及被羁押者当时的敏感性及易受伤害的特性，应尽一切合理努力争取被拘留者的合作并使他的窘迫最小化。通常不得要求被搜查的被羁押者同时脱掉他所有的衣物，例如，应允许当事人先脱去腰部以上的衣物，而在进一步脱去其他衣物之前可以先穿上之前脱去的衣物。

E. 如有协助搜查的必要，则可以要求被羁押者将他的双臂举起，或两腿分开站立，身体向前弯倾，以便对其生殖器及肛门部位作直观检查，但不得直接接触他身体的任何开口部位。

F. 如果在搜查过程中发现了任何物品，则应要求被羁押者交出该物品。如果该物品是在除口腔以外的身体其他的开口部位被发现的，而被羁押者拒绝将此物品交出，则需对他进行身体隐私部位的搜查以取出该物品，而此搜查应根据上述本附件的 A 部分的规定进行。

G. 脱衣搜查须尽快进行，且一旦搜查完毕，须立即允许被羁押者穿上衣服。

(二)文件记录

14. 脱衣搜查应被记录在羁押记录上，内容应包括认为有必要进行该搜查的原因、在场的人员以及任何搜查结果。

附件 B[①]

推迟通知逮捕或允许根据《反恐法》(2000 年)被羁押的人员获得法律咨询

一、根据《反恐法》附件 8 的延迟

1. 对可以推迟行使本规程第 5 条或第 6 条所规定的权利，如果当事人是根据《反恐法》第 41 条被羁押的且还未被指控犯有某罪行，并且警司或以上级别的警官有合理根据认为行使上述任何权利会造成以下任何一种后果：

A. 干扰或破坏一起严重罪行的证据；

B. 对他人造成干扰或人身伤害；

C. 引起其他涉嫌犯有严重罪行但尚未被逮捕的人的警觉；

D. 妨碍追回在这起严重罪行中损失的财产或者妨碍根据第 23 条的规定批准没收上述财产；

E. 干扰对与恐怖活动的实施、准备或教唆相关的信息的搜集；

F. 引起当事人的警觉从而使得更难阻止恐怖活动；或

G. 引起当事人的警觉从而使得更难获取当事人的理解，或使得更难确保对参与该恐怖活动实施、准备或教唆的人提起诉讼或定罪。

2. 如果警察有合理根据相信存在以下情况，则也可推迟行使上述权利：

A. 被羁押者已经从其犯罪活动中获利(应依照《犯罪收益追缴法》编 2 作出决定)，且

B. 因以下事项可能导致妨碍追回非法财产的：

(1)通知指定人员嫌疑人被羁押[《反恐法》附件 8 第 8(1)(A)款规定的批准而言];或

(2)行使第 7 款规定的权利[就《反恐法》附件 8 第 8(1)(B)款规定的

---

① 即使附件 B 适用于未成年人、精神失常或精神障碍者，也必须根据本规程第 3.15 条及第 3.17 条的规定，通知其合适成年人或对该未成年人负责的人(如果两者不是同一人)。属于英联邦成员国的公民及外国公民的情况，适用附件 B 时，本部分规定的权力不受影响。

批准而言]。

3. 如果批准的警官有合理根据认为被羁押者想要咨询的律师会无意或有意传递从被羁押者处获取的信息或者作出一些其他的行为,从而造成《反恐法》(2000 年)附件 8 第 8 条中规定的任何后果,则该警官可以批准推迟被羁押者行使单独咨询该律师的权利。在这种情况下,必须允许被羁押者另外选择一名律师。①

4. 如果被羁押者希望会见律师,则不得以该律师有可能建议被羁押者不回答问题或者该律师最初是被其他人而不是被被羁押者本人叫到警察局为由推迟被羁押者行使与律师会面的权利。如果是后一种情况,则应告知被羁押者该律师在其他人的请求下已经来到警察局了,并要求他在羁押记录上签名以表明他是否愿意与该律师会面。

5. 推迟通知逮捕的理由足够充分,并非当然地意味着推迟被羁押者行使获取法律咨询的权利的理由也足够充分。

6. 推迟行使上述权利仅限于必要的延迟时间限度之内,但自当事人被逮捕时(或者如果当事人是依照《反恐法》附件 7 的规定被羁押的,则是自依照附件 7 的规定开始审查时算起)不得超过 48 小时。如果在这段时间内上述的推迟理由不再适用,则一旦情况允许,应立即询问被羁押者是否愿意行使他的权利,且应在羁押记录上做相应的记录,并根据本规程的相关条款采取行动。

7. 必须允许被羁押者在接受任何法庭审理之前占用合理的时间向律师取得咨询建议。

二、文件记录

8. 根据此附件的规定而采取行动的理由应记录在案,且一旦情况允许,应立即通知被拘留者。

9. 根据上述第 6 条的规定被羁押者作出的任何回答应被记录在案,同时应要求被羁押者就他在当时是否希望获得法律咨询在记录上签名。

---

① 决定推迟被羁押者与某特定律师会面的情况可能极少出现,且只有在出现以下情况时才可作出该决定:有迹象表明嫌疑人能够误导该特定的律师且存在嫌疑人会成功地使信息得以传递的重大风险,而这会导致上文说明的一种或多种后果。

三、警告与特殊警告

10. 被羁押在警察局的嫌疑人在其获取法律咨询的权利根据本附件被推迟期间接受讯问时，法庭或陪审团不得从他的缄默中得出不利于他的推论。

附件 C
对从缄默中得出不利推论的限制及该限定条款适用时的警告词

(一)对从缄默中得出不利推论的限制

1. 由《青少年司法与刑事证据法》(1999 年)第 58 条修正过的《刑事司法与公共秩序法》(1994 年)的第 34 条、第 36 条与第 37 条规定了在哪些情况下在当事人被起诉或被告知会被起诉之后接受讯问时,如他未能或拒绝说出与其参与犯罪相关的任何内容,则可以从其的上述行为中得出不利于其的推论。而上述规定必须以对法庭或陪审团从当事人的缄默中得出不利推论的最重要的原则为准。该原则适用于:

A. 任何在接受讯问之前,①或者在被起诉或被告知会被起诉之前②(参见第 15 条)已经有以下情况的被羁押在警察局的人:

(1)已经要求获得法律咨询;③

(2)但依照本规程未被允许咨询律师(包括政府指定的律师);且

(3)要求获得法律咨询的意愿并未改变。④

注意,上述第(2)款中所述之情况:适用于第 6 条、第 6.6 条 A 款或 C 款中所述的已经要求进行法律咨询的被羁押者在与律师谈话之前就接受讯问的情况。不适用于被羁押者拒绝向政府指定的律师咨询的情况。⑤

B. 任何存在以下情况的被起诉犯有某罪或被告知会因某罪被起诉的人:

(1)已经看过与该罪行相关的另一名当事人所做的书面陈述或对该当

---

① 参见第 11 条。

② 参见第 15 条。

③ 参见第 6 条以下第 6.1 款。

④ 参见第 6 条以下第 6.7C 款。

⑤ 参见第 6 条以下第 6.7 条 B、C 款。

事人进行讯问的讯问内容；①

(2)接受关于该罪行的讯问；②或

(3)作出与该罪行相关的书面陈述。③

(二)该限制条款使用时的警告词

2. 适用从缄默中得出不利推断的限制条款时应作出警告的，警告词应如下："你有权保持缄默，但你所讲的任何内容都可能被用作呈堂证供。"

3. 凡上述在给出警告之后开始适用或终止适用限制时，均应用恰当的术语再次警告当事人。还应用通俗易懂的语言向被羁押者说明已经改变了的得出不利推论的立场以及之前的警告不再适用的事实。④

---

① 参见《规程 C》第 16 条第 16.6 款。

② 参见《规程 C》第 16 条第 16.8 款。

③ 参见附件 D 第 4 款与第 9 款。

④ 以下内容被认为是在从缄默中得出不利推论的限制开始适用时与终止使用时分别用以帮助说明在得出不利推论问题上的立场变化的固定表述：(1)开始适用时："之前给你的警告不再适用。这是因为在该警告之后：①你要求与律师交谈但未被允许[参见上述第 1(A)款]；或②你已经被起诉或被告知会被起诉[参见上述第 1(B)款]。这就意味着从现在开始，在法庭上不得作出不利推论且你的答辩不会因为你选择保持缄默而受到不利影响。请仔细聆听我将要给你的警告，因为它将从此刻开始适用。你会看到它未提到任何有关你的答辩会受到不利影响的内容。"(2)在当事人被起诉或被警告会被起诉时或在此之前[参见上述第 1(A)款]，终止适用的："之前给你的警告不再适用。这是因为在该警告之后你已经被允许与律师交谈。请仔细聆听我将要给你的警告，因为它将从此刻开始适用。该警告对如果你选择保持缄默你在法庭上的答辩会如何受到影响作了说明。"

附件 D
警告后的书面陈述

(一)由受到警告的当事人所写的书面陈述

1. 必须随时请当事人写下他想要说的内容。

2. 对于还未被起诉犯有某罪或还未被告知会因某罪被起诉的当事人而言,如果他想要写下的书面陈述是关于该罪行的,则:

A. 除非该陈述是适用从沉默中得出不利推论的限制①时作出的,否则应要求该当事人在写下他想说的内容之前先写下以下内容并签署:"我自愿写下此陈述。我明白我有保持沉默的权利,但如果我此时对所提的问题不作回答而以后在法庭上以此作为证据,则有可能会造成辩护贬损。此陈述可能被用作呈堂证供。"

B. 如果该陈述是适用从沉默中得出不利推论的限制时作出的,则应要求该当事人在写下他想说的内容之前先写下以下内容并签名:"我自愿写下此陈述。我明白我有保持沉默的权利。此陈述可能被用作呈堂证供。"

3. 如果当事人在被起诉犯有某罪或被告知会因某罪被起诉时,请求对与该罪行相关的任何内容进行陈述并愿意将自己的陈述写下来,则:

A. 除非在他被起诉犯有某罪或被告知会因某罪被起诉时,适用从沉默中得出不利推论的限制,②否则应要求该当事人在写下他想说的内容之前先写下以下内容并签名:"我自愿写下此陈述。我明白我有保持沉默的权利,但如果我此时对所提的问题不作回答而以后在法庭上以此作为证据,则有可能会造成辩护贬损。此陈述可能被用作呈堂证供。"

B. 如果在他被起诉犯有某罪或被告知会因某罪被起诉时,适用从沉默中得出不利推论的限制,则应要求该当事人在写下他想说的内容之前先

---

① 参见附件 C。
② 参见附件 C。

写下以下内容并签名:“我自愿写下此陈述。我明白我有保持沉默的权利。此陈述可能被用作呈堂证供。”

4. 如果已经被起诉犯有某罪或已经被告知会因某罪被起诉的当事人请求对与该罪行相关的任何内容进行陈述并愿意将自己的陈述写下来,则应要求该当事人在写下他想说的内容之前先写下以下内容并签名:“我自愿写下此陈述。我明白我有保持沉默的权利。此陈述可能被用作呈堂证供。”

5. 任何自己写陈述的人须被允许在没有任何催促的情况下完成他的陈述,但是警察或其他警务人员可以向他说明哪些为实质性内容,或对陈述中不清楚的地方进行询问。

(二)由警察或其他警务人员代写的书面陈述

6. 如果当事人表明他希望由别人代他写陈述,则警察或其他警务人员应代他写下陈述。

7. 如果还未被起诉犯有某罪或还未被告知会因某罪被起诉的当事人想要作出与该罪行相关的陈述,则在开始代写之前,应要求当事人签署下列内容或在上面画押:

A. 除非该陈述是适用从沉默中得出不利推论的限制①时作出的,否则为:“我某某自愿做此陈述。我希望由别人代我写下我将要说的内容。我明白我有保持沉默的权利,但如果我此时对向我所提的问题不作回答而以后在法庭上以此作为证据,则有可能会有害于我的辩护。此陈述可能被用作呈堂证供。”

B. 如果该陈述是适用从沉默中得出不利推论的限制时作出的,则为:“我某某自愿做此陈述。我希望由别人代我写下我将要说的内容。我明白我有保持沉默的权利。此陈述可能被用作呈堂证供。”

8. 如果当事人在被起诉指控犯有某罪或被告知会因某罪被起诉时,请求对与该罪行相关的任何内容进行陈述,则在开始代写之前,应要求当事人签署下列内容或在上面画押:

A. 除非在他被指控犯有某罪或被告知会因某罪被起诉时,对从缄默

① 参见附件 C。

中得出不利推论的限定适用①,否则为:

"我某某自愿做此陈述。我希望由别人代我写下我将要说的内容。我明白我有保持缄默的权利,但如果我此时对向我所提的问题不作回答而以后在法庭上以此作为证据,则有可能造成辩护贬损。此陈述可能被用作呈堂证供。"

B. 如果在他被指控犯有某罪或被告知会因某罪被起诉时,适用从沉默中得出不利推论的限制,则为:"我某某自愿做此陈述。我希望由别人代我写下我将要说的内容。我明白我有保持沉默的权利。此陈述可能被用作呈堂证供。"

9. 如果在已经被起诉犯有某罪或已经被告知会因某罪被起诉之后,当事人请求对与该罪行相关的任何内容进行陈述,则在开始代写之前,应要求当事人签署下列内容或在上面画押:"我某某自愿做此陈述。我希望由别人代我写下我将要说的内容。我明白我有保持沉默的权利。此陈述可能被用作呈堂证供。"

10. 代写陈述的人必须一字不差地写下作出陈述的当事人的原话,不得有任何校正或释义。任何必要的提问(例如,为了使语句更明白易懂)及相应的回答必须被同时记录于陈述表格上。

11. 在完成对陈述的书写时,应让原陈述人阅读写好的陈述并随意作任何纠正、改动或补充。在他阅读完之后,应要求他在陈述书的最后写下以下证明内容并在上面签名或画押:

"我阅读了以上的陈述,并对其做了我希望做的纠正、改动或补充。此陈述属实。我自愿做此陈述。"

12. 如果作出陈述的当事人无法阅读或拒绝阅读该陈述,或拒绝在陈述书最后写下上面提到的证明内容或签署该证明内容,则记录其陈述的人应将陈述念给他听,并问他是否要对陈述做任何纠正、改动或补充以及是否愿意在陈述的后面签名或画押。记录其陈述的人应将实际发生的情况记录在陈述书上。

① 参见附件 C。

附件 E
精神失常及精神障碍患者的相关条款的概述

1. 如警察怀疑或被善意告知，某人（可为任何年龄）可能患有精神失常、精神障碍或心智能力不足以理解向他提出的问题及其回答的意义，则此人就本规程而言应被视为精神失常或精神障碍患者。①

2. 在当事人为精神失常或精神障碍患者的情况下，“合适成年人”指的是：

A. 亲属、监护人或其他负责照料或监护他的人；

B. 有同精神失常或精神障碍患者打交道经验的，但不是警察或受雇于警方的人；

C. 非上述两种情况时，其他 18 岁或以上有责任能力的成年人，但不得是警察或受雇于警方的人。②

3. 如果执行审核的警察批准对某精神障碍患者或某看似患有精神失常的人进行拘留，③则一旦情况允许，执行拘留的警察应立即通知其合适

---

① 参见第 1.10 条。

② 如果当事人患精神失常或精神障碍，则在一定情况下，由有经验照料这类人员的人或接受过这方面训练的人担任合适成年人，可能比由缺乏这些资格的亲属担任合适成年人更符合要求。但如果被羁押者本人希望其亲属而非陌生人（即使更能胜任）担任合适成年人，或反对某人来担任其合适成年人，则条件允许时应尊重其意愿。也可参见第 1.13(B)款。

③ 《反恐法》附件 8 第 2 款规定对根据《反恐法》第 41 条逮捕当事人时（或者如果当事人是依照《反恐法》附件 7 的规定被羁押的，则是自依照附件 7 的规定开始审查时）算起超过 48 小时的羁押的复审程序。该程序包括对复审拘留的必要条件、推迟复审、继续羁押的根据、指定执行复审的警察、被羁押者的权利及记录的规定。执行复审的警察的职责在对附件 8 第 3 款规定的延期羁押的进行审核。《反恐法》(2006 年)第 24(1)条修订了 2000 年版的该法中执行复审的警察授权继续羁押的理由。如果对以下情况而言有必要，则可以授权继续羁押：(1)为了获取相关证据，不管是通过讯问当事人还是其他方法；(2)为了保存相关证据；(3)在等待审查结果或对相关证据的分析结果时；(4)旨在获取相关证据的对任何事物的审查或分析；(5)在等待内政大臣对将被羁押者驱逐出境的申请作出决定时，或在等待任何此类申请被作出时，或在等待内政大臣对任何此类申请加以考虑时；(6)在等待对是否以某罪名指控被羁押者作出决定时。另外，可参见第 14.1 款与第 14.2 款。

成年人羁押的原因以及地点，并请该合适成年人前来警察局探视被羁押者。如果该合适成年人在根据第3.1款至第3.5款的规定向嫌疑人发出通知时已经在警察局，则该通知必须在该合适成年人在场的情况下告知。

在执行第3.1款至第3.5款的规定时不在警察局，则一旦他到达警察局，这些条款应被重复执行一遍。①

4. 如果合适成年人在被告知获得法律咨询的权利后，认为有必要行使这一权利，则适用本规程第6条，可将此视为患有精神失常或精神障碍的人要求获得法律咨询。②

5. 如果当事人看起来精神失常，则执行羁押的警察必须确保该当事人能够尽快得到适当的临床诊断，或者在紧急情况下，应请离现场最近的医生前来警察局或叫救护车。这并不意味着当根据《精神健康法》(1983年)第136条的规定在条件允许的情况下须将被拘留者及时转移到安全的地方时，这些规定可以被用作推迟转移的理由。如果要根据此法在警察局对被羁押者的精神状况进行评估，则执行羁押的警察必须考虑是否应该请适当的专业医护人员前来对被羁押者进行初步的临床检查。③

6. 如果患有精神失常或精神障碍的人在没有其合适成年人在场的情况下受到警告，则必须在其合适成年人到场后重新给予权利告知。④

7. 在没有合适成年人在场的情况下，不得对患有精神失常或精神障碍的人进行讯问，不得要求他提供或签署书面陈述，适用本规程的第11.2款或第11.11款至第11.13款的除外。一旦获得了足够信息可以排除紧急危险，则在没有合适成年人在场的情况下进行的讯问不得继续。在这种情况下决定开始讯问的理由必须被记录在案。⑤

8. 如果在讯问时合适成年人在场，则必须告知他，他并非仅仅作为旁观者在场，以及他在场的目的是：为被讯问的人提供建议；观察讯问是否进

---

① 参见第3.15款至第3.16款。

② 第3.20款旨在保护那些不能理解对其所讲的内容的重要性的患有精神失常或精神障碍的人的权利。如果被羁押者希望行使其获得法律咨询的权利，则应立即采取适当的行动提供协助，而不应延迟到合适成年人到场时才采取行动。在通知合适成年人前来警察局之后，只要患有精神失常或精神障碍的人愿意，必须随时允许他在没有合适成年人在场的情况下有机会单独向律师咨询。另外，可参见第3.20款。

③ 参见第9.6款与第9.8款。

④ 参见第10.11款。

⑤ 参见第11.2款及第11.11款至第11.13款。

行得公平适当;协助被讯问的人(与提问者)沟通。①

9. 在掌握了可以起诉的充足的证据时,如果执行羁押的警察起诉患有精神失常或精神障碍的当事人犯罪或采取其他类似的恰当的行动,则上述行为必须在其合适成年人在场的情况下作出。关于任何起诉的书面通知必须交给该合适成年人。②

10. 对患有精神失常或精神障碍的当事人进行身体隐私部位的搜查或脱衣搜查时,必须在与其同性别的合适成年人在场的情况下才可进行,被羁押者明确要求某位特定的异性成年人在场的除外。只有当有严重伤害被羁押者或其他人的危险的紧急情况下,才可以在无合适成年人在场的情况下对被羁押者进行脱衣搜查。③

11. 当患有精神失常或精神障碍的人被关在上锁的囚室时,在决定是否对他使用任何形式的禁锢设施械具时,必须格外谨慎。④

① 参见第 11.1 款。
② 参见《规程 C》第 16 条。
③ 参见附件 A 第 6 款及第 12(C)款。
④ 参见第 8.2 款。

附件 F
与英国签订了有效的双边领事条约或协定、要求对其公民的逮捕和羁押予以通知的国家

亚美尼亚
奥地利
阿塞拜疆
白俄罗斯
比利时
波黑共和国
保加利亚
中国 *
克罗地亚
古巴
捷克共和国
丹麦
埃及
法国
格鲁吉亚
联邦德国
希腊
匈牙利
意大利
日本
哈萨克斯坦
马其顿
墨西哥
摩尔多瓦
蒙古
挪威
波兰
罗马尼亚
俄罗斯
斯洛伐克共和国
斯洛文尼亚
西班牙
瑞典
塔吉克斯坦
土库曼斯坦
乌克兰
美国
乌兹别克斯坦
南斯拉夫

* 要求警方只将在曼彻斯特领事区内进行的逮捕/羁押通知中国官员。这些地区包括：德比郡(Derbyshire)、达勒姆(Durham)、大曼彻斯特(Great Manchester)、兰卡郡(Mancashire)、默西赛德郡(Merseyside)、北南西约克郡(North South And West Yorkshire)及泰恩—威尔郡(Tyne And Wear)。

附件 G
接受讯问的适当条件

1. 本附件包含一般性的指导条款，以帮助警察及专业医护人员评估在讯问时被羁押者是否会处于危险中。

2. 如果据了解有以下情况，则在讯问时被羁押者可能会处于危险中：

A. 进行讯问可能会对被羁押者的身体或精神状态造成严重伤害；

B. 鉴于被羁押者的身体或精神状态，他在接受与某罪行相关的关于他参与或涉嫌参与该犯罪活动的讯问时所讲的任何内容在随后的法庭审理中都可能被认为是不可靠的。

3. 在评估被羁押者是否应被讯问时，必须考虑以下内容：

A. 被羁押者的身体或精神状态可能会如何影响他理解该讯问的性质及目的，可能会影响他理解正被提问的内容以及明白他所给出的任何回答的重要性并对他是否要陈述作出理性决定的能力；

B. 被羁押者的身体或精神状况可能对他的回答造成何种程度的影响，让他无法对自己参与犯罪活动作出合理且准确的说明；

C. 该讯问的性质(可以包括特定的试探性提问)会如何影响被羁押者。

4. 应由被咨询的专业医护人员判断被羁押者的行为能力，而不是仅仅依靠医学诊断作出判断，例如，有可能患有严重精神病的当事人适合被讯问。

5. 专业医护人员应就是否需要合适成年人到场给出建议，如果该讯问的持续时间超过了规定的时间范围，则他应建议是否需要对当事人是否适合被讯问进行评估，以及建议是否需要其他专家的意见。

6. 当专业医护人员确定有危险时，则应请他将危险量化。他应通知执行羁押的警察以下内容：当事人的状况是否可能好转；是否需要或肯接受治疗；并指出需要多久这些好转才会起作用。

7. 专业医护人员的职责是衡量这些危险并告诉执行羁押的警察他得出的结论。他的决定及任何意见或建议均应以书面形式作出，且构成拘留记录的一部分。

8. 一旦该专业医护人员提供了上述信息，则执行羁押的警察应负责决定是否允许进行讯问及讯问是否可以继续，并决定需要哪些保障措施。什么都不能阻止提供除本规程规定的保障措施之外的其他保障措施。例如，在讯问过程中让适当的专业医护人员在场，以便不断监视当事人的状况以及该讯问对其状况有怎样的影响。

附件 H
被羁押者:观察清单

1. 如果任何被羁押者不能满足下列标准中的任何一项,则应请适当的专业医护人员到场或叫救护车。

2. 在评估其清醒度的等级时,应考虑:

清醒度——他能被叫醒吗?

走进囚室;

叫他的名字;

轻轻地摇他。

对问题的回答——他能对诸如此类的问题作出适当的回答吗?

你叫什么名字;

你住在什么地方;

你觉得你现在在什么地方。

对命令的应对——他能对此类命令作出适当的应对吗?

睁开眼睛;

举起一只手,现在举起另外一只。

3. 切记要考虑其他疾病、伤害或精神状态的存在或可能性,昏昏欲睡且闻起来有酒精味的人可能还有以下病症:糖尿病、癫痫症、头部损伤、药物中毒或服药过量、中风。

皇家狱政监察局与皇家警务监督局

关于警察羁押的要求

——对羁押过程中被羁押人员的处置及相关条件的评估标准

刑事司法联合监督项目（CJJI）

◎ 前言

◎ 第一部分：政策

◎ 第二部分：处遇和条件

◎ 第三部分：个人权利

◎ 第四部分：医疗保健

◎ 缩略语词汇表

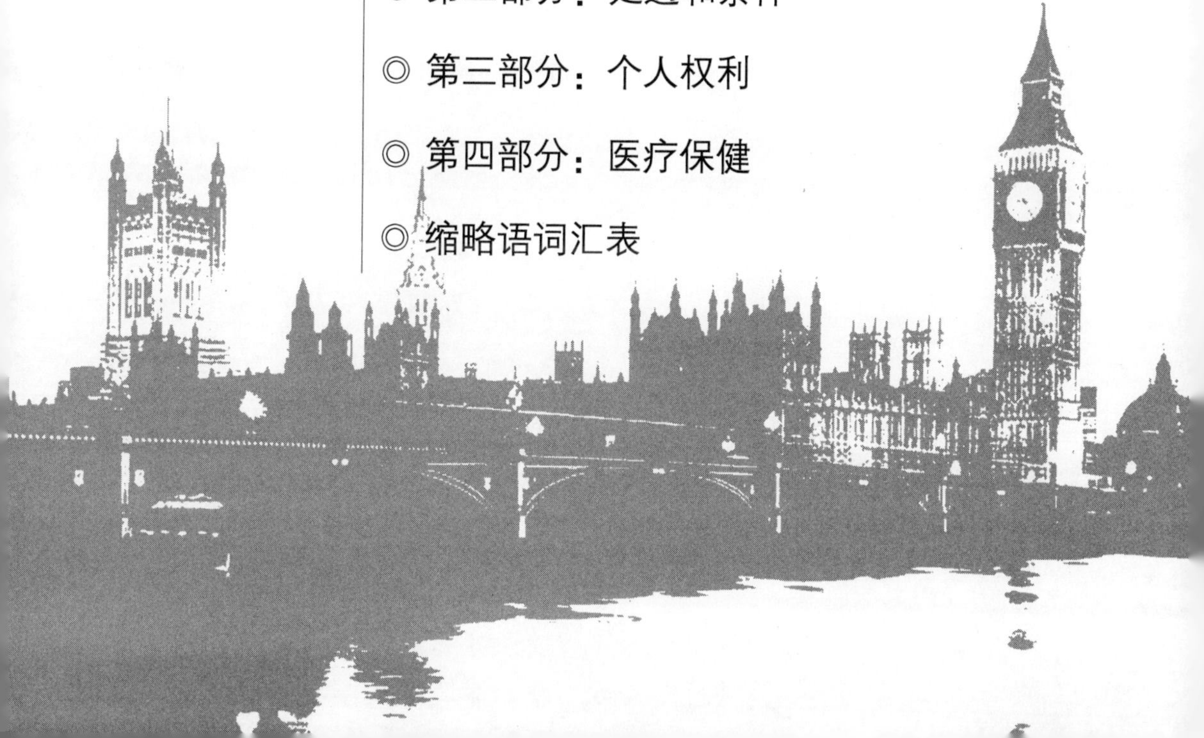

前 言

2008年起，皇家狱政监察局与皇家警务监督局在英格兰和威尔士开展了针对警察局羁押场所(羁押室)的联合监督活动。这些监督活动不仅成为更加广泛的计划——刑事司法联合监督项目一部分，而且形成了独立定期检查羁押场所的制度，对英国遵守国际义务卓有贡献。

以标准的监督方法为基础，两个监督部门制定出了更为详细的监督标准，或称为要求，以评估警察在羁押期间的工作表现。这些标准为监督员评估被羁押人员的处置和状况提供了可视性的基础。监督部门还为警察负责人和警察当局提供了一份指南。这份指南指出了在现行环境下，监督部门希望采用的监督标准以及应向其提供的信息和证据的来源。

本要求参照了1984年《警察与刑事证据法》和2006年《内政部关于安全羁押与处置被羁押人员的指导》的规定。同时，要求也参考两个监督部门多年以来的实践经验。本要求更将国际人权准则作为重要的参照标准，因此我们对国际监狱研究中心表示由衷地感谢。最后，本要求是独立的狱政监察总长和警务监督总长共同确定，以确保其发挥良好的实践效果。

本要求的出台很大程度上受益于专家团队的帮助，其中包括来自各种组织的代表，例如警察管理协会、独立羁押会见协会、独立警察投诉委员会、警察协会、警司协会、警察联盟、全国警务改善局、内政部、勘验局、医疗质量委员会以及法医学考官的代表。

在英格兰和威尔士，要求为评估被羁押人员的处置和状态提供了必要的基础，从而使得此种评估具有稳健、独立和实证的特征。我们希望要求也将协助警察队伍和警察当局建立一个明确的基准，他们可以据此来判断他们的工作成效，从而在此敏感和重要的问题上达到适当的水准。

丹尼斯·奥康纳　安妮·欧尔斯

2009年11月

一、政策

在警察行使权力方面，对羁押程序的监督主要体现在推行并适用羁押政策与程序细则，以保障被拘留人员权益。

(一)监督要求

1. 警察负责人应关注以下问题。①

在证据方面，应询问警察负责人，其工作的重点是否包括以下事项：(1)财物保管室的建设和维护问题。询问有关保管财物的政策，并明确此政策与管理羁押场所(羁押间)之间的关系。(2)为羁押场所配备训练有素的工作人员。(3) 羁押的风险管理。(4)保障被羁押人员的身心健康和权益。(5)保障被羁押人员的各种需求。(6)与医疗机构、移民局、青年犯罪机构、刑事司法组织、皇家检察厅、法院及其他执法机构有效合作。

因此，应了解警察机关的监督机制，如监督机制的有效程度及其能动性有多大，是否有独立的监督机构，以及监督机构的作用如何。

在文件方面，应检查：(1)与羁押有关的工作计划是否体现了上述工作重点。(2)与羁押有关的政策性文件。(3)负责拘留的安全保障及处置拘留人员的警察负责人的情况。(4)负责拘留工作的警察管理层人员的情况。(5)狱政监察机制。例如在保障被羁押人员健康方面，警察与地方政府间的联络机制是否有效。

2. 是否建立了高效的拘留管理体制，以确保相关政策和协议得到正确的实施。② 此外，还应建立对暴力事件、冲突摩擦或投诉吸取经验教训的学习机制。

在证据方面，应询问警察负责人：程序性保障机制是否到位及是否制定了相关程序，以确保狱政监察人员的年度检查、审计结果和审计观察的结果得到重视。

---

① 参考法规：*PACE Codes of Practice Code C* 3.7、*ICCPR* 10 (1)、*CCLEO* 2、*BOP* 1，4，5、*POR* 20.

② 参考法规：*ICCPR* 10 (1)、*CCLEO* 2、*BOP* 1，4，5、*POR* 20.

在文件方面，应检查是否有针对以下事项的政策和程序：(1)提供医疗保健以及与当地社区心理卫生组织合作。(2)毒品的检测和治疗。(3)值班律师制度。(4)"合适成年人"制度。(5)被拘留人员的押解程序。(6)保释管理。(7) 强化刑事纪律部门对拘留所人员的检查。(8)使用、保存、检查及销毁 DNA 及法医样本的操作应与英国警察协会的政策保持一致。

同时，还应检查：(1)拘留管理人员的会议记录，以保证该工作的整个过程处于监督之下，且已建立对暴力事件、冲突摩擦或投诉的吸取经验教训的学习机制。确保该机制与针对医疗人员的投诉机制相对应。(2)加强对拘留场所(羁押间)工作人员的管理，以确保其接受充分和合适的综合培训。管理内容包括提供培训、职业规划和工作人员的性别平衡。(3)工作人员培训记录及通知工作人员可以获取培训材料并参加独立的警察投诉委员会学习课程的公文。

3. 在地方政府和警察机关内部对实施强制措施的监督。①

在证据方面，应询问警官当地政府和警察内部关于实施强制措施的程序，以及实施强制措施是否受种族、国籍、性别、年龄、残疾、宗教信仰、性取向、所在地和官员身份等因素的影响。同时，应询问是否已经确定强制措施的方式和趋势，以及已经采取了什么行动。

在文件方面，应检查：(1)对强制措施方式和倾向进行管理的信息。(2)对强制措施的方式和倾向进行管理的信息反馈到执行人员或行政部门的期间，以及接收信息的人员。(3)使用确定的模式和倾向所产生的结果。

二、处遇和条件

(一)羁押间

被羁押人员应被关押在干净和体面的环境中，其安全应得到保障，其各种正当需求应得到满足。

① 参考法规：*ICCPR* 10 (1)、*CCLEO* 3、*BPUF* 1.

(二)尊重被羁押人员①

1. 运送被羁押人员的车辆是安全、可靠、清洁、舒适的，且能够满足任何特殊的需求。

在证据方面，应询问执行护送和拘留的警察当地运送被拘留人员的程序。同时，观察：(1)被羁押人员被押送上下车过程的处置。(2)运送方式是否考虑被拘留人员的特殊需求，例如当事人为怀孕的妇女和残疾人士的。

此外，还应询问被拘留人员其被押送的经历及其对押送车辆的看法。(可通过几个监督人员分别加以询问)。

2. 执行拘留的警察在其日常工作中应尊重被拘留人员。②

在证据方面，应询问执行拘留的警察其与被拘留人员沟通的情况。同时，应观察：(1)警察在看管过程中是怎么谈论被拘留人员的。(2)警察在看管过程中以什么方式对被拘留人员说话的。(3)警察在对被拘留人员说话或者是提到被拘留人员的时候是否称呼其名字或姓氏的称谓。(4)警察和被拘留人员之间的沟通情况。

此外，还应询问被拘留人员其是否感受到了警察的尊重。

3. 被拘留人员的各种需求应得到满足。③ 包括对以下人员的特殊照顾：(1)妇女；(2)被拘留的黑人和少数族裔；(3)外国人；(4)残疾人士；(5)被拘留的外来移民；(6)有不同宗教信仰需求的被拘留人员；(7)年纪较大的被拘留人员；(8)各种性取向的被拘留人员；(9)变性的被拘留人员。

在证据方面，应询问执行拘留的警察：(1)他们是否明白拘留对女性的影响与对男性的影响是不同的，例如女性在被拘留初期更需要照顾，女性更加容易自我伤害。监控和保护女性拘留人员时是否考虑前述的内容。(2)如何确定和评估被拘留人员的各种需求。(3)如何满足被拘留人员的不同需求，例如女性、黑人、少数族裔、拥有不同宗教信仰的人、残疾人士、母语不是英语的人、外来移民。(4)警察是否认为其有能力处理被拘留人员的不同需求。(5)针对变性的被拘留人员所采用的措施。

---

① 参考法规：*ICCPR* 10 (1)、*CCLEO* 2、*BOP*1.

② 参考法规：*ICCPR* 10 (1)、*CCLEO* 2、*BOP* 1、*POR* 20.

③ 参考法规：*CERD* 2、*DEDRB* 2、*DHRIN* 5、*DRM* 4、*CEDAW* 2、*BOP* 5、*DDA*、*RRAAPOR* 20.

在文件方面，应检查拘留记录，以了解被拘留人员不同需求是否被确认且得到满足。

此外，应观察：(1)问讯台的高度合适，且能够保障个人隐私且利于传达信息；(2)是否合理调配设备，以满足2005年《反歧视残疾法》所规定的残疾人士的需求。

再者，可以询问被拘留人员其有何需求及是否认为需求得到满足。

4. 执行拘留的警察能够知悉和理解儿童以及青少年的特殊需求，并采取相应的方式对待他们。①

在证据方面，应询问执行拘留的警察：(1)如何确定"适当成年人"的人选。(2)何时会要求"合适成年人"到场。

同时，还应询问警察：(1)是否有关于儿童的培训。(2)执行拘留的警察是否接受保障儿童权益的培训。(3)执行拘留的警察和负责医疗的职员(包括机构职员)是否接受刑事纪录部门的监督。(4)是否具有处理未满18岁的被拘留人员的技巧和能力。(5)其对儿童保护问题的意识，当涉及拘留青少年的安全或权益问题时，他们会采取什么行动。(6)如何确保将儿童以及青年人与附表1中列出的罪犯和可能对其造成威胁的人员分离。(7)根据1933年《儿童与青少年法》第31条的规定，所有未满18岁的女孩在被拘留期间是否得到女职员的监管。

在文件方面，应检查是否单独制定了下列儿童和未成年人的拘留政策：(1)有限度地使用强制手段。(2)在可能的情况下，为达到监管目的，拘留间的位置应靠近拘留事务室。(3)怎样进行脱衣搜查，由谁进行。(4)在合适成年人到达之前，未成年人是否得到照顾。(5)等待接受讯问时，亲属、监护人或合适成年人可一直与未成年人待在一起。(6)未成年人在任何时候都与成年人隔离，包括在淋浴和锻炼期间。

同时，应确认未成年人的特殊需求的拘留记录、任何涉及受保护儿童的记录，以及确保未成年人不会被拘留过夜的拘留记录，紧急情况下获得批准的除外。例如需要对严重犯罪进行调查或第二天早上需要出庭的。

再者，应观察未满18岁的被拘留人员在拘留过程中受到的待遇。

---

① 参考法规：*PACE Codes of Practice Code C* 3(*b*) *Detained persons-special groups*、*CRC* 3，37、*RPJDL* 18、*CCLEO* 2、*BOP* 5 (2).

(三)安全要求

5. 执行拘留的警察有能力防控被拘留人员自我伤害。①

在证据方面,应询问执行拘留的警察:(1)评估被拘留人员是否存在自我伤害危险性的程序。该评估是否考虑不同形式的危险性,例如,企图自杀、服用毒品、医疗条件、酒精。(2)是否熟悉接收来自监狱的被拘留人员所需要的手续,例如,如何制作拘留处遇与部门合作的评估文本。(3)是否完成以及如何完成危险性评估。(4)如果被拘留人员不愿或不能与警察合作完成危险性评估,其后果如何。(5)在高峰时段如何安排大量的被拘留人员。(6)对危险性评估如何进行监测。(7)是否了解监督和叫醒被羁押人的重要性,叫醒会引起当事人言语或身体上的何种反应。(8)除检查在押人员身体外,如何使用闭路电视和生命体征监测器。(9)所有的工作人员是否任何时候都携带拘留间的钥匙。(10)是否对所有未使用的拘留间和未经许可的物品进行彻底的检查。

同时,应检查:(1)是否重视独立警察投诉委员会关于学习课程的报告。(2) 是否认为自己有能力管理有自我伤害危险性的被拘留人员。(3) 是否完成被押送人员的押送记录(PER),以及由谁完成。向押送人员提供了哪些被拘留人员自我伤害危险性的信息。

在文件方面,应查阅:(1)危险性评估记录。能否清楚地看出执行拘留的警察对被拘留人员的讯问及当事人的回答,或未进行讯问的事实。(2) 员工培训记录。员工是否遵循了更安全的拘留和处理的指导。员工培训的数量,以及多长时间更新一次培训内容。(3)拘留间是否每天进行羁押人员自查及自我伤害危险性的安全检查。(4)自我伤害事件的记录、相关处置及结果。

此外,还应观察:(1)人员接收的评估程序。(2)在拘留间内是否进行了真实的检查。(3)闭路电视系统是否在运行,以及是否在录像,此录像要被保留多长时间。(4)员工之间移交共享风险信息。(5)拘留间及工作人员是否对被羁押人员携带违禁品进行检查。(6)工作人员的技能。

再者,可以询问被拘留人员拘留警察是否及多大程度关注哪些被认定

---

① 参考法规:*PACE Codes of Practice Code C* 3.6-3.10、*SDHP Section* 2、*UDHR* 3、*ICCPR* 10 (1)、*CCLEO* 6、*POR* 20.

为有自我伤害危险的被拘留人员。

6. 执行拘留的警察有能力处理有伤害他人的危险性的被拘留人员。①

在证据方面,应询问警察:(1)执行押解的警察是否提醒执行拘留的警察他们在拘留间关押了有暴力倾向的人员,执行拘留的警察为之作出了什么安排以清查接收区域的人和危险的武器。(2)他们怎样评估被拘留人员对他人伤害的危险性。(3)评估危险性的程序。

在文件方面:(1)应查看共用拘留间的政策文件。是否只有在某些例外的情形下,才会允许共同使用拘留间;是否保证被拘留人员不会被安放在同一个拘留间内,除非危险性评估表明这样做是安全的;危险性评估是否包括被拘留人员以往犯种族侵害罪行的有罪判决。(2)如果可能,应制定危险性评估的样本。

此外,应观察警察的技能及如何保障被拘留人员的犯罪详细内容被他人知悉。

(四)使用强制手段的要求

7. 在拘留间内使用强制手段只能是一种不得已的措施,且应是适当及合法的。②

应询问执行拘留的警察:(1)他们是怎么定义强制手段的使用的。(2)在使用强制手段之前他们使用了哪些其他方法。(3)在什么情形下他们将会使用强制手段。

询问的内容包括:(1)在封闭的羁押环境中他们认为最适当的限制手段是什么。(2) 在安全区域内是否有过对被拘留人员使用手铐的情况,而非其对其他被拘留人员或者工作人员的安全造成威胁时。(3)是否意识和考虑不同的强制手段所引发的危险和潜在的危害。(4)何时可以在密闭的环境中使用致人昏迷的喷雾剂,以及采取何种保障措施。(5)对拘留人员使用电击枪时,应参考哪些指引。(6)有什么替代程序适用于那些已知的有健康问题的人,包括:儿童、青少年或者是已知怀孕的妇女。

在文件方面可以检查拘留记录,并观看闭路电视录像。也可以询问被

---

① 参考法规:*PACE Codes of Practice Code C* 3.6-3.10 *and* 8.1、*SDHP Section* 2、*UDHR* 3、*ICCPR* 10 (1)、*CCLEO* 6、*POR* 20.

② 参考法规:*SDHP section* 4、*ICCPR* 10 (1)、*CCLEO* 3、*BPUF* 1, 15、*POR* 20.

拘留人员，即在可能的情况下，与被实施了强制手段的人员交谈。

8. 使用强制手段时，经过训练的警察只能使用经过认可的技术，在非必须情况下，不能使用规定之外的强制手段。①

在证据方面，应询问警察：(1)在使用强制手段方面接受了哪些培训，之后他们是否接受新的培训。(2)他们是否知道使用以下强制手段的指引：电击枪、致人昏迷的喷雾剂、手铐、身体束缚带和空手擒拿。(3)他们如何决定实施何种强度的强制手段。(4)会部署多少警力使用强制手段，以及如何作出决定。

在文件方面，检查是否所有的工作人员都接受了如何使用强制手段的培训，以及最近他们如何进行的培训。另外，可查阅使用强制手段地点、原因以及类型的记录。

9. 具有相应资格的医疗专业人士应该尽快检查被拘留人员，但在任何情形下，拘留中使用强制手段后的两个小时之内必须有医疗专业人士进行检查。②

在证据方面，应询问警察：(1)在医疗专业人士提供医疗服务之前，针对已被使用强制手段的被拘留人员有什么安排。(2)是否每个被拘留人员在被使用强制手段之后都会受到医疗专业人士的医疗服务。(3)评估医疗专业人士的相关安排。(4)在拘留中使用强制手段后多长时间才会有健康检查。例如，可以询问医疗专业人士，他们最后是什么时候被要求去检查被使用强制手段的被拘留人员，以及评价他们医疗服务的相关程序。

同时，检查拘留记录中关于使用强制手段后进行的健康检查，以及在被使用强制手段之后，被拘留人员什么时候受到的健康检查以及检查的结果。

10. 在拘留间内使用强制手段，包括使用受控和受限设备，都会被记录在个人拘留记录中，且实施后 72 小时内应向执行拘留的负责人员提供单独的书面陈述。③

在证据方面，应询问警察：(1)是否每次使用强制手段都会被记录。(2)如果有记录，执行拘留的负责人是否收到书面陈述，以及书面陈述的提交时间。(3) 书面陈述的内容发生了哪些变动。(4)使用强制手段是否经过确认。

---

① 参考法规：*SDHP section* 4、*CCPR* 10 (1)、*CCLEO* 3、*BPUF* 1，15、*POR* 20.

② 参考法规：*SDHP section* 4、*ICCPR* 10 (1)、*CCLEO* 6、*BOP* 24.

③ 参考法规：*CCLEO* 3、*BPUF* 1，15、*POR* 20.

同时,检查文件中的(1)拘留记录;(2)使用强制手段事件的书面陈述;(3)使用受控、受限设备的准确记录。

(五)对被羁押人员健康状况的要求

11. 被拘留人员使用的拘留间的所有区域是清洁、安全的,且经整修后保持良好的状态。①

检查查阅文件:(1)在被使用之前,拘留间是否被粉刷过。(2)清洁合同及时间表和清理溢漏的方针。(3)如果被拘留人员污损或损坏拘留间,应对的方针是什么。(4)火灾和烟雾探测器的维修和测试记录。

同时,应观察扣押区域、拘留间、讯问和羁押室、浴室。(1)在使用拘留间之前和之后,工作人员对拘留间进行的检查,以及检查的彻底程度。(2)检查及其结果或者是损坏状况都应记录在案。(3)设施到达以下标准:看上去清洁、闻起来无异味;无涂鸦;有良好的室内家具;有供热设备以维持适宜的温度;无论是自然通风的还是使用通风设备均能保障室内通风,且换气设备没有令人感到压迫的噪音;良好的照明,包括提供足够的自然采光。夜间的光线应该维持在一个水平,能够保证被拘留人员夜间的睡眠和安全;配备有座位;配备了烟雾和火灾探测器;各通道保持畅通。(4)为残疾的被拘留人员提供便利设施,例如,是否有较低的洗手设施和方便触及的电铃。

12. 拘留间应进行妥善的维护,正在进行的日常维护工作对被拘留人员的处遇和境况不会产生负面的影响。②

在证据方面,应询问警察负责人和相关警察:(1) 如何决定进行维修工作。(2)维修的程序是什么,以及此程序对相关规定的影响。(3)关闭拘留间以便必要的维修时,该处所还有多少剩余的拘押空间。(4)巡查工作场所的安全负责人及与之相关人员巡查的密度。

查阅文件:(1)维修的制度规定;(2)工作场所检查报告,以及是否采取与被拘留人员的前科相应的措施。

13. 制定警察和被拘留人员强制禁烟的规定,从而保障尊重当事人在

---

① 参考法规:*PACE Codes of Practice Code C* 8.2、*ICCPR* 10 (1)、*BOP* 1.

② 参考法规:*ICCPR* 10 (1)、*BOP* 1.

拘留间里呼吸新鲜空气的权利。①

在证据方面，应询问警察：(1)禁烟政策是什么，是否得到遵守。(2)是否应被拘留人员的要求提供尼古丁替代疗法，以及被拘留人员关押到拘留间时是否被告知这种权利。(3)是否由医疗专业人员提供尼古丁替代疗法。

查阅禁烟规定的文件，还应观察：是否有提供吸烟区，检查此区域是否得到了适当监督。观察被拘留人员是否被告知了禁烟规定的内容及能否获得尼古丁替代治疗。

同时，询问被拘留人员：(1)是否知道禁烟规定是什么。(2)能否要求和获得尼古丁替代治疗。

14. 在火灾发生时，拘留间内人员可以安全疏散。②

在证据方面，应询问警察：(1)他们接受了何种消防安全培训。(2)举行消防疏散演习的频度，这些演习是否仅为沙盘推演或亦包括疏散的实战演习。(3)是否在每一拘留间内进行了烟雾检测。(4)拘留间内人员能否在紧急情况下安全撤离；考虑到人身安全，是否随时能获得钥匙以及对残疾的被拘留人员的专门安排。(5)火灾发生的时候他们会采取何种措施。

查阅文件：(1)工作人员培训记录。(2)举行消防疏散演习的频度和演习的类型。(3)应急预案。

15. 所有的拘留间都配备了呼叫装置(铃)，应该向被拘留人员解释其目的。对呼叫应该及时作出回应。③

在证据方面，应询问警察：(1)告知被拘留人员如何使用呼叫铃以及如何确保被拘留人员能够理解告知的内容。(2)对呼叫的响应速度。

(六)对个人舒适和卫生的要求

16. 为被拘留人员配备床垫、枕头和清洁的毯子。④

在证据方面，查阅文件：(1)关于清洁床垫和枕头的规定。(2)拘留记录中提供干净的床垫、枕头和毯子的记录。

同时，应检查：(1)是否为被拘留人员提供了干净的床垫、枕头和毯子，

---

① 参考法规：*SDHP* 7.10、*ICCPR* 10 (1)、*BOP* 1.

② 参考法规：*SDHP* 15.4、*UDHR* 3、*ICCPR* 10 (1)、*FPWR* 4，5.

③ 参考法规：*SDHP* 12.1.5、*UDHR* 3、*CCLEO* 2.

④ 参考法规：*PACE Codes of Practice Code C* 8.3、*ICCPR* 10 (1)、*BOP* 1.

在被拘留人员使用之前，这些床上用品都要经过工作人员的安全检查。(2)用抗菌清洁器清洁床垫和枕头。(3)针对不同的季节和短期羁押的时间，配置足够的毯子。(4)毯子是抗撕、抗燃的。(5)从指定的床上用品商店采购。

询问被拘留人员：提供给他们的床上用品是否清洁干净。

17. 定期为女性提供卫生包。①

在证据方面，询问警察：当妇女被拘留后，常规的程序是什么。

检查并查阅记录。同时，应询问被拘留人员，妇女是否在没有主动要求的情况下收到卫生包。

18. 被拘留人员能够使用私密的卫生间，并为其提供卫生纸和洗手设施。②

在证据方面，询问警察：(1)如果没有一体化的卫生间，被拘留人员如何使用卫生间。(2)相对于被拘留人员的数量，是否有足够的卫生间设施。

检查：(1)在可行的情况下，检查一体化卫生间的洁净程度以及是否得到良好的维修。(2)公共卫生间的闭路电视监控是否不能拍摄隐私。(3)拘留间的窗户是否被关闭，以避免被拘留人员看见走廊上的人，走廊上的人也无法窥探拘留间内的情况。(3)如果拘留间内设卫生间，拘留间内提供卫生纸和肥皂。(4)设施适合残疾的被拘留人员使用。

同时，应询问被拘留人员：如果拘留间不设卫生间，他们是否需要多次要求才能使用卫生间。如果拘留间内设卫生间，他们是否被告知且相信此房间未被监控。询问其能否因宗教理由而获准使用洗浴设施。

19. 为被拘留人员提供淋浴的机会。③

在证据方面，查阅文件检查作为证据拘留记录，表明为被拘留人员提供了淋浴。

检查：(1)被拘留人员希望淋浴的要求是否得到满足，并为其提供清洁和适当的毛巾。(2)淋浴间可以做适当程度的隐私保护。检查针对妇女和儿童的特别安排。检查对淋浴的闭路监控。

询问被拘留人员其是否获得了淋浴的机会。

---

① 参考法规：*ICCPR* 10 (1)、*BOP* 1.

② 参考法规：*PACE Codes of Practice Code C* 8.4、*SDHP* 7.8.4、*ICCPR* 10 (1)、*BOP* 1.

③ 参考法规：*PACE Codes of Practice Code C* 8.4、*ICCPR* 10 (1)、*BOP* 1.

20. 为衣服被扣押的被拘留人员提供合适的替代衣服。①

在证据方面，询问警察：替代的衣服最后一次是什么时候使用的。

检查所提供的替代服装（不包括纸质服装）是否适用于不同性别和年龄的被拘留人员。

同时，可询问嫌疑人的辩护律师：其被代理人是否曾经身着替代服装而获得释放，需要何种手续。

21. 为更换衣服（特别是内衣）提供便利。②

在证据方面，询问警察：被拘留人员的家人或朋友是否能够为其捎带衣服。怎样为羁押人员更换衣服提供便利？应为没有家人和朋友提供私人物品的被拘留人员提供哪些适当的安排？

查阅文件：(1)递送衣服的协议。(2)通过拘留记录观察提供此种便利的间隔时间。

(七)对餐饮的要求

22. 在规定的用餐时间和其他时间（考虑被拘留人员最近用餐的时间），提供给被拘留人员足够的餐点。③

在证据方面，询问警察：(1)什么时候给被拘留人员提供食物和饮料。(2)提供什么类型的食物，以及这些食物如何满足特殊的要求，包括临床、饮食和宗教要求。(3)在 24 小时内，是否为被拘留人员提供两顿便餐和一顿主餐，以及被拘留人员是否可以提出更多合理要求。(4)被拘留人员的家人和朋友能否为其提供更多的食物。

查阅文件：(1)通过拘留记录观察是否给被拘留人员提供食物和饮料，食物是否满足特殊饮食习惯、医疗和宗教的要求。(2)工作人员准备食品的卫生培训记录。

同时，应观察：(1)接收程序中，是否询问被拘留人员他们的最后一次

① 参考法规：*PACE Codes of Practice Code C* 8.5、*SDHP* 6.6.3、*ICCPR* 10 (1)、*BOP* 1.

② 参考法规：*PACE Codes of Practice Code C* 8.5、*SDHP* 7.8.1、*ICCPR* 10 (1)、*BOP* 1.

③ 参考法规：*PACE Codes of Practice Code C* 8.6, 8.9 *and guidance note* 8B、*ICCPR* 10 (1)、*BOP* 1.

进食是什么时候，并且为其提供适量的食物。(2)在一个卫生的环境中准备食物，与工作人员的进餐区域分隔开来，满足宗教、文化和其他特殊的饮食要求。(3)食物是健康、均衡、足量的。(4)在提供食物时，有测温仪来保证食品维持在正确的温度。(5)被拘留人员能够随时获得饮料。

还可以询问被拘留人员：(1)什么时候获得合适的食物和饮料。(2)获得了什么类型的食物以及是否足量。

(八)为羁押人员提供身体锻炼的要求

23. 被拘留人员有室外锻炼的机会。①

在证据方面，应询问警察：(1)被拘留人员是否获准进入锻炼区；如果获准，何时可以实施；此过程是否受到监督及可能遇到的问题。(2)针对男性、女性以及儿童的室外锻炼安排有哪些。

查阅文件：关于为被拘留人员提供室外锻炼的规定，并观察是否有一个室外锻炼区，此区域是否看上去经常被使用。

24. 为被拘留人员提供合适的阅读材料。②

在证据方面，询问警察：(1)他们为被拘留人员提供了什么，以及在被拘留人员到达之后他们多长时间才为其提供。(2)为学习有困难的和不会说英语的被拘留人员提供了何种读物。

查阅已经提供的阅读材料。

可以观察是否提供阅读材料，被拘留人员是否能够获得阅读材料。

同时，应询问被拘留人员其是否获得阅读材料以进行学习或充实知识。

25. 允许探访，特别是针对拘留时间超过24小时的被拘留人员。③

在证据方面，询问警察：(1)是否允许探访被拘留人员，以及哪些人可以探访。(2)父母或监护者能够探访子女，特别是其子女在拘留所过夜的。

检查、查阅文件：多长时间允许探访一次。

通过观察检查探访设施，该设施是否合适？是否为残疾人士进行探访提供了充分的便利？

---

① 参考法规：*PACE Codes of Practice Code C* 8.7、*SDHP* 7.5.1、*ICCPR* 10 (1)、*BOP* 1.

② 参考法规：*ICCPR* 10 (1)、*BOP* 1, 28.

③ 参考法规：*PACE Codes of Practice Code C* 5.4、*BOP* 19.

三、个人权利

在被拘留人员到达拘留场所时，告知其法定权利，他们在关押期间可以自由地行使这些权利。

(一)与拘留相关的权利要求

1. 拘留应该是适当的、经过授权的且不应超过必要的时限。① 对于拘留外来移民的，应及时适用替代性措施。

在证据方面，询问警察：(1)如何决定是否实施拘留。(2)如何确保拘留的时间保持在最短的时限内。(3)是否与英国边境署保持紧密联系，能否有效地确保外来移民者被拘留的案件进展顺利。

查阅文件(通过拘留文件查看以下内容)：(1)拘留的原因。(2)督察、警司或者法官对拘留所作审查。该程序是否为实际审查，即他们是否对被拘留人员进行了讯问。(3)拘留次数或允许/禁止延长拘留期限的次数。

2. 根据 1989 年《儿童法》第 46 条的规定，警察局内的拘留场所不得被用于关押儿童和未成年人。②

在证据方面，应询问警察：在过去的 6 个月中，拘留场所是否处于安全状态，以及采取了什么适当措施来排除安全隐患。

查阅文件中关于拘留程序的细节和相关管理信息。

3. 被拘留人员(包括被拘留的外来移民)应被告知其有权通知其利益相关方其羁押处所。③

在证据方面：(1)查阅拘留记录，以确保被拘留人员已被告知他们的权利和处遇。(2)督察或以上级别人员才可批准延迟行使上述权利。

同时，应观察：(1)被拘留人员被告知并且通过书面的信息通知其此项

---

① 参考法规：*ICCPR* 9、*BOP* 4，9 .

② 参考法规：*ICCPR* 9、*CA* 46.

③ 参考法规：*PACE Codes of Practice Code C paragraphs* 3 *and* 5、*BOP* 13，16.

权利，他们理解此项权利的情况也得到了确认。(2)他们的权利是否得到落实。(3)此信息是否公示于拘留间内。

可以询问被拘留人员是否被告知其权利和处遇，是否安排其与律师联系。

4. 沟通有困难的被拘留人员的权益能够得到保障。①

在证据方面，询问警察：(1)是否提供翻译，什么时候提供以及由谁来提供。(2)为有学习困难和残疾的被拘留人员做了哪些安排。(3)为有需要的被拘留人员提供了何种其他形式的沟通及帮助。

检查使用电话口译服务的情况。应查阅：(1)用不同的语言和格式提供信息。(2)为有需求的被拘留人员提供了什么帮助，例如助听器。(3)书面信息的格式是否易于阅读。

5. 对抚养义务的被拘留人员的安排。②

在证据方面，询问警察：(1)他们如何查明被拘留人员系唯一监护人，以及在拘留阶段他们何时可能会询问此信息。(2)为保证被拘留人员的家属得到照顾作出了什么安排。(3)他们是否知道对于被拘留的女性来说此系特别需求。(4) 他们是否询问被拘留人员除儿童外，有无其他受养人。

应检查：(1)与外部机构或社会服务的联系，为承担唯一扶养义务的被拘留人员照管儿童。(2)与外部机构(如老年关怀和社会服务机构)的联系，为需要赡养的老年人提供照顾。

6. 对处于弱势的被拘留人员，实行提前释放风险管理计划，以确保他们被安全地释放。③

在证据方面：(1)根据保障拘留安全性和处理被拘留人员之政策，提前释放风险管理计划下的拘留记录。(2)相关组织的联系方式及其他详细信息。

(二)《警察与证据法》相关的权利要求

7. 所有被拘留人员可与其法定代理人进行私下的免费咨询。在没有亲属、监护人或适当成年人在场的时候，不得讯问未满 18 岁的未成年人、

① 参考法规：*PACE Codes of Practice Code C* 3.12、*CCLEO* 2、*BOP* 14，16 (3)、*DDA*.

② 参考法规：*ICCPR* 10 (1)、*BOP* 16，31.

③ 参考法规：*SDHP* 8.3、*ICCPR* 10 (1) 、*CCLEO* 2、*BOP* 1、*POR* 20.

易受伤害的成年人、有学习障碍的人。①

在证据方面，询问警察：(1)其如何判断及决定谁是适当成年人。(2)为适当成年人在正常工作时间以外作出了什么安排。

查阅：(1)值班律师计划。(2)合格的专门从事移民咨询的法律顾问提供的服务。(3)在提出申请后，被拘留人员能够与其法律顾问面对面或者是通过电话进行私下咨询。(4)记录被拘留人员拒绝向法律顾问进行咨询的原因。(5)警察对被拘留人员进行讯问的时候，被拘留人员可以让其法律顾问在场。(6)根据《警察与刑事证据法》的程序，在法律顾问或律师到场之前所做的拘留记录。

查阅：(1)记载被拘留人员法定权利的信息的不同语言和格式的文本。(2)告知被拘留人员关于他们有权咨询法律顾问的情况。(3)录像带和录音带，尤其被拘留人员申诉受到刑讯的。

8. 所有的被拘留人员均可申请获得一份《警察与刑事证据法》C规程的文本，即《警察拘留、对待及讯问当事人的工作规程》。②

在证据方面，检查：(1)拘留间里备有C规程的文本；(2)查阅拘留记录，被拘留人员是否申请获得C规程的文本。

同时，应询问被拘留人员是否被告知C规程的内容及他们可以要求获得此规程的文本。

9. 当事人受酒精或药物作用的影响，或者不适宜医疗时，警察不得讯问被拘留人员，《警察与刑事证据法》允许的情况除外。③

在证据方面，检查拘留记录关于此种情况发生的记录以及记录的原因。

同时，应询问被拘留人员及其辩护律师此种情形是否发生过，以及当时的情况。

10. 被拘留人员在讯问过程中没有被刻意拒绝其需求，并在讯问24小时之后获得连续8小时的休息。④

---

① 参考法规：*PACE Codes of Practice Code C* 3(*b*) *Detained persons-special groups*、*PACE Codes of Practice Code C* 6 *Right to legal advice*、*PACE Codes of Practice Code C* 3.1-3.5、*CRC* 3 (1), 40 (2*Bii*)、*RPJDL* 17, 18 (1)、*BPRL* 1, 2, 3, 5, 6, 7, 8、*BOP* 11.

② 参考法规：*PACE Codes of Practice Code C* 3.1 (*iii*)、*BOP* 13、*POR* 20.

③ 参考法规：*PACE Codes of Practice Code C* 12.3、*CCLEO* 2、*POR* 20.

④ 参考法规：*PACE Codes of Practice Code C* 12 *Interviews at police stations*、*ICCPR* 10 (1)、*BOP* 23.

在证据方面，检查拘留记录，对夜间逮捕的当事人其羁押时间不得超过 8 小时，即此种情况下他们的案子应被迅速处理。

同时，应询问被拘留人员及其辩护律师接受讯问的情况。

11. 保证证据连贯性的适当机制。①

在证据方面，询问执行拘留的警察：法医采取样本的程序以及保养存放样品的冰箱和冰柜的负责人。

同时，应检查：(1)法医样本的提交记录。(2)法医样品的安全和销毁的审查跟踪记录。

可以检查：(1)冰箱和冰柜的质量、清洁和保养。(2)保存 DNA 的冰箱和冰柜不得存放任何其他物品，例如食品。(3)样品的数量和收集的日期，包括是否已经提交处理。(4)法医样本的完整性。

12. 无论是亲自出席还是通过视像参审，已经被指控的被拘留人员必须及时到庭。②

在证据方面，询问警察如何押解当事人赴审或视像参审。

检查：(1)及时出庭的拘留记录。(2)视频参审及其使用记录。(3)被拘留人员系外国移民的案件，与英国边境署进行定期联系，以确保该署在处理此类案件时恪尽职守。

询问辩护律师其出庭的时间。

13. 被拘留人员或其法定代理人在其获释之时或其被拘留 12 个月内，有权获得拘留记录的副本。③

在证据方面，询问执行拘留的警察：(1)是否告知被拘留人员他们有权要求获得拘留记录。(2)当事人提出此类要求的频度。

(三)关于处遇的权利的要求

14. 告知被拘留人员有权对所受处遇和监管进行投诉。④

在证据方面，询问执行拘留的警察：(1)被拘留人员是如何被告知投诉程序的，以及怎样确认其是否理解。(2)如果被拘留人员需要帮助才能完

---

① 参考法规：*CCLEO* 1、*POR* 20.

② 参考法规：*ICCPR* 9 (3, 4)、*BOP* 37, 38.

③ 参考法规：*PACE Codes of Practice Code C* 2.4A、*BPRL* 13、*BOP* 12.

④ 参考法规：*PACE Codes of Practice Code C* 9.2、*ICCPR* 10 (1)、*BOP* 33.

成投诉表格,他们是否会获得帮助。

查阅投诉记录及其处理结果,并询问被拘留人员进行投诉是否方便。

15. 报告和处理种族主义事件有效的机制。①

在证据方面,检查种族事件的记录机制,以及该类事件是否会通报给专业标准部门。

询问辩护律师:(1)被拘留人员是怎么被对待的。(2)通报种族事件的投诉程序。

询问被拘留人员其涉及的种族事件的投诉。

四、医疗保健

被拘留人员有权获得专业医护人员的医疗服务,以及满足其身体、心理健康和实际需求。

(一)临床治疗的要求

1. 被拘留人员应接受专业医护人员和药物治疗人员提供专业的、体贴的医疗服务,此医疗服务应该尊重被拘留人员的隐私和尊严,并考虑患者不同的情况以及满足不同的需求,包括语言需求。②

在证据方面,询问医护人员:(1)女性是否可以要求女医生为其提供医疗服务。(2)如果有需求的话,是否可安排其伴侣在场。(3)为不会说英语的被拘留人员做了什么安排。

同时,应检查:(1)临床记录或逮捕参事所记录当事人家庭、经历、办案人员及其诉讼主张的材料。(2)任何使用口译员或电话翻译的记录。

另外,可观察被拘留人员与医疗人员之间的交互关系以及医疗咨询的时间。

---

① 参考法规:*PACE Codes of Practice Code C* 9.2、*CERD* 5 (*a*), 7.

② 参考法规:*PACE Codes of Practice Code C* 9.5-9.14、*SDHP* 9.3、*S f BH D2b*, *D11*, *C13a*、*HS f W* 1, 2, 6, 8, 10、*ICESCR* 12 (1)、*CCLEO* 6、*BOP* 24、*PME* 1.

再者，可以询问被拘留人员的治疗情况以及其需求是否得到满足。

2. 诊疗管理安排包括对医疗人员的管理、培训、监督以及问责制度。①

在证据方面，询问警察：谁负责监督相关诊疗合同，如法医（FMEs）、护士或其他医疗人员。同时，可以询问专业医护人员：(1)合约的内容。(2)他们向谁报告。(3)人员安排情况。

另外，可以检查：(1)与诊疗管理有关的政策。(2)以协议或合同的形式明确诊疗管理。(3)医疗服务合同——医疗人员（法医、护士或者其他的医疗专业人员）向警察局的何人报告。(4)由谁来监控合同约定的服务。(5)在值班时间，合同约定的医生职责是否仅为法医的工作及合适的工作时间。(6)医疗方面的专业报告内容架构。(7)管理者的基准为何，关于合同的安排为何。(8)轮值表——是否有医护人员不间断值班。

3. 为患者提供服务的医护人员应该不间断地培训、监督和获得支持，以保持其职业注册资格和个人发展。② 医护人员具备相应的知识技能，以满足被拘留人员的特殊医疗需求。

在证据方面，询问医护人员：(1)他们接受了哪些培训、监督和援助。(2) 他们是否觉得自己的技能、知识和能力可以满足所有被拘留人员的需求，例如初级保健、心理健康和药物使用等方面。

应检查：(1)培训登记簿和培训计划。培训是否与他们提供的医疗服务相关。(2)服务协议或合同是否规定医护人员需要不间断地接受培训和帮助，以保持其职业注册资格。(3)职位描述和考核安排。(4)职业注册详细信息的保管处所。(5)核实职业注册的系统是什么。(6)临床监督的安排。(7)技能和培训需求的分析。

4. 临床检查应该秘密进行，除非危险性评估表明应该公开进行。③ 治疗室的条件应该是体面的、保护隐私以及有尊严的。启用控制感染的设备。至少有一个房间是可被用来采集法医样本的，此房间应该是清洁的。

在证据方面，询问护士正常程序是什么？所有治疗室是否共用设备？

---

① 参考法规：*SDHP* 9.3 *and appendix* 11、*SfBH C*7，*D*3，*D*4，*D*5*b*、*HSfW* 27，28、*ICESCR* 12 (1)*CCLEO* 6、*BOP* 24、*PME* 1.

② 参考法规：*SDHP* 10.2.8，12.6.5 *and Appendix* 14、*SfBH*，*C*4*a*，*C*21、*HSfW* 5、*ICESCR* 12 (1)*ICCPR* 10 (1)、*PME* 1.

③ 参考法规：*SDHP* 10.2.8，12.6.5 *and Appendix* 14、*SfBH*，*C*4*a*，*C*21、*HSfW* 5、*ICESCR* 12 (1)、*ICCPR* 10 (1)、*PME* 1.

同时,应检查:(1)临床检查的安排。(2)治疗室、感染控制设备的条件以及相关程序。(3)是否实行感染控制检查,如果有实行,执行检查的人员是谁。(4)清洁时间表。

再者,通过观察检查治疗室是体面、保护隐私的。房间是清洁的、符合控制感染的条件。了解是否有观察检查。

5. 拘留场所的所有药物都得到安全、可靠的保管,如果药物没有被用完,应该安全地处置掉。药品库存管理和使用是安全的。①

在证据方面,询问医护人员:(1)库存药品的范围是如何决定和审查的。(2)库存的水平是如何确定的。(3)保健专业医生是否随时携带药物,如果携带,药物是否在任何时候都装在安全的容器中。(4)医护人员是否24小时能够得到药剂师的支持。(5)当释放被拘留人员时,是否归还其进来时携带的药物。

检查药品管理记录及如何记录和监测库存水平。

通过观察检查药品的储存、分配和处置。药品是否做了适当的标记。

6. 所有的设备(包括复心脏复苏仪器)处于备用状态,并且得到定期检查和维护,所有的医护人员和拘留警察都知道怎么获取设备且能有效使用。②

在证据方面,询问医护人员和警察:(1)他们是否知道设备所处的位置。(2)他们是否知道怎么使用设备。(3)受到培训的医护人员和警察是否每年都受到心脏复苏培训。

检查设备记录及培训登记簿。

通过观察,检查:(1)设备是否可用,包括维护气道、供氧和去纤颤器的设备。(2)储存设备的地点。

(二)护理病人的要求

7. 询问被拘留人员是否需要医疗专业人士的服务,且在任何时候均

---

① 参考法规:*SDHP* 7.2.4、*SfBH C4 d*, *e*、*HSfW* 19、*UDHR* 3、*CCLEO* 6、*PME* 1、*POR* 20.

② 参考法规:http://www.resus.org.uk/、siteindx.htm、*SDHP* 10.2.5 *and appendix* 14、*SfBH C1b C4b*, *C4c*, *HSfW* 19, 14、*UDHR* 3、*CCLEO* 6、*PME* 1.

可申请获得此类服务,包括身体和心理两方面的需求。①

在证据方面,询问警察通知保健专业医生的程序,女性是否可以要求请女医生提供医疗服务。

检查:(1)呼叫和答复记录,答复的次数是怎么监控的。(2)非值班时间有何安排。(3)有关医疗规定的投诉。

观察:执行拘留的警察是否为被拘留人员提供机会接受健康医生检查。

询问被拘留人员:你们的健康需求是否得到了满足。

询问辩护律师:其代理的被拘留人员是否针对医疗规定提出过投诉。

8. 在任何临床的条件下,被拘留人员能够持续获得处方药,且在戒毒戒酒的过程中,如果有需要的话也可以获得相应的药物。②

在证据方面,询问医护人员和治疗精神药物依赖症的人员:(1)药物处方和药物管理的正常程序。(2)医护人员是否与负责转诊的员工或者社区药物员工保持联络。

询问警察:(1)如何获得处方药。(2)谁能够管理药物。(3)药物管理是怎么记录的。

询问被拘留人员:获得处方药和戒酒戒毒救济的途径。

9. 接受医护人员医疗服务的每位被拘留人员都有各自最新的临床记录,包含遵循监管机构专业指导的最新评估和全部护理计划。被拘留人员的种族也应该得到记录。③

在证据方面,查阅:(1)过去 6 个月的临床记录样本,包括被拘留人员的种族、所遇到的问题、诊断情况、治疗情况和转诊信件。(2)被拘留人员在临床记录上签字,表示同意他人查阅该信息。

观察:根据卡蒂考特指南(Caldicott guidelines),临床记录应秘密保存。

10. 拘留记录中应包含与医生或其他医护人员的接触记录,以及提供任何药物的记录。被拘留人员能够获得其任何临床检查结果,如果经过被

---

① 参考法规:*SfBH C*6, *C*18, *D*11*b*、*HSfW* 2, 3, 7、*ICESCR* 12 (1)、*CCLEO* 6、*BOP* 24, 25.

② 参考法规:*PACE Codes of Practice Code C* 9.9-9.12 *and* 9.15-9.17、*SDHP* 7.2.4、*HSfW* 7*ICESCR* 12 (1)、*PME* 1.

③ 参考法规:*PACE Codes of Practice Code C* 9.15(*e*) *and* 9.16、*SfBH C*9、*HSfW* 7, 8, 25, 26*ICESCR* 12 (1)、*BOP* 26、*PME* 1.

拘留人员授权，其代理律师也可以获得此结果。①

在证据方面，询问医护人员：(1)关于记录健康信息和将药物信息写入拘留记录的安排。(2)如何告知被拘留人员相关信息。(3)怎样获得被拘留人员的同意，以及如何与被拘留人员的法定代理人共享临床检查结果。

检查与拘留记录交叉引用的临床记录。

询问抗辩律师：被拘留人员的临床检查结果是否是共享的，以及是否事先就征求了被拘留人员的同意。

(三)使用药物的要求

11. 必要情况下，被拘留人员可获得毒品或酒精拘捕参事员及社区毒品/酒精对策小组或监狱毒品专员的帮助。②

在证据方面，询问警察和逮捕后负责移送的人员：(1)提供医疗服务有什么相应的安排。(2)健康服务人员是否与涉毒/酒精中毒移送专员保持联络。(3)涉毒移送专员是否为被拘留人员提供清洁的针头。

询问被拘留人员：你们是否接受涉毒/酒精中毒移送专员的医疗服务。

(四)心理健康的要求

12. 建立联络及(或)移送计划以便发现被拘留人员的心理健康问题，并及时进行人员分流，为其提供相应的心理健康服务或移送监狱为其提供卫生服务。

在证据方面，询问警察，问他们此种计划是否存在，针对计划涉及的被拘留人员作出了什么安排。

还可以询问心理卫生员：(1)为精神障碍者分流处置做了什么安排。(2)哪些措施有效及存在哪些不足。(3)在拘留间内有何心理健康方面之安排。

同时，应查阅：(1)信息共享协议，以确保相关的健康信息和社会保健信息得到高效共享。(2)建立并公布心理卫生员的轮值表。(3)建立监测

---

① 参考法规：*PACE Codes of Practice Code C* 9.15-9.17、*SDHP* 7.2、*CCLEO* 6、*BOP* 26、*PME* 1.

② 参考法规：*SDHP -custody process map*、*ICESCR* 12 (1)、*BOP* 24.

回复时间和处理结果的记录。

再者,在可能的情况下,对第136条规定的拘留间进行检查。

13. 警察拘留场所不得用作第136条里的保护性场所使用。①

在证据方面,询问警察已经制定了哪些地方性的规定和协议。

应查阅:(1)地方性规定的性质——查看是否有允许将警察拘留场所作为安全场所的规定。(2)根据第136条被拘留人员的规定记录的细节和管理信息。

---

① 参考法规:*PACE Codes of Practice Code C Annex E*、*SDHP* 2.4.5, 3.4 、*ICCPR* 9.

缩略语词汇表

国际人权文书

具有法律约束力的文本：

CEDAW	《消除对妇女一切形式歧视公约》(1981)
CERD	《消除一切形式种族歧视公约》(1969)
CRC	《儿童权利公约》(1990)
ICCPR	《公民权利与政治权利国际公约》(1976)
ICESCR	《经济、社会、文化权利国际公约》(1976)
UDHR	《世界人权宣言》

规范性文件：

BOP	保护所有遭受任何形式拘留或监禁的原则(1990)
BPRL	律师执业的基本原则(1990)
BPUF	执法人员使用强制手段和枪支的基本原则(1990)
CCLEO	执法人员行为守则(1979)
DEDRB	基于宗教或信仰的"消除一切形式的不容忍和歧视宣言"
DHRIN	《世界人权宣言》非本国公民的个人权利
DRM	在民族或族裔、宗教和语言上属于少数人的权利宣言
PME	医学伦理原则
RPJDL	保护被剥夺自由的未成年人的联合国规则

地区性人权文书

具有法律约束力的：

ECHR	《保护人权和基本自由公约》(1950)
Protocol 1	《保护人权和基本自由公约》第1议定书(1952)

Protocol 12 《保护人权和基本自由公约》第 12 议定书(2000)

具有规范性的国内立法：

CA	《儿童法》(1989)
DDA	《反歧视残疾法》(2005)
FPWR	《火灾预防条例》(1997)
HAS	《健康与安全法》(1974)
HSfW	《威尔士医疗标准》(2005)
PACE	《警察与证据法》(1984)
POR	《警察条例》(2003)
RRAA	《种族关系法》(2000 年修正案)
SDHP	《更安全的警察拘留和对待被拘留人员》(2006)
SfBH	《健康促进标准》(2004)

Police And Criminal Evidence Act

经验与评述

在制度规范与机制效率之间

——以英国警察制度改革为中心的考察

彭勃

引言

英国是现代警察制度的发源地。事实上,英国的警察制度对很多国家都产生过重要影响。然而,20 世纪 70 年代之后,英国的警察在刑事诉讼程序中出现了侵害人权、滥用职权的情况,各地接连发生针对警察的抗议与骚乱事件。导致这些事件的直接原因是,警察在刑事侦查活动中的违法行为、冤假错案及警察权力配置的模糊和不确定。为此,英国国会成立专门委员会,对警察权力问题进行改革,并于 1984 年颁布《警察与刑事证据法》。该法是英国历史上第一部专门规定警察权力的成文法,它不仅为英国警察权力划定了法制范畴,而且提供了一种追求利益平衡的新型立法模式。

"徒法不足以自行",虽然英国对于警察的侦查行为和收集、使用证据制定了专项立法,但司法实践中的违法侦查现象并没有得到立竿见影的遏制。自 1989 年起,接连发生的刑事错案一次又一次地触痛了英国民众的神经。1989 年 10 月 19 日,因警察伪造及不当使用证据,英国上诉法院宣布撤销吉尔弗德 4 人案(The Guildford Four)的有罪判决。① 1990 年 7 月 12 日内政大臣决定对马奎尔 7 人案向上诉法院提出复查。次年 6 月 26

① 该案的 4 名被告人被指控为爱尔兰共和军(IRA)的成员,并在吉尔弗德(Guildford)和沃尔威治(Woolwich)两地的公共场所制造了爆炸事件。虽然其他待审的爱尔兰共和军分子宣称对上述事件负责,但一审法院仍认定 4 人有罪。然而,之后收集的新证据(包括不在场证据和被告人的身体状况等),促使英国内政部展开了进一步调查,并把该案提交上诉法院。后来发现萨里(Surrey)警察局的侦查人员曾经伪造供述和隐匿证实被告人无罪的辩解证据,检察长决定不再支持有罪判决,于是该判决于 1989 年被撤销。

日，上诉法院撤销了该案的有罪判决。同年，伯明翰6人案被平反昭雪。[①]之后，上诉法院分别于1992年和1997年撤销了朱迪斯·华德案和卡尔·布里奇沃特案等原有罪判决。在接连出现的错案背后，不仅呈现出警察执法滞后于立法的问题，也暴露出英国刑事司法制度的整体性缺陷。[②]

一、改革的担纲：刑事司法委员会

在这一时期，英国的刑事司法面临着来自三个方面的危机。其一是频繁出现的错案以及警察在侦查活动中采取刑讯逼供的问题；其二是如何应对社会治安状况的不断恶化以及随之出现的民间执法组织；其三是如何恢复公众对警察以及政府机关信任的问题。为查明产生错案的原因，英国政府于1991年成立了"皇家调查委员会"(The Royal Commission on Criminal Justice，又称伦西曼委员会)。该委员会通过两年的深入调查，于1993年向英国政府提交了调查报告。[③] 该报告包含22个部分并附有伦敦政治经济学院教授迈克尔·赞德尔的补充意见，共涉及刑事司法体制的352项内容。在该报告中，委员会指出了传统错案纠正的缺陷：一是由于负责监督警察执法活动的内政部在实践中缺乏监督的积极性和主动性，内部监督大多流于形式；二是由政府部门负责错案追究有悖于现代法治国家关于司法权和行政权分离的原则。

在我国，学界普遍认为侦查阶段警察不规范的调查取证活动是导致错案频发的要因。这一论断同样适用于英国。20世纪90年代的一系列错案中，几乎都存在警察刑讯逼供、对被告人与辩护人的会见设置障碍、篡改

---

① 1974年伯明翰市中心的两酒馆发生爆炸案，爆炸致21人死亡，189人受伤。案发当天，警察就逮捕了6名嫌犯，他们当晚正准备搭船前往北爱尔兰。控方提出的证据说明个别被告人手上存有爆炸物的粉末，因而该6人被定罪。此后，从1975年正式判刑到1991年，在经历了16年的不懈上诉后，上诉法院终于以鉴定结论不可靠、证据不具有排他性为由，对伯明翰爆炸案进行了重新认定，6名"罪犯"被还以清白，并由此获释。

② 参见 Michael Mansfield & Tony Wardle, *Presumed Guilty: The British Legal System Exposed*, Heinemann London, 1993; Clive Walker & Keir Starmer ed, *Justice in Error*, Blackstone Book Limited, 1993.

③ *The Royal Commission on Criminal Justice Report*, July, 1993, London: HMSO, Cm 2263.

被告人的供述笔录等违法行为。皇家调查委员会的专家一致认为,不对警察的侦查权力予以合理的规制就无法从根本上杜绝错案的发生。因此,改革的关键在于如何实现对侦查程序的监督和避免警察权力的滥用。

根据1984年《警察与刑事证据法》,一方面建立了值班律师制度(duty solicitor),另一方面侦查机关必须承担对讯问过程进行同步录音的法定义务。上述举措,为封闭的讯问环境打开了透明、可视的一扇窗口。英国《警察与刑事证据法》的规定同时对于我国刑事诉讼法的改革,也是一种宝贵的经验和制度借鉴。不过,对于警察侦查过程中的违法行为,立法上的制裁措施不够完备。与之相对,《警察与刑事证据法》第104条则规定,无论警察的违法行为被判有罪或无罪,均不得以相同事由对其提起违纪控告。换言之,对于警察的程序性违法行为的刑事处罚与纪律追责也适用一事不再理的原则。事实上,对于在吉尔弗德4人案和马奎尔7人案中实施刑讯逼供和伪造证据的警察虽然被刑事追诉,但在之后的审判中被认定为无罪,而且根据上述的"一事不再理的原则"也未受到违纪处分。①

不仅如此,对于侦查妥当性进行内部监督的机制也不够健全。在吉尔弗德案中,警察在侦查的初期阶段就已经掌握了嫌疑人不在场证人以及真凶的情况,但故意隐匿相关的证据,以达到陷害嫌疑人的目的。对于警察在侦查阶段的错误做法,如果能够尽早发现并予以纠正,就可能阻止错案的发生。对此,有学者指出必须从提高警察的侦查能力,并且设立疑案复查机制。

在皇家委员会的报告书中,对于防止错案,加强侦查活动的合法性提出了三个方面的建议。其一,加强对警察的讯问、侦查活动的业务培训。除了要求向全体警察派发《讯问守则》和《讯问人员工作规则》外,报告还要求侦查的实践部门加强对讯问实务的监督。其二,1984年《警察与刑事证据法》的C规程虽然规定了讯问的时限及必须保证嫌疑人获得一定的睡眠时间,但缺乏保障嫌疑人在讯问期间适当休息的规定,因而需要对该法进行修改和完善。其三,在侦查监督方面,警察主管(Senior Investigating Officer)的侦查指导与监督难以充分发挥效能,应当通过警察监察部门及该案侦查机关以外的其他警察部门开展案件的监督。同时,如果发现办案的警员有违法行为,可以通过热线向警察总监及警监局进行举报。

---

① Ronan Bennett, *Double Jeopardy: The Retrial of the Guildford Four* (1993).

对于警察违法行为的制裁制度,也是皇家委员会关注的重点。建议包括:(1)取消警察违法行为适用"一事不再理"原则的规定。对于法院没有判决有罪的违规警员,可以通过纪律规则予以追责或解职。(2)无论违规警员是否被提起民事诉讼,均不影响对其适用惩戒措施。(3)违规警员对纪律听证会的结论不服的,可向劳动法院或民事法院申请损害赔偿。(4)法院在判决中对警察的违规行为提出批评的,应将判决书送达该警员所属的警察局并通报警务部长。(5)应尽快对全国的警察违规情况进行调查、统计。

任何事物都具有两面性,刑事司法委员会的报告也不例外。对刑事司法委员会而言,英国刑事诉讼制度的改革不仅着眼于预防错案和冤罪,而且还应有其他的考量。在设立刑事司法委员会的仪式上,内务大臣就明确指出:"伯明翰六人案等错案,说明现有的刑事司法制度无法对有罪者及时予以追诉,也无法保障无辜者免受冤狱之灾,因而导致从根本上动摇了民众对司法的信任。"众所周知,公正与效率是刑事诉讼的基本价值追求和制度目标。关于刑事诉讼中的公正与效率的关系问题,人们可以从不同的角度予以分析。将这两个诉讼价值作为一个整体加以兼顾,即"迟来的正义为非正义",强调只有及时到来的正义才是人们所需要的真正的正义,由此,效率成了公正的基本要素,缺乏效率的公正,因此就不再是公正了。这样的认识表达了将两者一体化的强烈意识。在英国的内务部和舆论看来,打击犯罪至上的观念占据主导地位,轻人权保障,甚至限制嫌疑人、被告人行使诉讼权利的惯性思维仍然存在。

受到上述思维的影响,在委员会的报告中规定检察官向被告人方开示证据后,如果被告人保持沉默,法院可作出对被告不利的推定。这一规定美国联邦及各州实行的全面沉默权有着较为明显的落差。同时,委员会的报告书还取消了被告人的有罪供述需要补强证据的规定,要求辩护方与检方一样承担证据开示义务。在对警察的违法行为进行监督和监管方面,报告仍然坚持采用内部监督和惩戒机制,而没有引入外部监督和对警察违法行为的司法制裁制度,对于这样一份报告,舆论界表示了强烈的不满。

二、警察组织架构改革的方案

在英国警察组织方面的立法始于 1964 年的《警察法》(*Police Act*)。

根据该法,英国的警察体制主要以地方警察组织为核心,即在全国52个郡设立独立的警察局。各警察局由警察管理委员会(police authority)主管,其成员中2/3为当地议员,余下的1/3为治安法官(该法第3条、第4条)。地方警察局的局长及其他负责人,经内政部批准后,由警察管理委员会负责任命,而警察局内的各级警员由局长选任。

可见,英国对于警察的管理和警务的监管,尽量避免警察组织内部运作,而是把管理权限交给地区有识之士,体现了地方自治和市民对警察工作的监督和规制。与此同时,内政部、警察局长同样有权对警察工作进行管理,与管理委员会形成了三位一体的监管格局(the tripartite structure)。

对警察组织架构进行的改革主要有两个方向,其一是所谓的平行模式,即强化警察与公众的合作关系,通过警民协作来实现对警察工作的规制。英国多年来基本上遵循这一模式。例如1981年11月,在关于警察制度改革的斯卡曼报告中就提出要设立协调小组,以推进警民合作。① 根据该意见,1984年《警察与刑事证据法》第106条规定:"警察的刑事侦查活动应当听取地区居民的意见。"1985年,内务部发布通知,要求在各地设立警察与社区协商委员会(police/community consultative committee)。

与之相对的另一种警察机制改革的模式被称为垂直模式,即要求警察管理委员会通过警察组织的内部监管,来完成社会对警察组织的监督职能。警察组织内部的监管流程主要有以下内容:(1)1964年《警察法》规定,警察人员在执行任务时出现违规情况的,由所属警察局的局长承担责任。(2)1989年《地方警察人员借调执勤法》[*the Police Officer (Central Service) Act*]规定,在协助中央警察机关开展任务时出现行为失范的,由内政大臣承担责任。(3)被执行人对警察的执法活动提出申诉的,由警察投诉审查局(the Police Complaints Authority)负责受理和听证。该审查局的负责人由女王任命,下设不少于8人的投诉听证委员会。根据1984年《警察与刑事证据法》的规定,审查局接到市民的投诉并审查属实的,可以建议对该警员进行惩戒(第93条)。一般来说,处罚决定由3人小组合议决定,其中1人为组长(通常为当地警察局长),另2人为投诉审查局派出的审查员(第94条)。此外,如果投诉审查局认为警察的行为构成了犯罪,可以提出刑事起诉。不过,如前所述,根据该法第104条,对于违法与违纪

① A. A. S. Zuckerman, Miscarriage of Justice: A Root Treatment, *Crim. L. R.* 1992, pp. 323～345.

的处罚，适用一事不再理的原则。

1991年，英国审计署发表了针对警察机关的审计报告，要求对各地警察局的规模和管辖区域进行改革。以这份审计报告为契机，英国政府于1992年成立了以西伊爵士为首的调查委员会。1993年6月该委员会发表了共计272个条目，题为《警察职责及待遇》的改革建议案（简称《西伊报告》）。这份改革建议案的中心思想是减少警察的阶层，提升指挥系统的效率并明确各级警察的职责。一直以来，由于地方警务自治原则的缘故，英国各地的警察组织结构、级别和待遇差异很大。因此，《西伊报告》的主旨就在于打破警察组织地方化的桎梏，实现警察事务全国一体化管理。例如，在刑事案件的侦查活动进行规制方面，不再采用原有的上下级监督方式，而是设立了独立的投诉与惩戒监督机关。此外，在内部监督机制上，强调由同一级别中职衔更高的人员来负责对违规行为的调查活动。例如，在羁押犯罪嫌疑人时，(1)由警员填写羁押申请，约见被羁押人员并确认羁押的必要性及安排适当；(2)警长负责办理正式的羁押手续；(3)由总督察担任羁押责任人并负监督职责。再如：(1)对于非正式的投诉意见或无须进行违规调查、启动惩戒程序的轻微违规行为，由督察负责处理。(2)对于正式投诉，由警司决定是否启动正式的调查程序。(3)警察投诉审查局(police Complain Authority，PCA)及独立委员会(Independent Commission for Police Complaints，ICPC)负责对正式投诉和是否需要实施惩戒处分进行调查。同时，助理警务部长负责对投诉审查局和独立委员会的工作进行监管。(4)正式惩戒处分的听证安排、警察局长遭到投诉时的调查程序以及与投诉审查局、独立委员会及警察局长有关的重大惩戒处分，由警务部长负责。

在警衔制度上，1964年的《警察法》设置了9个级别，即警员(constable)、警长(sergeant)、督察(inspector)、总督察(chief inspector)、警司(superintendent)、总警司(chief Superintendent)、助理警务部长(assistant chief constable)、警务副部长(deputy chief constable)、警务部长(chief constable)。《西伊报告》建议将级别简化，取消其中的总督察、总警司和警务部副部长三个职衔。与此同时，该报告还要求建立与警务人员的职责、经验、技能以及工作成果(performance)相对应的薪酬体系，并采用记分考核。在绩效考核中，主要参考警察的职位、工作状况、技能、经验和成果，但由于评价的指标单一，标准不够明确，而招致了警察们的强烈反对。警察

(PoliceFederation)①和警察局长互助协会(Chief Registrar of Friendly Societies)等为首的警察团体、北爱尔兰警务部长、英格兰及威尔士警务部长等公开表示抵制西伊提案。

三、警察改革白皮书

《西伊报告》出台后不久，英国内务部就向国会提交了题为《警察改革白皮书——21 世纪的警务活动》的政府报告。该报告基本上采纳了西伊提案的思路，强调要构建警察与民众的伙伴关系。换言之，为了更好地实现警察工作的目标，警察的工作必须取得民众和社区的认可，采取强制手段时必须尽量保持政治上的中立性。改革白皮书中将警察工作的目标界定为："与犯罪做斗争、预防犯罪、维护法律的尊严、对违法者实现正义、保护社会的安全、帮助民众以及为实现上述目的有效地运用资金。"为了实现上述目标，政府应当履行以下职能：(1)将打击犯罪与保护公众安全为优先，应当以此作为评价警务活动的主要因素。(2)赋予警务部长更大的裁量权，保障和满足当地社区的治安需求。(3)改善地区警察管理委员会的工作效率，在减少委员会人员编制的同时增加社区代表的比例。其具体措施是，要求管理委员会的人员中半数为当地议员，其余人员中除 3 人为治安法官外，另 5 人由内政大臣批准的社区代表担任。(4)根据《市民宪章》(Citizen's Charter)的要求，警察管理委员会有责任与社区民众保持沟通。在设定警务安排时，应当充分考虑地区居民的意见，并向居民说明警察行使职权的情况。(5)警察管理委员会在制定打击犯罪的地区政策时应考虑加大民众的参与，这些政策应当包含居民互助计划(Neighborhood Watch)及警察社区特勤(special constable)的人员保障等内容。(6)地区警务指挥官(local commander)对当地的警察活动负主要责任。(7)"警察工作的资金使用方法"。当地的警察管理委员会及警察局有权决定如何使用警察经费。今后，中央政府只负责为地方警察机关提供补助资金。(8)政府应尽量避免干预地方警务的人事及资金。(9)单独设立的警察监察局(Independent Inspectorate of Constabulary)负责监管警察工作是否符合法律要

① 由于 1964 年《警察法》规定警察不得参加工会，因此警察联盟就成为警员们的主要代表组织。

求的程序，是否提供了高质量的警务服务。(10)伦敦的警察管理委员会为内务部的外设机构，直接对内务大臣负责。(11)根据西伊提案，对警察的级别、薪酬、工作条件等进行调整。(12)简化警察聘用程序及其合同内容。(13)为解决警察执法过程中的违规、失范现象，应当制定公正且高效的处理程序。(14)制定处理警察违规行为(misconduct)的新举措。

这个白皮书不仅包括警察们非常反感的"业务质量评价"体系，而且在强化地区警务委员会功能的口号下，实际上在推行全国统一的警察机关管理模式。上述内容，其后被写入《警察与治安法院法》之中。

四、英国警察法制改革的深化

(一)两个立法草案

1993年底，英国推出了两个重要的刑事法律草案，即《警察与治安法院法》(*Police and Magistrates' Court Bill*)和《刑事司法与公共秩序法》(*Criminal Justice and Public Order Bill*)。前者涵盖了西伊报告和警察改革白皮书的主要内容，而后者则是根据皇家委员会的报告制作而成。

正如《警察与治安法院法》草案的正式名称"制定警区、警察及警察管理委员会相关规定、英格兰威尔士治安法院委员会、法院书记员及治安法院行政管理措施及相关规定的法案"所显示的，该法案包括警察规程和治安法院规程两个部分。警察规程实质上是对1964年《警察法》的修正案，延续了《西伊报告》和改革白皮书的思路，主要侧重于减少警察的级别，同时也根据皇家委员会的建议规范了对警察违法的惩戒规定。

《刑事司法与公共秩序法》草案的内容包括：罪犯的处遇，保释法律规定的修改，证据法，陪审法律制度及执行罚金等刑事司法程序的修改，与儿童、青少年有关的出版法律的修改，对证人、陪审员或其他人员实施胁迫行为的处罚规定，警察收集身体样本或人身搜查的权力规定，对吉卜赛人的露营土地的法律修改，预防恐怖犯罪的规定，色情及淫秽规制法及1984年录音录像法规的修改，监狱设施的增设规定，刑罚执行及与之相关的雇佣关系的规定，移送被羁押人员的规定，增加了一些刑种，增加了严重欺诈犯罪调查局的职权的规定，处罚不当销售足球门票的规定，消除犯罪的威胁及保障政党会议安全的经费安排的规定等。

对于警察法的草案，现职及退休的警察组织表示极为不满。反对的声音主要是针对减少警察的阶层及警察违法行为即使未被法院定罪也要给予纪律处罚的规定。同时，针对草案中扩大了内政大臣的职权、推行中央集权式的警务管理机制等，也存在不少非议。例如，有意见指出，草案缩减了警察管理委员会的职权，并规定内政大臣可以任命该委员会近1/3的委员(第2条第1款)。不过，由于没有具体的选任规则，无法保证内政大臣在任命委员时能够客观、公正。此外，内政大臣也可以决定警察管理委员会的任期(附则第2条第10款)，并可以在任中解除该委员会的委员的职务(附则第2条第13款D项)。

与之相对，《刑事司法与公共秩序法》草案中关于取消沉默权、扩大警察收集、保存DNA样本、对特定案件的取保候审进行限制等规定，背离了欧洲人权公约的精神，舆论的反对之声不断。然而，在该草案的审议期间，伦敦希思罗机场遭到了爱尔兰共和军的恐怖袭击，社会舆论转而要求加大打击犯罪的力度，从而在立法上进一步扩大了警察截停、搜查嫌疑人的权力。对于英国立法在人权保障领域的退步，有民众向欧洲人权法院提起了诉讼。

(二)两法草案对警察机构和权限的规定

尽管遭到了来自警察们的反对，《警察与治安法院法》仍然于1994年7月22日得以顺利出台。该法共94条，另有若干附则，共分为五个部分。其中第一部分为全国警察制度方面的规定，第二部分和第三部分则分别规定了苏格兰地区和北爱尔兰地区的警察制度。

从内容上看，1994年的《警察法》对旧法(1964年《警察法》)的修改如下:(1)删除了警察管理委员会作为州地方议会组成委员会的定位。如前所述，过去的警察管理委员会由各地方来确定委员人数和界别比例，其中2/3为议员，1/3则是治安法官。此次立法则将警察管理委员会的人数确定为全国统一的17人(第3A条第1款)，且只有内务大臣可以对其人数进行调整。内务大臣有意增加委员会的人数，必须在事后得到英国国会的批准。如果意图减少委员会的人数，则必须事先与地方议会和警察管理委员会的全体成员协商，得到认可后方可实施（第3B条第1款、第2款）。同时，除了5名地方议员和3名治安法官外，其他5名一般委员由内务大臣在指定的名单中加以选任。（2）警察管理委员会的职能增加了提高警察队伍的效率（adequate and efficient）和工作效果（effective）的规定，表明了立法者对警务工作实效性的期待。（3）细化了警察管理委员会的工作内容。即指定各地的警察工作目标（local policing object）、地区警察工作计划（local policing plan）、根据内务大臣的指示决定警务工作等。（4）警察局长的职责。警察管理委员会经内务大臣的批准后，有权任命警察局长。警察局长应当遵守警察管理委员会制定的地区警务计划（第5条、第5A条）。（5）在警察级别改革方面，由于警察们的反对，1994年《警察法》仅取消了警务副部长一职。（6）此次立法强化了内务部对警察管理委员会的督导职能，将内务部、警察管理委员会与警务部长在指挥、督导警察工作方面的职责作了明确的划分。内务大臣有权决定各地警察管理委员会的工作目标、颁布警务实施规范（第28C条）、有权监督警察监察人员的工作并根据监督的结果对警察管理委员会提出建议（第28D条）。此外，内务大臣有权要求警察管理委员会提交工作报告（第29D条）。（7）警务监察官的任命与职责。立法虽然没有对警监人员的任命程序作出修改，但规定其职责是保障警察工作的效率性与有效性（第20条），即要求警察在治安和打击犯罪方面取得实际性的成果。（8）立法的投诉与惩戒机制与1984年《警察与刑事证据法》基本一致，但删除了一事不再理的规则，对于警察的违法行为既可以提起刑事追诉，也应进行行政处罚（修正第37A条）。

（三）《刑事司法与公共秩序法》的立法

1994年11月3日，《刑事司法与公共秩序法》顺利地得以通过。立法草案中限制犯罪嫌疑人、被告人权利的规定、限制沉默权的规定以及取消口供补强规则等学术界、舆论界强烈反对的条文，几乎未加修改地被写入了立法。其后，虽然该法经过了几次重大修改，但强化警察的搜查权力一点仍然非常明显。其内容包括：

（1）采集人体样本的权力。1984年《警察与刑事证据法》第62条规定，只能对被羁押的犯罪嫌疑人收集身体样本。此次立法规定，在侦查过程中，如果未被羁押的犯罪嫌疑人的2个体外样本的证明力不足，可以对其体内样本进行收集(第 54 条第 2 款)。此外,《警察与刑事证据法》规定对于犯罪情节严重、应予逮捕的犯罪嫌疑人可以不经其同意收集身体样本。《刑事司法法》则规定只要属于保留案底的犯罪即可以不经同意收集体样(第 55 条第 2 款)。该法还扩大了身体检查的范围,强化了警察获取身体样本的权力。

(2)截停、搜查权。警司以上职衔的警官,如果怀疑辖区内发生重大暴力案件,在必要及合理的情况下,可对辖区内的人员和车辆实施截停与搜查措施。该措施的期限为 24 小时(第 60 条第 1 款)。如果警司级别的警官不在,总督察或督察亦可决定实施上述措施(同上第 2 款)。该规定是在希思罗机场恐怖袭击之后增加的法条。

(3)对非法入侵他人住宅、物业的驱逐措施。多人非法入侵他人住所或物业,且可能长期滞留的,在现场值勤的高级警员在合理的情况下,可以代替土地的所有权或占有权人采取驱逐措施。该驱逐措施包括要求相对人立即离开、移挪相关车辆和物品等(第 62 条)。此外,如果百人以上的民众在户外聚集,有可能造成严重噪音滋扰的,警司以上职衔的警官可对上述人员实施驱赶,并移挪相关车辆和物品(第 63 条)。

(四)法律改革的评价

英国警察制度的改革虽然被指过度追求“中央集权”,破坏了地方警务自治的传统,但从整体上讲,在对警察违法行为的监督和管理方面还是取得了明显的进步。与之相对,英国警察职权不断扩大也有其国情因素和特殊背景。近年来,青少年犯罪问题和外籍劳工问题成为英国社会生活的两大顽疾。青少年犯罪和滋事案件的高发(即所谓的 Yob 少年①),已经成为一项政治性话题,民众中要求对违法青少年进行教导和规制的声音不断涌现。因而在立法上体现为强化警察维持治安权力的举措。此外,出于打击恐怖犯罪的需要,英国警察加强了案件初查、车辆截停等犯罪预防措施。这些立法措施虽然饱受学界和市民团体的批评,但主张强化社会治安和严

① “Yob”一词指游手好闲的小流氓或无赖,多用于英国。据说“Yob”一词是把 Boy 倒着写得来的,意思是扭曲的男孩,行为粗野,没有教养,有时甚至是暴力的。现在所说的 Yob 已经不仅仅指男孩,也包括女孩。他们往往成群出现,游荡街头,抽烟喝酒、吸食毒品、毁坏公物、以威胁和攻击他人取乐。简单说就是一帮滋事扰民危害社会的小流氓。

厉打击犯罪的声音更为强势。

在警察机关的组织改革方面，立法加强了上下级之间的内部监督机制，特别是理顺了内务部、警察管理委员会及警务部长三者之间的关系。不过在外部监督方面，立法方面几乎没有积极作为。立法草案虽然提出要加强市民的监督和参与，完善警察管理委员会与市民的协作关系，但没有设置外部监督机关的规定和安排。在制度上，只是在警察管理委员会中增加了由市民担任的特别监察员一职，没有考虑采纳侦查规范化的外部监督机制以及斯卡曼报告中建议的侦查规范化审查小组。

20 世纪后期，英国社会在经济和政治等方面发生了深刻的变化，传统的警察制度面临挑战。为适应形势需要，2002 年，英国国会颁布《警察改革法》，对现行警察制度进行了全面改革。促使这次警察改革的具体原因有四个方面：一是新公共管理理论指导下的政府公共服务改革；二是多元化社会治安力量的大规模兴起；三是警察腐败问题和种族歧视问题；四是警察工作中情报导向型警务活动所带来的法律需求。改革的主要举措包括：第一，提高中央统一管理警察的能力；第二，建立独立于警察之外的专门警察监督机关；第三，招募外国人和少数族裔人士加入警察队伍；第四，确认平民可以行使部分警察权力；第五，加强对情报警务工作的组织与管理。上述改革不仅为英国警察的持续稳定发展奠定了基础，而且为其他国家警察制度的发展与变革提供了借鉴。

2011 年 8 月 6 日在英国首都伦敦开始的一系列社会骚乱事件，导火索是 2011 年 8 月 4 日在伦敦北部的托特纳姆，一名 29 岁的黑人男性平民马克·达根(Mark Duggan)被伦敦警察厅的警务人员枪杀，民众上街抗议警察暴行。之后，骚乱的地区扩散至伯明翰、利物浦、利兹、布里斯托等英格兰地区的大城市，直到 3 天之后英国首相卡梅伦才表示，伦敦的局势基本得到控制。然而在曼彻斯特、索尔福德、利物浦、诺丁汉、伯明翰等其他城市，小规模的骚乱仍在继续。

这次骚乱暴露出英国警察制度的诸多问题。其一是严厉打击犯罪的政策不仅不能改善社会治安，反而引发了社会的反感和动荡。其二，过度强调警察活动的实效性以及削减公共开支造成英国警员人数明显不足，对警方的执法能力已造成了不利影响。可以认为，英国的警察制度的改革远未完成，今后的发展仍然值得我们继续关注。

警察与刑事证据法对英国刑事辩护的影响

戴维·麦克尼尔①

一、引言

笔者于2003年取得出庭律师的资格，当时《警察与刑事证据法》作为英国法律中最具特色的部分，已经施行了将近20年。2003年以来，笔者数百次参与刑事案件，在法官和陪审团的面前开展公诉或辩护活动。《警察与刑事证据法》几乎在每一个案件中都是至关重要的法律依据。本文试图叙述英国刑事律师如何在法庭上使用《警察与刑事证据法》来说服法庭定罪，还争取无罪判决。

首先，我们对律师如何看待《警察与刑事证据法》应作一个全方位的了解。该法的大多数条款涉及警察在处理犯罪嫌疑人时的操作规则。同时，该法的操作规程也规定了许多具体程序。尽管这些规则对警察而言非常重要，但是在绝大多数刑事案件中并不是律师的关注要点。例如根据A工作规程，警察拘留、搜查或者逮捕犯罪嫌疑人必须有合理的怀疑。但是在刑事审判中，逮捕被告人的合法性通常并未引起争议。其原因在于几乎所有指控犯罪的证据均是在犯罪嫌疑人逮捕前取得的(一种例外的情况是，犯罪嫌疑人涉嫌袭警或者拒捕的，公诉方必须证明逮捕的合法性)。同样，警察没有适当的理由而对一个人进行搜查，结果发现他的裤子里藏有一支手枪的，被告人不会因为警察的违规搜查而被判无罪。换言之，此类案件的要点在于被告人是否有合法的理由携带枪支，而非警察行为的合法性。

在下文中笔者将重点论述《警察与刑事证据法》对刑事辩护的直接影响，包括羁押和搜查记录、讯问的同步录音、讯问程序、辨认程序和非法证据排除规则。需要说明的是，本文并非对《警察与刑事证据法》的综合评述，而是执业律师对该法重要部分如何在实践中运作的个人看法。

① 出庭律师，伦敦安德鲁希尔街5号。

二、羁押和搜查记录

警察在处理刑事案件时制作的最重要的文件是《警察与刑事证据法》B工作过程所要求的羁押记录。该记录应包括犯罪嫌疑人被逮捕的时间、地点并移送至警察局、在警察局获得假释或被提起公诉等相关事项。在正常情况下，羁押期限不得超过96小时（例外情况是，涉嫌恐怖犯罪的，经法官批准可以将羁押期限延长至28天）。犯罪嫌疑人离开警察局时，警察应打印羁押记录并将其保存在案卷中。被告人主张无罪的，刑事辩护律师可以查看羁押记录（如果犯罪嫌疑人表示认罪，辩护律师则可只查看羁押记录涉及重大减刑情节的内容。例如伤害案件的被告人认罪的，律师可以查看羁押记录中关于被告人自身也在打斗中受伤的内容）。在英国，律师阅览羁押记录是为了了解案情，为无罪辩护做准备，通常在首次开庭前的2至4周内进行。

羁押记录中包含以下几个重要的内容。

其一，犯罪嫌疑人被移送到警察局后，警察会记录逮捕的理由和嫌疑人的基本情况。这些信息非常重要，如果辩护律师向法庭申请审前保释，则法官会询问嫌疑人获保释的居住地点。对于无家可归或者在朋友和亲戚家四处借宿的人员，由于难以保证嫌疑人在庭审及时到案，法官往往不愿批准保释。英国没有实行强制性身份认证系统，因此法院无法自行确认被告的地址。因此，在第一次申请保释时，应使法官知道警察已经查清了嫌疑人的住址，并确保该处所适合嫌疑人在保释期间居住。

其二，羁押记录中包含了保障犯罪嫌疑人诉讼权利的情况。根据《警察与刑事证据法》，犯罪嫌疑人在接受讯问前，有权获得律师的法律帮助。实践中，有些被逮捕的人决定不等待律师到场，因为他们不希望等待几个小时。羁押记录中应记载犯罪嫌疑人是否要求或拒绝会见律师。同时，羁押记录还应包括是否为嫌疑人提供了翻译。这一点在伦敦地区非常重要，因为居住在这个城市里的人有1/3出生在国外且多数不会讲英语——或者至少在讯问时无法详细描述涉案的细节。另外，羁押记录应记载是否有合适的成年人在场。《警察与刑事证据法》要求对未成年人、学习障碍或精神障碍者的案件，安排合适的成年人在场。辩护律师发现其委托人有精神障碍，但羁押记录中未写明安排有合适的成年人在场的，可以要求法庭排除该嫌疑人的所有供述。犯罪嫌疑人应在羁押记录上签名确认警察安排了律师会见、翻译员或者合适的成年人在场。

其三，羁押记录中包含扣押物品的清单，即犯罪嫌疑人被逮捕后移送到警察局时随身携带的所有物品。嫌疑人应在记录上签名表明认同列表上的物品（通常都会这么做）。这是羁押记录中最简单的部分，但也是最重要的部分。在笔者作为公诉人起诉的一起盗窃案中，警察没有注意到，在一个炎热夏日中午逮捕犯罪嫌疑人时，其只戴了一只手套。当笔者就这一点在法庭上盘问被告人时，他不能作出合理的解释。根据这一细节和其他证据，该被告人被判有罪。同样的情况出现在笔者为一名被指控参与了2011年伦敦暴乱的当事人辩护之时。笔者向陪审团指出，闭路电视摄像头显示被告人在犯罪时头戴巴拉克拉法帽，但当事人被警察拦截时身上却没有巴拉克拉法帽。如果没有认真查阅羁押记录，就可能忽视这些案件的细节。

其四，羁押记录中应包含嫌疑人的身体健康表。嫌疑人身体有伤或因酒醉、吸毒或精神状态不佳而无法进行讯问的，警察可以要求医生或者护士在警局内对其进行身体检查。医生或护士填写部分表格，嫌疑人被要求填写另一部分，包括一系列关于他身心健康的问题。这些记录对律师很重要。(1)根据该记录，可确保嫌疑人没有在酒醉或毒品的影响下，或者在心智不健全的情况下接受讯问；(2)辩护律师应注意，任何心理缺陷都可能影响被告人的受审能力或可能表明其不能对自己的行为负责；(3)该记录可以证明嫌疑人到达警察局之前存在身体伤害。这一点可能有利于案件的辩护。例如，人身伤害案件的被告人主张正当防卫的，并且羁押记录表明其移送到警察局时身负重伤，则羁押记录就证明了被告人的陈述。健康记录表对公诉机关也是有价值的。例如，某人被指控反复击打被害者的头部，羁押记录中嫌疑人被捕时右手指关节擦伤也成为佐证。此外，身体健康表记载了嫌疑人被逮捕时的身体损伤，这些损伤可能是警察使用暴力造成的。在这种情况下，羁押记录对被告人的辩护有利（在袭警案件的辩护中尤其如此）且可以据此对警察提出民事损害赔偿。在英国，也出现了嫌疑人在警察局被虐待致死的案例。对被害人的尸检显示是外部身体损伤导致了死亡结果，而羁押记录则证明嫌疑人被带入警局时身上并没有这些损伤。

其五,羁押记录的大部分内容是被告人在拘留期间发生的事情。这些记录可以确保嫌疑人未受到警察虐待或无人看管,没有超期羁押等。羁押时间较长的,高级别的警官可批准拘留其36小时。需要延长羁押期的,必须获得法庭的批准。辩护律师应仔细审查羁押记录,以了解其当事人在羁押期间的情况。

羁押记录中的其他部分也可能对律师有用。例如,因盗窃罪被捕的嫌疑人通常会接受违禁药品的检测。如果检测结果呈阳性,则被判有罪的可能性较大。如果检测结果呈阴性,则有利于辩护律师的抗辩活动。嫌疑人在警察局内被提取了指纹或者DNA样本的,如果是该案的定案证据,则律师应通过查阅羁押记录来确保提取过程中没有任何不当行为或在提取样本的时候没有出现证据污染。

《警察与刑事证据法》上的另一个重要部分是搜查记录。警察实施逮捕或者持有法庭的许可令状,可以搜查嫌疑人所在处所。无论该场所是住宅还是商用,根据B工作规程第8.1条,警察均应制作搜查记录。同时,必须记录作为证据扣押的物品,包括在哪里发现该物品、由哪位警察官发现、警察对扣押物品的处置等。制作搜查记录的警察通常会写作一个简单的搜查计划,并将其附在搜查记录之后。在盗窃、诈骗或毒品案件中辩护律师往往会非常仔细地检查搜查记录。案件的成败往往取决于是一包可卡因,还是一件偷来的首饰,抑或是文件夹里的银行对账单;是在这个房间还是在另一个房间,是在桌子上还是在抽屉里,当警察到达时抽屉是锁上的还是没锁上等细节。细节在审判中是至关重要的,准确的搜查记录对控方和辩方都很有用,可用来显示犯罪具体情况。

三、讯问程序

犯罪嫌疑人被逮捕并带回警察局后,警察将对其进行讯问。当一些资深律师谈论起20世纪70年代的刑事审判场景时,那时法官态度恶劣,庭审记录是人工写作的,律师们需要坐长途火车前往地方法院,到达时却往往发现法院早就关门了。而且,律师们反映需要花很多时间在法庭上与警察争论讯问的内容。在《警察与刑事证据法》出台之前,警察夸大讯问的效果甚至伪造被告人的认罪供述。被告人则经常在法庭上翻供,并指责警察错误地记录了他的陈述内容。对于讯问内容的确认往往占据了庭审的大部分时间。值得注意的是，由于公诉机关只能依靠警方的讯问记录为依据，在陪审团不能确定被告人是否作出有罪供述的情况下，许多案件不得不作出无罪判决。

《警察与刑事证据法》出台后，上述情况得以改观。根据E工作规程的规定，必须用录音带对讯问过程加以记录(F工作规程则规定，在一些情况下可以制作视频记录)。警察会制作磁带的副本和文字记录，并提交给辩护律师。辩护律师可以根据磁带检查文字记录的准确性，并与公诉方确认文字记录是否有所改动。最终形成的文字记录也可能存在争议，例如被告人的犯罪前科、讯问人员的非规范性提问或控方证人陈述等内容往往会被人为修改。如果公诉人和辩方律师不能就文字记录的内容达成一致，可以要求法官对该记录的可信性作出判断。经法官认可的文字记录将交给陪审团并且在法庭上朗读。在整个过程中，警察无法篡改被告人的供述，被告人也没有翻供的机会。

在谈论《警察与刑事证据法》所带来的变化时，多数刑事律师认为讯问过程的同步录音对刑事诉讼活动产生了深远而广泛的影响。这一做法显然是成功的，既不会导致无辜者被警察冤枉，也使得犯罪当事人因矛盾的陈述而处于被动。与该法出台前相比，司法机关也因此避免了冗长、重复的争论而节省了大量的时间和经费。

最后，也许更重要的是，对讯问过程录音使得被告人不会受到警察的刑讯逼供。被告人主张遭到刑讯逼供的，可以在讯问磁带中发现警察的恐吓或刑讯行为。实行该制度后，20世纪80年代和90年代初，出现了许多刑讯逼供的上诉案件，使得法官可以了解到讯问室里发生的情况。当然，英国的刑事制度并不完善，仍然会出现一些刑讯逼供的现象，尤其是讯问录音之前或之后。但讯问过程的同步录音确实减少了警察的违规行为。与之相对，我的美国律师朋友告诉我，在美国各州，尚未引进讯问录音制度。美国警察威胁、虐待和欺骗嫌疑人的现象仍然普遍，但这种行为在英国至少已经20年没有出现。

四、权利告知

在讯问开始之前，警察必须向被告人宣读和解释告知权利。1994年英国开始在刑事诉讼法中引入这一规定。权利告知的出现,使得讯问录音变得更为重要。

英国的权利告知是什么?《警察与刑事证据法》的规定与美国的规则有何不同?在美国,告知权利被称为"米兰达警告"。美国宪法规定,犯罪嫌疑人在面对警察的讯问时,有权拒绝自证其罪。因此,在讯问之前,警察会向嫌疑人说明:(1)其有权利保持沉默;(2)其任何回答可能会成为呈堂证供。警察没有向嫌疑人告知权利的,嫌疑人的供述不能作为证据使用。

英国的权利告知基本上与美国的米兰达警告相同。不过,1994年《刑事审判和公共秩序法》对警告的内容作出了调整,即:"你有权保持沉默,但如果不回答提问且此事被作为呈堂证供,则可能对你的辩护活动不利。你所讲的一切可能在法庭上被用作证据。"在《刑事审判和公共秩序法》出台之前,被告人几乎不愿在讯问时供述,因为他不会因拒绝供述而承担任何不利后果。

现在,被告在决定不回答问题时需要承担一定的风险,因为公诉人和法官会告诉陪审团,他们可以推定被告人选择不回答是因为不知道如何回答或在看到公诉方证据之后编造了事实。这就是"不利推断"的规定。尽管如此,有些被告人在讯问时基于律师的建议,表示仍然会"无可奉告"。近年来,多数律师建议其委托人向警察提供一份简短的书面陈述。该陈述可为被告人的辩解要点,但他同时可拒绝回答警察的任何具体问题。这一做法,降低了公诉方向陪审团指责被告人不予配合或编造故事而导致判决结果不利于被告人的风险。然而,他们也面临两难,因为警察可能会找到证据推翻他们的书面陈述,迫使他们承认他们在讯问中向警方撒谎。被告人最后可能的选择是在讯问中回答所有问题。这意味着他不会因"无可奉告"而被非难,但如果他是有罪的,他所作的回答可能在以后被证伪。当然,如果被告人是无辜的,要么不会被警方指控,要么由陪审团裁定罪名不成立。

因此《警察与刑事证据法》上的权利告知既有利于控方,也有利于辩护律师。首先,为了避免被告人在讯问中不回答任何问题——特别是被告人提交了书面陈述的——公诉机关必须准确地记录提问的内容和方式。如果没有建立讯问过程同步录音制度,这将很困难甚至不可能的。其次,被告人应在讯问中回答问题,以避免不利推定。这就是为什么被告人在讯问中会作出全部或者部分供述的原因,在下一部分中笔者将进一步阐述。再者，没有作出权利告知的，应适用《警察与刑事证据法》关于非法证据排除的规定。笔者将在本文最后部分加以论述。

五、供述和非法证据排除

英国法官一直不愿意让检察机关过于依赖口供定案。究其原因，一是过分依赖口供导致警察对嫌疑人实施刑讯逼供，二是基于普通法上定案证据超越合理怀疑的原则。所以在《警察与刑事证据法》出台之前，英国就已经建立了如何使用口供以及排除非法证据的规则。

在《警察与刑事证据法》上，供述的含义是什么？供述是被告人说的或写的全部或者部分认罪的任何东西。有时有罪供述可能并不明显，例如警察拦截一名从酒吧严重斗殴现场出现的人，问他："你刚才参与了在红狮酒吧的打斗吗？"他回答："是的，但其他人先打我。"这样的陈述部分是辩解的，因为当事人声称其行为出于自卫。但也有一定的认罪成分，因为当事人承认其实施了殴打行为。在英国法上，这一陈述即属于犯罪的供述。

不过，人们知道只有当事人事后翻供并且拒绝认罪的，才会导致其供述出现争议。在多数案件中，当事人承认有罪并作出有罪供述，因悔罪态度良好可能会获得减刑。

《警察与刑事证据法》出台之前，法庭往往在庭审中排除所有可能通过"压迫"或"诱导"方法取得的证据。"压迫"是指警察实施了严重不公平的行为。"诱导"则没那么严重，但无论何种情况均会使人对供述的可信性产生怀疑。《警察与刑事证据法》出台前的案例中，嫌疑人向警察询问如果讲述案情是否可以获得保释，在得到肯定的答复后，该嫌疑人做了有罪供述。基于这个供述，一审法院判处该被告人有罪。但是，上诉法院撤销一审判决，认为警察同意保释构成对嫌疑人的诱导。[①] 可见，在《警察与刑事证据法》之前，英国的法院就已经强调应保障被告人不被强迫自证其罪。这些做法背后的法理是什么呢？既有限制警察权力，避免出现刑讯逼供的考量，也是为了保证陪审团听到的任何供述都是可靠的，是疑犯在自愿（非压迫）的情况下作出的。

---

① R v Zaveckas (1970) 54 Cr App R 202.

《警察与刑事证据法》第76条对法庭是否采信被告人的供述作出了规定。

其一，通过“胁迫”取得的供述，不予采信（与之前的规定相同，参见第76条第2款a项）。所谓“胁迫”是指野蛮的、错误的、不公正的及残酷的行为。辩护律师必须向法庭证明存在“胁迫”行为。由于讯问过程实施了录音，警察往往不会采取胁迫手段。为迫使嫌疑人回答问题而使用任何暴力手段均属于胁迫。警察在讯问中大声训斥或者咒骂嫌疑人的，可能不会视为是胁迫行为。因此，是否违法的关键是程度问题。在1993年的一个案例中，警察对涉嫌谋杀的犯罪嫌疑人（其患有轻度认知障碍症）进行了长达数小时的审讯。在整个讯问过程中，被告人多次否认了指控（超过300次）。其间，嫌疑人一直在哭泣、呜咽，且显得神志不清。但警察仍然不断威胁和辱骂嫌疑人，没完没了地质问同样的问题。对此，上诉法院认为讯问显然过于残酷、有违程序公正。同理，如果警察在证据方面欺骗嫌疑人，也被视为是不当行为。例如警察向嫌疑人指出：“我们有目击者在现场看到你。”（实际上并没有这个目击证人）或者宣称已掌握了充分的证据（实际上他们没有足够的证据），即属于这种情形。在美国，一些州的立法上没有禁止警察欺骗被讯问者的规定，这一点许多看过美国警匪剧的人都知道。但是在英国，任何通过不诚信的行为获得的供述在庭审时都可能会被立刻排除。

其二，警察实施在当时情况下可能导致被告人的供述不可靠的任何语言和行为，则法庭不允许将该供述作为对被告人不利的证据提出，除非检察官能向法庭证明该陈述（尽管它可能是真实的）并非以上述方式取得，并且要将此证明到“排除任何合理怀疑的程度”（参见第76条第2款b项）。由于警察采用胁迫手段获得口供的情况越来越少，所以对于大多数的出庭律师（大律师）而言，可以采用这种办法排除不利的口供。例如，警察在讯问中对嫌疑人作出暗示的，法庭会考虑该行为是否可能会影响口供的可信性。

《警察与刑事证据法》的立法委员会也以上述警察给被告人提供保释为例，来说明自愿供述的重要性。如前所述，在该法出台之前，警察以提供保释为条件换取被告人的有罪陈述属于诱导性讯问，且该口供不得作为证据使用。立法委员会比较了严重案件（如谋杀）和普通案件（如盗窃）的保释情况。涉嫌谋杀案件的嫌疑人不太可能仅仅为了获得保释而作虚假供述，因此即使警察提供了保释，嫌疑人口供的可信度也比较高。然而，因盗窃行为而被逮捕的嫌疑人可能担心因无法保释而被送进看守所(尽管拘留时间只有几天),因此其可能作不真实的供述可能性较大。对不可信的口供应根据第76条予以排除。

C规程中规定了更多的详细规则。仍以保释为例,C规程第11条第5款规定:“任何执行讯问的警察除回答当事人的直接提问外,都不得向当事人暗示警方将对他采取什么行动。嫌疑人询问如果回答问题、作出陈述或拒绝供述,警方将对他采取什么行动时,只要行动本身适当且已被批准,执行讯问的警察可将警方拟采取的行动告诉他。”对于讯问录音之前或者之后,嫌疑人作出供述的处理方法也有详细的规则,即警察必须尽快把嫌疑人的供述记录在笔记本上,然后让嫌疑人签名以确认记录的准确性。

然而,《警察与刑事证据法》的规定只是法庭上控辩双方争论的一部分。法官仍然不得不就任何违反规则取得的供述是否可靠作出裁决。在许多案件中,比如在涉嫌谋杀案的嫌疑人因警方提供保释而作出供述的例子中,法庭可能会裁决嫌疑人的供述仍然有效,并且要求陪审团应该听取供述。

实际上,《警察与刑事证据法》并非旨在排除所有非法证据。该法的目的在于为警察的执法行为提供标准和指引。因此,今天我们很少看到警察在讯问中欺凌、虐待或者试图欺骗被告人。称职和有效率的警察通常会要求嫌疑人自行叙述事件的过程。大多数被讯问者会作一个很长的说明——其中大部分或部分是不真实的——包括不协调、自相矛盾和不可信的内容。优秀的警察会让嫌疑人再讲一遍,尽可能问一些细节性的问题。这样,当该案进入审判程序后检察官就会指出被告人所讲内容中自相矛盾和说不通的地方。建立在良好的证据、良好的讯问和良好的盘问基础之上的有罪判决很可能比建立在可靠性值得怀疑的供述之上的判决更公正。

六、辨认程序所获证据

在20世纪的司法活动中,人们对只凭目击者的辨认就予定案的做法产生了怀疑。有一些错案是因为目击者相信他们已经正确地辨认出被控犯罪的被告人,但是后来出现的其他证据表明罪行是其他人所为。1977年,上诉法院裁决应该谨慎看待辨认的结果。证人仅凭对犯罪嫌疑人的短暂观察或在光线不足、距离很远的地方进行辨认的，应以其他证据加以佐证。

《警察与刑事证据法》的D工作规程对视觉辨认程序加以规定。该规程还包含对指纹、DNA、鞋印及任何身体部位印记的辨认，或者识别标识（比如文身）的辨认程序。这些规则主要是程序性的。法庭对辨认结果有争议的，鉴定专家可能会各执一词，且主要是更多地围绕法医分析而非程序问题。

常见的两种辨认方式是列队辨认和录像辨认程序。但是在进行列队辨认程序阶段之前，根据D规程第3.1条，警察应记录证人对嫌犯的初步描述。辩护律师可根据这些描述指出与被告人相貌之间的差异之处。

列队辨认是近期引入的辨认形式（参见《规程D》的附件B）。在列队辨认时，8个长得十分相似的人站成一排，其中7人是雇佣的志愿者，1个是警方的犯罪嫌疑人。证人被要求挑出其认为实施了犯罪的人。列队辨认如今并不常见，部分原因是后勤上的困难。寻找7个与嫌疑人长相相似的本地人，并支付费用要求其前来警局参加辨认并不容易。还有部分原因是有些证人害怕面对被指控犯罪的人。列队辨认还遇到了一些可靠性的问题。笔者大学时代的一个朋友过去是列队辨认的志愿者。他通过担任志愿者来赚取周末的酒钱。有一次，他作为志愿者参加一起抢劫案的辨认。证人进行辨认后仍不能完全肯定，因此要求队列中的每个人说一句"把你的钱给我！"以确认罪犯的声音。轮到嫌疑人说话时，那个人显得比较不太精明。他犹豫了一下，脸涨得通红，自语道："无可奉告。"

如今警察举行录像辨认程序是很常见的，该程序由附件A中的规则来规范。嫌疑人可以选择是否参加辨认，其中大多数会表示接受。因为即使嫌疑人拒绝参加辨认，警察也可以将他们的照片或影像交给证人辨认。而且，拒绝参与辨认的，可能会在法庭上受到检察官的质疑，并给陪审团留下不好的印象。在该方式中，证人无须与嫌疑人见面，而是观看嫌疑人及其他相貌相似的志愿者的照片或录像。这个程序必须由一个独立的、没有参与调查的警察主持，嫌疑人有权要求他的律师或者朋友参与程序以确保一切都正确完成。

从律师的角度看，警察必须保留关于视频辨认的书面记录。D规程第3.36条规定了应记录的内容，几乎包括了程序进行中证人的所有表述。辩护律师根据这些记录，在法庭上否认辨认结果是较为常见的辩护手法。例如，证人经常看一次视频，并说他们不能100%肯定。他们再次查看图像，然后说，他们可以肯定。该情况应记录在案并向陪审团宣读。我在辩护中就可以向陪审团指出："如果连控方证人第一次都不能肯定，怎么确定可以判定被告人有罪？"

七、辩护律师的防御武器

《警察与刑事证据法》是一部内容丰富的法律，其工作规程每年都会修订。因此，要求警察在每一件案件中均能遵守该法条款似乎是不可能的。毋庸讳言，刑事案件都会涉及一些技术上违反法律或者规程的情况。该法第78条是重要条款，即法院有责任监督警察的严重违规行为，且对重大刑事案件中的违法行为采取"零容忍"的态度。

在英国的重大刑事案件中，陪审团负责裁决被告人有罪或无罪，法官的角色是推进和维护诉讼的有序进行以确保审判公正。法官的主要职能之一是在庭审中审查控辩双方提出的证据并排除不公正的证据。《警察与刑事证据法》第78条赋予了法官排除非法证据的权力。在判断取证手段的合法性时，法官有较大的裁量权。第78条第1款规定："……法庭对收集证据情况的所有情况进行考量后，认为采纳某一证据会对程序公正性造成不利的影响的，可以排除该证据。"

与美国相反，英国法在历史上曾经承认警察通过不正当的方式获得证据。在美国，这种证据被称为"毒树之果"并被直接排除。到了20世纪70年代末，英国的司法实践对于非法证据的态度更为严厉。最高上诉法院在判例中指出：刑事法官必要时，可以排除"偏见甚于证明"的证据。有意见认为，排除以不正当方法取得的证据应该有一个明确的法律依据。不过，在《警察与刑事证据法》的草案中并没有规定排除非法证据。立法委员会表示，遭到刑讯逼供的嫌疑人可以通过民事诉讼追究警察的责任，但以违法手段获取的，可以在刑事诉讼中使用。在这种情况下，尽管《警察与刑事证据法》及其工作规程有上千个条款，但辩护律师无法依据该法申请排除非法证据。之后，《警察与刑事证据法》的草案在英国议会引起了激烈的争论。为解决这一问题，高级法官兼上议院议员斯卡曼(Scarman)勋爵提出了一个修正案，该修正案与现行法第78条在内容上极为相似。政府虽然反对该修正案，但是该案在上议院获得了多数赞成票。因此，政府不得不参照该修正案，制定了非法证据排除的条款，这就是现行法第 78 条。

从辩护律师的角度来看，现行法第 78 条为其提供了有力的抗辩武器。辩护律师认为警察违反《警察与刑事证据法》工作规程的，可以要求排除以非法手段获得的证据。不过，法官不能主动排除非法证据（这一点与美国的做法相同），除非这种证据严重损害了庭审的公正性。上诉法院已经对庭审法官给予了指导，即警察的取证行为构成"严重且实质性违法"的，才排除证据。但是何为"重大且实质性违法"取决于个案事实。

有些情况下，法官适用第 78 条的目的在于告知其不能允许警方蓄意或者恶意违反《警察与刑事证据法》，实施严酷、残忍和不诚实行为。例如，警察严重违反 D 工作规程的，法官将不允许控方告诉陪审团证人的辨认结果。嫌疑人口供的可靠性存疑的，辩护律师可根据第 76 条和第 78 条反对将供述作为证据。法官根据第 78 条排除证据的情况包括：警察没有向被告人进行权利告知，尤其是没有允许其讯问前会见律师的；被告人在讯问以外的场合作出供述，但警察未予记录的；被告人在接受权利告知之前就作出供述或解释的。

其中一个争议的问题是被告人在接受权利告知之前就作出供述或解释，警察告知之前作出的解释经常在庭审中引起争论。以常见走私毒品案件为例，机场的海关警察（适用《警察与刑事证据法》）"有合理的怀疑"可以向旅客讯问其行李的内容、什么时候打包的或者是否有其他任何人让他们携带任何其他的东西。携带了毒品的旅客，为逃避追责，此时往往会回答没有其他人把东西放进他们的箱包里。然而，在庭审中当事人可能会改变说法，承认是他人帮他打包时放入毒品的。由于海关警察的提问之前并未告知当事人其诉讼权利，法官会对海关警察是否有充足的理由认为当事人涉嫌犯罪或是否应先行告知权利作出判断。通常情况下，法官会进行预先审核（即没有陪审团成员参与的预审）。法官经在法庭上询问警察办案的经过并决定是否应向当事人告知权利。法官认定应当告知当事人权利的，则应进一步考量未经警告而取得的当事人陈述是否会对庭审产生不当的影响。法官考虑的因素包括：（尽管没有被告知权利）当事人是否意识到海关警察提问的严重性；被告人是否能讲流利的英语；被告人是否受到胁迫或有精神障碍。法官应当考虑被告人在法庭上翻供是否意味着一定是故意对警察说谎，或者仅仅是在机场回答问题时犯了一个粗心的错误。在考虑所有的可能性之后，法官应决定由陪审团听取被告人的口供或者将其从庭审中排除。

再者，尽管第78条并非辩护律师在“诱惑侦查”案件中可用的唯一抗辩方法，但仍是一种有效的手段。在许多案件中，法庭允许警察使用“警察圈套”来抓捕罪犯。举例而言，便衣警察可从街头小贩那里购买毒品以证明嫌疑人参与毒品交易。此外，英国的卧底警察曾假扮爱尔兰恐怖分子与嫌疑人接触而获得了谋杀印度总理拉吉夫·甘地的凶手的定罪证据。不过，诱惑侦查也存在违法的情况。在科林·斯塔格案(Colin Stagg)中，警察怀疑斯塔格1989年在伦敦的一个公园里谋杀了一个少女，因为斯塔格常常去被害人遇害的地方遛狗，而且警察的心理学专家认为他符合凶手的性格特征。一名女警官被指派与斯塔格交往，他们在公园里讨论了谋杀案，并让嫌疑人承认有性侵犯和伤害他人的动机。在审判中，法官认定嫌疑人的有罪供述应该根据第78条被排除，理由是该口供是使用欺骗、施压和诱导手段获取的。斯塔格因此被判无罪。十多年后，基于新的DNA证据，警察成功破案并抓获另一名男子，该嫌疑人后来在审判中承认实施了犯罪。

八、结语

《警察与刑事证据法》对英国的刑事辩护产生了巨大的影响。该法的出台使得辩护人、警察和公诉机关均能受益。其主要作用为：

首先，由于准确记录了证据——无论是准确的搜查记录，还是讯问录音，抑或是证人的辨认笔录，刑事诉讼中的证据更加准确且定罪更为可靠。这不仅避免警察对嫌疑人刑讯逼供或伪造证据，而且也避免了警察权力的滥用。警察违规行使权力的现象仍有发生，但出现这种情况时，辩护律师和警察监督部门可以迅速加以确认和纠正。

其次，《警察与刑事证据法》的出台，使得法院更加注重个案的处理，强调诉讼结果的公平性和可靠性。美国的刑事司法的规定更为刚性，例如嫌疑人在讯问中拥有绝对的沉默权、非法取得的证据被完全排除。与之相对，英国则允许法官对个案进行裁量，以平衡被告人的公正审判权利与发现、打击犯罪二者之间的关系。

最后，《警察与刑事证据法》对案件判决结果的影响小于预期。有研究表明,《警察与刑事证据法》出台之前,大约60%的案件中被告人会作出有罪供述。该法出台后,这一数字维持在50%至60%之间。该法出台前控辩双方对被告人供述内容经常出现争执,但在讯问过程录音的规定出台后,警察的违规行为大为减少,且被告人的律师可以在讯问时在场。正因为如此,被告人口供在法庭上被排除的情况也减少了。

《警察与刑事证据法》出台之时,人们认为英国的警察制度改革方兴未艾。在四分之一世纪后的今天,批评英国刑事审判缺少进步的声音已经越来越少。

警察与刑事证据法与警察实务

艾伦·马洛①

一、英国警察立法的沿革

在1984年《警察与刑事证据法》施行之前，在英格兰和威尔士地区，保障公民的基本权利的规定主要参照普通法的判例。同时，英国的法官对于法律(判例)的解释及其个人观点也是侦查机关及其人员执法的指导性意见。因此，尽管在普通法上早已确立了保障人权的观念，但在1984年《警察与刑事证据法》出台之前，英国并没有形成规制警察权力、保障公民人身和财产权利的成文规定。

以“法官造法”的形式来保障个人权利的个案很多，例如在1765年的恩迪克诉卡灵顿案(Entinck v. Carrington，1765)中法官就明确指出：“没有成文法或判例法的法律依据，任何公权力干涉公民个人的自由和安全的行为均属非法行为；未经可确认的司法授权，任何搜查个人财产的行为与非法侵权无异。”

同样，犯罪嫌疑人和被告人获知逮捕理由的权利也是判例法的产物[参见1947年克里斯蒂诉里钦斯基案(Christie v. Leachinsky)]。在1934年的伊利斯诉帕斯莫案(Elias v. Passmore)中法官指出：警察有权对犯罪嫌疑人进行搜查，但讯问犯罪嫌疑人必须遵守“裁判规则和警察执法指南”并接受必要的司法监督。

在20世纪60年代和70年代，英国的法院允许警察处理刑事案件时适当地扩大权力。这一点突出体现在搜查、扣押和拘留程序上[参见1995年诺阿克尼克松案(Dixon in Noaks et al)]。同时，法官排除非法证据的

① 作者为英国前高级警官。本文是作者在职期间执行1984年《警察与刑事证据法》的体会，同时也探讨了该法对英国警察实务的一些影响。

态度也比较消极。与之相应，警察则尽可能“灵活解释”程序性规则，以“潜规则”和“打擦边球”的方式来规避司法机关对侦查权力的监督和制约。

受此影响，英国出现了一系列错案和冤案，其中最为著名的是 20 世纪 70 年代的康法特案。在该案中警察使用了强制手段对 3 名有认知障碍的未成年人进行讯问，并获取了有罪供述。在之后的上诉审判中，因严重侵害未成年人的诉讼权益，英国上诉法院认定该案为错判。以此为契机，英国国内要求对警察的侦查权进行改革的呼声越来越高。①

《警察与刑事证据法》的出台经历了 10 余年的争论和准备。早在 1972 年，英国皇家刑事调查委员会就曾经提出了制定警察法的建议，但因该建议存在较大争议被一直搁置。1977 年，工党政府成立了更高级别的皇家刑事案件调查委员会，以监督警察的执法行为、维护犯罪嫌疑人的权利。该委员会侧重于实证研究和制定政策建议，而非简单地采纳某些激进或保守的观点。因此，该委员会的调查报告一方面受到了学术界和警察当局的认可，另一方面却遭到了反对党和自由主义学者的强烈反对。

根据刑事调查委员会的建议，《警察与刑事证据法》草案于 1982 年提交英国议会审议。在法案审议期间，各派争论激烈，开会的次数甚至打破了审议法案的最高纪录。该法最终于 1984 年 10 月底通过。虽然当时的工党表示强烈反对并声称其执政后将废除该法，但实际上 1997 年工党政府上台时却没有这样做。这是因为作为执政党，工党政府意识到《警察与刑事证据法》已经在诉讼实践中得以确立并被证明行之有效。

二、警察与刑事证据法的意义及其内容

《警察与刑事证据法》旨在平衡警察发现、打击犯罪与保障犯罪嫌疑人的人权之间的关系。该法的出现改变了英国在保障犯罪嫌疑人人权方面

---

① 在 1972 年麦克维尔 · 康法特(MaxwellConfait)谋杀案中，上诉法院基于 3 名 10 多岁的嫌疑人(其中一个少年有精神障碍)是在没有任何独立成年人在场的情况下被讯问的，而宣布原审法院对该 3 名未成年嫌疑人的判决无效，这一事件引起公众对刑事诉讼程序的广泛关注。1981 年英国皇家刑事诉讼委员会发表了著名的《菲利普报告》，强调“未成年人可能不能很好地理解讯问的重要性或他们自己所说的内容，并且可能比成年人更易受到他人的影响。他们可能需要成年人在场的支持，一些友好的成年人，以建议和帮助他们作出自己的决定。”1984 年英国《警察与刑事证据法》正式确立了合适成年人参与制度。

规定简单、观念陈旧的局面,第一次在成文法律中明确规定了规制警察权力的内容。

从内容上看,首先,《警察与刑事证据法》规定了三种对犯罪嫌疑人人权的保障措施:其一,规定警察在侦查活动中必须记录强制措施的原因及依据;其二,规定由法院对警察实施强制措施的合法性进行审查;其三,明确规定了犯罪嫌疑人的法定权利(如有权在警察局或羁押场所内会见律师并获得其法律意见)。同时,该法还规定,为保障犯罪嫌疑人的权利,高级别警察或羁押警官可采取特殊的保护性措施。

其次,《警察与刑事证据法》及其操作规程规定了以下内容:(1)警察逮捕、拦截和搜查的权力及前置行为(如道路检查);(2)羁押的法定期限、对拘留进行阶段性审查以及拘留记录的规定;(3)对讯问进行监督的规定,包括对讯问实行录音;(4)犯罪嫌疑人的权利,如有权获得律师的法律意见、有权要求通知其家人其已被拘留以及嫌疑人提交指纹和生理样本进行法医分析的隐私保护。

再者,《警察与刑事证据法》还规定了犯罪嫌疑人对警察提出投诉的条款,以及警察在采取措施维持社区治安时必要的咨询程序。

《警察与刑事证据法》中最具争议的条款是关于举证责任的规定。根据普通法的传统,犯罪嫌疑人在申请"人身保护令"时,应向法院说明其无罪及应获释的理由。但根据《警察与刑事证据法》,警察应负责证明拘留犯罪嫌疑人的正当性。

在美国刑事诉讼活动中,如果警察的侦查行为违反程序法的规定,根据非法证据排除规则,所获证据不得被采信(即毒树之果的法理)。与之相对,英国《警察与刑事证据法》的立法者并未引进严格的非法证据排除规则,而是由法官决定是否接受该证据作为定案的证据。同时,《警察与刑事证据法》规定警察非法取证的,应对涉案警察或其他参与人员给予纪律处分。

总而言之,《警察与刑事证据法》出台后,英国的刑事侦查程序发生了深刻的、根本性的变化。该法对于规范侦查机关的权力,保障犯罪嫌疑人的法律权利进行了全面的规定,解决了既往规定不够细致、缺乏确定性的问题。

下文是笔者对《警察与刑事证据法》主要内容的一些思考,以说明该法对英国警察实务产生的影响。

三、《警察与刑事证据法》对侦查实务的影响

《警察与刑事证据法》是一项内容丰富的立法，在该法工作规程出台后其内容得到了进一步充实。该法案自提交议会讨论至付诸实施大约有2年的时间。在此期间，警察部门进行了大量的准备工作并重新修订了侦查文件的格式。所有警察都需接受《警察与刑事证据法》及其工作规程的培训。羁押警察(警长级别)必须由经过选拔和培训的合适人员担任。在警察局内必须安排专门的负责人，以便根据《警察与刑事证据法》的要求对羁押措施进行审查并决定是否批准。同时，警察机关必须建立新的审讯室，并购买和安装新的电子设备以对讯问进行录音。《警察与刑事证据法》要求对羁押期间所有重要事项进行详细记录，因此警察机关需要对犯罪嫌疑人的拘留记录加以规范。这种做法避免了因不准确或不全面的侦查记录导致当事人受到不公正的判决，但在另一方面也不可避免地导致案卷的繁复及侦查机关的官僚化。

不仅如此，《警察与刑事证据法》的其他规定，如侦查机关采取强制措施时应咨询社区组织、允许公众参观羁押场所以及申诉程序也应得以确立。

(一)获得法律意见的权利

作为普通法的发源地，在对抗式的诉讼格局下，英国的犯罪嫌疑人有权获得律师提供的法律意见。然而，在《警察与刑事证据法》出台之前，侦查人员往往试图推迟或者阻止犯罪嫌疑人会见律师。其原因在于辩护律师给犯罪嫌疑人最常见的建议是行使他(她)的沉默权，从而导致侦查机关无法获得有罪供述和犯罪证据。《警察与刑事证据法》明确规定：作为一项基本制度，犯罪嫌疑人提出要求会见律师的，应保障其获得法律意见的权利。

据此，负责羁押警察有义务口头告知被拘留人员相关权利，并书面记录其获得免费的法律意见的情况。不过，有批评指出警察在执行上述规定时，往往比较简单且缺乏诚意。根据笔者的经验，实务中警察并不愿意在一天中重复向犯罪嫌疑人告知权利。

《警察与刑事证据法》的C工作规程规定:可能延误侦查活动或存在其他风险的(如导致证据消失或被隐匿的),可在犯罪嫌疑人的辩护律师不在场的情况下对其进行讯问。在实践中,这种情况极为少见。与之相对,警察常常抱怨因律师不能及时前来警察局而造成讯问延迟。此外,因被拘留人员需要休息或因毒品或酒精作用而不能保持清醒也会推迟讯问。来自警察当局的意见指出,有些律师或诉讼代理人有意拖延前往警察局的时间以制约侦查机关的讯问活动。尽管如此,为保障案件成功起诉,警察必须满足犯罪嫌疑人会见律师的要求,这一点已经为英国刑事诉讼各方的基本共识。并非所有的犯罪嫌疑人都会要求律师在讯问时在场,但是律师在场的情况日渐增加。根据调查,在一些警区,犯罪嫌疑人要求律师在场的,占全体案件的40%。

(二)讯问

在《警察与刑事证据法》出台之前,警察的讯问方式和手段往往带着神秘的色彩。有些侦查人员认为讯问技巧是一种"特长",有经验的警察善于从最顽固的犯罪嫌疑人口中获得有罪供述。这些技巧被认为是一种"讯问艺术",不能传承和培训。因此,警察往往会有选择性地记录讯问的过程。这种做法受到了广泛的批评,被认为可能存在违法或滥用职权的情况。根据《警察与刑事证据法》的C工作规程,讯问过程必须进行同步记录,并用磁带加以录音。根据这些讯问记录,人们发现警察的有些讯问技巧是不合法的,且存在威逼、恐吓犯罪嫌疑人的情况。讯问手段违法会导致案件无法起诉或使法院不得不作出无罪判决。因此,英国警察当局开展了大量的侦查讯问培训,以保证讯问的准备充分、过程连贯且没有刑讯逼供。这样做的结果是警察讯问的成果作为证据的可靠性得到了进一步加强。在另一方面,《警察与刑事证据法》的规定也增加了一些诉讼成本,例如警察需准备磁带以制作讯问概要并向嫌疑人、辩护人及法庭提供副本。

(三)非法证据排除规则

《警察与刑事证据法》第78条规定,法官有权决定排除警察违反该法或工作规程获取的证据。在《警察与刑事证据法》之前,法官对警察取证行为的程序合法性并无要求。对非法取证的警察而言，其违法行为的风险往往是纪律处分或被告人提起的民事诉讼。《警察与刑事证据法》第78条对取证的程序性要求越来越高。法官对待非法证据的态度也日趋严厉，实务操作也更接近于美国法律系统上的“毒树之果规则”，即警察非法取证或者玩忽职守的，将会导致证据被排除。

举例而言，在最近的一个案件中，涉嫌杀害妇女的嫌疑人在羁押期间拒绝供述。为了找到被害人，警察把嫌疑人带到案发地点后，嫌疑人供认不讳并承认几年前另一起谋杀案也是其所为。然而，警察没有在嫌疑人供述前对其进行权利告知，也没有允许其征求律师的意见，因此法官对有罪口供不予认可。嫌疑人的第一宗谋杀因为有其他充足的证据被判有罪（被告人认罪）。然而，警察却因口供被排除而无法起诉第二宗谋杀案。这个案件说明，在非法证据排除方面，英国的司法机关对于《警察与刑事证据法》的解释越来越严格。

（四）合适成年人

如前所述，《警察与刑事证据法》出台受到了康法特案件的影响。该案的犯罪嫌疑人是患有认知困难症的青少年，在没有独立的成年人或者父母在场的情况下受到了刑讯逼供。对此，《警察与刑事证据法》提出了一种救济性措施——要求合适成年人在场。合适成年人可以是父母、监护人、社会工作者或者任何年满17周岁的公民，但不得是警方雇员或犯罪嫌疑人的律师。该成年人职能是为未成年嫌疑人提供咨询并确保讯问过程的合法性与公正性。

立法后，讯问未成年人时需要合适的成年人在场的规定得到了严格执行。如果合适成年人被认为不能胜任或心智不成熟，则应另行选择合适的成年人。在新的合适成年人到场之前，未成年嫌疑人作出有罪供述的，应在合适成年人在场的情况下再次重复供述。在某些情况下，女孩的父亲并不担任合适的成年人，比如父亲和女儿关系疏远或互不信任的。

在合适成年人的制度上，最为著名的案例是警察在讯问连环谋杀案的犯罪嫌疑人时，选派一名女性志愿者担任合适成年人。犯罪嫌疑人的供述过于血腥，该合适成年人在精神上难以承受，而患上了中风和精神压迫症。英国高等法院裁定，警方选任、培训和评估合适成年人的资格时应当承担相应的保护义务。然而，判断一个犯罪嫌疑人是否有认知或者精神健康问题是极为困难的，因此实践中只要犯罪嫌疑人的精神状态存疑就会要求合适成年人到场。这样一来，由志愿者担任合适成年人的情况越来越普遍，因此也要求警察当局在选任、培训及经费方面承担更大的责任。

(五)证据

《警察与刑事证据法》的立法效果如何？有学者的研究表明(Brown 1997)：(1)通过赋予犯罪嫌疑人知情权和获得法律帮助的权利，犯罪嫌疑人在刑事诉讼中的地位得到了显著提高，体现了程序公平。(2)该法对警察工作的各个方面都产生了影响，在一些方面成效显著。不过，警察遵守《警察与刑事证据法》的情况也并非理想，该规则往往在警局内得到相当严格地遵守，但是在警局之外就不那么严格。

《警察与刑事证据法》最具有争议的规定在于拦截和搜查权，这些权力通常在警局之外行使。该法允许警察基于客观存在的涉嫌盗窃或者私藏违禁物品的理由拦截和搜查个人。警察当局认为，拦截和搜查是一种有效手段，并且已在大伦敦警区实施了多年。这些措施为预防性手段，成为确定是否有理由逮捕犯罪嫌疑人的前置措施。《警察与刑事证据法》中《规程A》明确要求：拦截和搜查所需的"合理怀疑"必须为客观因素。不得因"一个人的肤色、年龄、发型、着装方式"或者前科等因素而决定实施拦截和搜查。然而，统计数据表明，警察往往更倾向于对少数族裔的人员进行拦截和搜查。这种做法显然带有歧视和滥用职权的性质。

四、结语

本文是一位前警官的个人思考，笔者经历了《警察与刑事证据法》制定和实施的过程。年轻的警察可能并不知道，该法已经施行了四分之一个世纪。从政治学上看，法律和秩序的话题永远不会停息，英国政府一直在制定和修正《警察与刑事证据法》，以体现"与时俱进"。在这种情况下，《警察与刑事证据法》的内容也在不断完善。这部法律体现了英国法律制度的重大变革，即执法依据从判例向成文法典的逐步转型。多年来，该法的条款发生了很大变化(例如,2005年的《严重和有组织犯罪与警察法》就对警察行使逮捕权的程序作出了修改),但坚守了立法的精神,且保持行之有效。《警察与刑事证据法》出台之前,警察的执法过于教条且时有滥用权力的情况发生。因为《警察与刑事证据法》的严格规定以及警察执法纪律的强化,使英国警察的侦查活动更为专业和规范,在法庭上出示的证据也更为可靠。

正如赞德尔教授所言:"这部法律显然已经被所有人接受。但条款的不断修改,也将引领我们进入一个不确定的未来。"(Michael Zander,1995)

参考文献

ATIYAH,P S (1995),*Law & Modern Society*,Oxford,OUP.

BROWN D (1997),*PACE Ten Years On: A Review of the Research*, Home Office,London.

HOME OFFICE (2005),*Police & Criminal Evidence Act* 1984: *Codes of Practice*,London,HMSO.

MAGUIRE M (2002),*Regulating the Police station: The Case of the Police & Criminal Evidence Act* 1984 in McCONVILLE M & WILSON G (2002),*The Handbook of the Criminal Justice Process*,Oxford, OUP.

MORRIS S (2012),Sian O'Callaghan Murder: the Detective's Dilemma,London,*The Guardian* 19. 10. 12.

NOAKS L,MAGUIRE M, LEVI M. (1995),*Issues in Contemporary Criminology*,University of Wales Press.

REINER R (2000),*The Politics of the Police*,Harvester. Hemel Hempstead.

SANDERS A (1997),*From Suspect to Trial* in MAGUIRE M, MORGAN R, REINER R (1997),*The Oxford Handbook of Criminology*,Oxford, OUP.

ZANDER M (1995),*The Police and Criminal Evidence Act* 1994, Sweet & Maxwell,London.

英国刑事羁押的基本要求
——如何对被拘留者的处遇进行评估

马兰娜①

Nicola Macbean(The Rights Practice)

一、引言

被关押在看守所里的犯罪嫌疑人与外部世界隔绝,他们对于将会在自己身上发生的事情非常担心,而且无力改变其处境。被警察或其他侦查机构拘留的人员送到看守所时往往又累又饿,或者受到酒精和毒品的影响而神志不清。这些嫌疑人可能没有任何心理准备,而且可能需要照料自己的孩子或者被监护人。他们可能因受到身体或精神上的强制而被迫承认某些他们并没有做过的事情,而且在看守所内嫌疑人容易受到虐待和侵犯。

防止虐待在押人员最有效的方法之一是允许对拘留场所(包括看守所和警察局内的羁押室)进行定期的监督与查访。事实上,查访有助于确保提升看守所的管理水平、保障被关押人员的安全和尊严。实施突击检查,则有助于发现看守所内的违法行为或暴力行为。

此外,被长期羁押的人员还有其他的正常需求,如希望与家人联系,希望获得法律援助,锻炼身体,希望饮食有营养且关押环境比较卫生,接受一些文化、教育或培训,以及得到健康和医疗帮助等。监督与查访有利于检验看守所和监狱的关押条件是否符合标准,确认监管责任,为羁押部门提供改进的意见和建议。

二、国际法上的规定

在国际法上(如《世界人权宣言》和《反酷刑国际公约》),要求人道对待

① 作者为英国慈善机构执行总裁。

所有被羁押人员，严禁对其使用酷刑。“预防监督”是现在公认的、确保人道对待任何被剥夺自由的人的最有效的机制之一。该原则被写入联合国《反酷刑公约》议定书之中[全称为《禁止酷刑和其他残忍、不人道或有辱人格的待遇或惩罚议定书》(简称为 OPCAT)，由联合国大会于 2002 年通过，2006 年生效]。

《反酷刑国际公约议定书》在第 1 条开宗明义地规定：“建立一个由独立的国际机构和国家机构对关押被剥夺自由者的地点进行定期查访的制度，以防范酷刑及其他残忍、不人道和或者有辱人格的待遇和惩罚。”截至 2012 年，已经有 67 个国家批准了该议定书，还有另外 20 个国家签署了该议定书。批准议定书的国家同意建立“国家预防酷刑机制”(NPMs)以对任何拘留地点进行定期监督。这些国家还同意接受专家机构，即反酷刑委员会(SPT)的查访。国家预防酷刑机制和反酷刑委员会的工作包括：(1)对拘留地点进行定期查访以改善被剥夺自由者的待遇，改善拘留地点的管理条件以防止酷刑和虐待；(2)提出预防性建议以改进羁押的程序；(3)在缔约国开展建设性工作以提升被羁押人员的人权。

三、国家预防机制

在《反酷刑国际公约议定书》的谈判期间，各国代表提出仅凭一个国际机构无法及时、有效地查访各国的拘留地点。因此，由缔约国自行建立监督机构，是一种更为可行的办法。各缔约国的预防酷刑制度应当由该国政府决定适当的形式，遵循包容性和透明性原则，并与刑事诉讼制度的利益相关方进行充分的沟通。从实践看，各国的预防酷刑组织的形式体现了该国行政机关的特点以及经济、文化和区域特色。同时，该国的国家监督机构是否独立行使职权也是值得关注的问题。

四、英国的羁押监督机制

英国的行政机关机构复杂，且已经建立了为数不少的执法监督机关。在 2003 年议会批准《反酷刑议定书》后，英国政府建立了由皇家狱政监督局(Her Majesty's Inspectorate of Prisons,HMIP)统一管理的18个监督机关。这些机关成为英国的国家预防酷刑体制的一部分。在狱政监督方面,英国有着悠久的历史。在20世纪80年代,英国建立了社区层面的志愿性机构和国家层面的专家机构来监督监狱和警察机关。国家层面的机构组织掌握了大量的资源并拥有一批专家,但并不频繁地开展监督和查访,查访期间较长。与之相对,社区内的监督机构则由志愿者每周开展监督。总体而言,这两种监督途径并行确保了高频率和高水准的羁押审查。

由当地的志愿者对警察机关和看守所进行独立的定期监督,既保障了被羁押人员受到公平的对待,也有助于加强警民合作,化解民众与警察机关之间的隔阂。不过值得注意的是,无论是否经过培训或当地志愿者是否热心,均不可能解决看守所内的体制问题。因此,笔者认为,对看守所进行监督的频率不应过高,但应当进行深入、细致的检查。一般而言,英国境内的看守所应接受独立狱政监督员(Independent Custody Visitors)的定期监督(通常每周进行),同时还要接受6年一次的狱政监督员(hmip)与警务监督员(hmic)的联合评估,通常这种评估是以突击形式进行的检查。

五、对警方羁押的要求

所谓羁押要求,是指狱政监督员和警务监督员在检查看守所和警方羁押室时使用的详细标准。这些标准用来评估被警方拘留的人的待遇和条件。这些要求同时还给高级警官和警察当局提供了两个监督机关对改善羁押环境的建议、相关信息以及监督员的评估证据。

读者可以参照以下链接,来了解近年来英国羁押监督的检查报告和建议:

(http://www. hmic. gov. uk/inspections/joint-inspections/joint-inspection-of-police-custody-facilities/).

图书在版编目(CIP)数据

英国警察与刑事证据法规精要/彭勃编译.—厦门:厦门大学出版社,2014.9
ISBN 978-7-5615-5210-0

Ⅰ.①英… Ⅱ.①彭… Ⅲ.①警察-工作-法规-英国-1984②刑事诉讼-证据-法规-英国-1984 Ⅳ.①D956.121②D956.152

中国版本图书馆 CIP 数据核字(2014)第 203080 号

厦门大学出版社出版发行
(地址:厦门市软件园二期望海路 39 号 邮编:361008)
http://www.xmupress.com
xmup @ xmupress.com
厦门市金凯龙印刷有限公司印刷
2014 年 9 月第 1 版 2014 年 9 月第 1 次印刷
开本:720×1000 1/16 印张:22 插页:2
字数:360 千字 印数:1～1 500 册
定价:50.00 元